LA

VIE DE SAINT SOUR

IMPRIMATUR :

Petrocoræ, die 17 octobris 1856.

.† JOANNES, *Ep. Petrocorensis et Sarlatensis.*

Périgueux, impr. d'Aug. Boucharie,
rue Aubergerie, 17.

LA
VIE DE SAINT SOUR

ERMITE

ET PREMIER ABBÉ DE TERRASSON

Avec

UNE NOTICE HISTORIQUE

Sur

L'ABBAYE DE TERRASSON

Dédiée

A Mgr J.-B.-A. GEORGE, évêque de Périgueux et de Sarlat

PAR

A.-B. PERGOT

Curé de Terrasson

> Il fut comme un vase d'or massif, orné
> de toutes sortes de pierres précieuses.
> (*Ecclésiastique*, ch. 50, v. 10.)

PARIS

JACQUES LECOFFRE ET Ce, LIBRAIRES-ÉDITEURS

29, rue du Vieux-Colombier.

1857

A MONSEIGNEUR

JEAN-BAPTISTE-AMÉDÉE GEORGE,

ÉVÊQUE DE PÉRIGUEUX ET DE SARLAT.

———

Monseigneur,

Avant de publier la Vie de notre bon saint Sour, j'ai voulu qu'elle fût déposée aux pieds de Votre Grandeur, et je vous en ai fait l'offrande en toute simplicité, comme un enfant qui, ne suivant que l'impulsion de son cœur, s'empresse d'apporter à son père la première fleur qu'il a cueillie.

Cet opuscule, qui va se présenter au public, sans apprêt, sans ornement, sans prétention aucune, Votre Grandeur a daigné l'accueillir avec bonté, le regarder d'un œil favorable..... elle a

1

permis qu'il lui fût spécialement dédié. La Vie d'un saint ne pouvait paraître sous de meilleurs auspices, son auteur ne pouvait recevoir une faveur plus grande, un témoignage plus flatteur.

Vous le savez, Monseigneur, la terre de notre Périgord ne fut pas tout-à-fait stérile en fleurs de sainteté : elles germèrent, plusieurs sur le siége épiscopal, quelques-unes dans les rangs les plus élevés de la société, un plus grand nombre au soleil de nos champs et à l'ombre de nos forêts; on en composerait un bouquet de la plus suave odeur. Celle qui vous est offerte aima la solitude, mais plus d'une fois son parfum la trahit, et, après treize siècles, elle embaume encore la terre où elle vint s'épanouir sous le regard de Dieu, à la douce chaleur de son Esprit.

Ai-je bien réussi à recueillir tout ce parfum? Non, sans doute. Pour écrire la Vie d'un saint, pour bien dire tout ce qu'il y a d'exquis, de suave, de sublime, de divin dans la sainteté, il faudrait être saint.... Mais la Vie du bon saint Sour se présente sous le patronage d'un auguste prélat, que ses vertus rendent l'objet de l'admiration et de l'amour de tous, — le pieux lecteur trouvera facilement dans cette Vie une odeur de sainteté.

Je serai toujours avec le plus profond respect,

MONSEIGNEUR,

de Votre Grandeur,

le très-humble et très-obéissant serviteur.

AUGUSTE PERGOT,

Curé de Terrasson.

Terrasson, le 5 octobre 1856.

LA VIE

DE SAINT SOUR.

Il fut comme un vase d'or massif,
orné de toutes sortes de pierres précieuses.

(Ecclésiastique, ch. 50, v. 10.)

I.

Comment nous devons dire saint Sour *et non pas*
saint Sore.

Quel nom devons-nous donner au Saint dont
nous écrivons la vie?

C'est une question un peu étrange que celle-
là; et, cependant, l'historien est ici obligé de
se la poser et de la résoudre. Devons-nous dire
saint *Sore* ou saint *Sour?*

Longtemps nous avions cru que le mot *Sour*

était l'idiome vulgaire du mot français *Sore*, celui-ci dérivant du latin *Sorus*. Un fait, néanmoins, nous étonnait : nous trouvions le mot
Sour dans la bouche de l'homme lettré comme
dans la bouche du paysan; dans les écrits d'une
époque récente comme dans ceux d'une époque
reculée; de l'époque où la langue française était
arrivée à sa perfection comme de l'époque où
elle était encore enveloppée des langes grotes-
ques de son enfance; dans les actes émanés de
l'abbaye de Terrasson comme dans les actes
émanés de l'administration civile ou des officiers
publics; mais jamais le mot *Sore*.

Toujours nous avons eu un grand respect pour
les traditions locales et populaires, et celle-ci,
en nous apportant le mot *Sour* à l'encontre de
toutes nos idées, a été souvent de notre part
l'objet de sérieuses réflexions; nous avons cru
devoir en pénétrer le mystère.

Dans ce but, nous sommes remonté à l'origine du fait traditionnel, au mot employé du

vivant de notre saint, et, à la faveur des lumières d'un homme dont le nom est une autorité incontestable en fait de linguistique, de notre savant M. de Mourcin (1), nous avons trouvé le mot *Sour* dans la langue des Gaulois, signifiant *ermite, anachorète.* Dès ce moment, la voie nous a été ouverte à une démonstration qui paraîtra naturelle.

On peut faire à ce sujet cette première supposition : Un pieux ermite s'étant retiré, au vi^e siècle, sur les bords de la Vézère, pour y vivre ignoré du monde, y fut trahi par l'éclat de ses vertus. Les peuples allèrent le visiter, et, frappés d'un genre de vie si extraordinaire, ils l'appelèrent *Sour*, comme nous dirions aujourd'hui *anachorète.* Si le vrai nom du saint fut connu, il fut peu usité dans le langage du pays; le nom qualificatif fut le seul prononcé et finit par devenir le nom propre. L'histoire nous offre plusieurs exemples de semblables transforma-

(1) Lorsque l'auteur composait cet ouvrage, les sciences n'avaient pas encore à regretter la perte de M. de Mourcin.

tions : il en est un bien connu. Sait-on aujour-
d'hui le vrai nom du célèbre gentilhomme d'A-
miens, qui abandonna la profession des armes
pour embrasser la vie érémitique et fut le premier prédicateur des croisades? L'histoire n'a
conservé que son nom qualificatif : nous ne connaissons plus cet illustre personnage que sous
le nom de Pierre-l'Ermite.

Nous ferons observer que, dans cette première supposition, disparaît tout soupçon de
saint apocryphe, car il est admis que, lorsqu'un
personnage se présente dans l'histoire sous la
dénomination de sa qualité, il nous apporte,
par cela même, la preuve la plus authentique
de son existence. Aussi la critique, même la
moins religieuse, mais éclairée, mettra-t-elle
toujours notre saint au nombre de ceux dont
l'existence ne peut être soumise au moindre
doute.

On peut faire une seconde supposition, et dire
que *Sour* était déjà le nom de notre saint lorsqu'il vint se fixer dans nos grottes. Cette suppo-

sition est très-conforme aux mœurs de l'époque
où il vivait, car il n'y avait pas alors de noms
de famille. On sait qu'il n'en existait pas chez
les Francs; il en était de même dans les Gaules,
où l'usage des Romains n'avait point prévalu à
cet égard. Chaque individu avait une désignation particulière, un nom qui lui était tout
personnel. Il ne serait donc pas déraisonnable
de penser que les parents de notre saint, voyant
en leur fils, dès sa plus tendre enfance, un goût
prononcé pour la vie érémitique, lui eussent
eux-mêmes donné le nom de *Sour*.

Quoi qu'il en soit, il est certain que le mot
Sour, nom propre, dans le principe, ou simplement qualificatif, peu importe, est un mot gaulois, et il en résulte que, du vivant de notre
saint, on devait écrire et prononcer *Sour.* Nous
pouvons établir, par des documents historiques,
qu'il en était encore ainsi au ixe et au xie siècle. Saint Adon de Vienne, dans sa Chronique, et Usuard, dans son Martyrologe, au-

teurs très-estimés du ixe siècle, ont écrit *Sur;*
nous voyons également *sancte Sur* dans des litanies d'un manuscrit de la Bibliothèque impériale, provenant du monastère de Saint-Martial
de Limoges, et marqué sur le catalogue comme
étant du xie siècle. Il faut se rappeler que
chez les Latins la lettre *u* se prononçait comme
notre diphtongue *ou,* et l'on aura la preuve
évidente que, dans le langage du pays, au
ixe siècle comme au xie, on écrivait et on prononçait *Sour,* et que saint Adon, Usuard et l'au-
teur de ces litanies n'ont écrit *Sur* que pour
conserver dans le latin la prononciation populaire. Ils écrivaient *Sur* et, nécessairement, ils
prononçaient *Sour.*

Mais comment quelques auteurs français en
sont-ils venus à écrire *Sore?* La réponse est facile.

Lorsque les légendaires et les chroniqueurs
des xie et xiie siècles voulurent parler de l'abbaye de Terrasson et de son fondateur, ils ne

purent trouver dans les vieilles chartes recueillies par les moines, ni dans le langage usuel du pays, que le mot *Sour*. Ils virent dans ce mot les langues gauloise et romane, et, voulant se conformer au génie de la langue latine qu'ils adoptaient, ils écrivirent *Sorus*. Toutefois, le peuple, qui parlait peu latin, ayant passé du gaulois au roman pour arriver, plus tard, au français, le peuple continua de dire et d'écrire *Sour*. Observons, d'ailleurs, que ce monosyllabe s'accommodait très-bien au génie de ces diverses langues, qui n'admettent point de variantes dans les substantifs ; ce qui nous explique comment le mot *Sour* est arrivé du gaulois à notre français sans avoir reçu la moindre altération.

Vint ensuite l'époque des premiers légendaires français. Ils ne purent s'inspirer que des légendes et des chroniques écrites en latin ; ils n'étudièrent pas l'histoire sur les lieux, et ne trouvant que le mot *Sorus,* ils le traduisirent par le mot *Sore,* comme de *Titus* nous faisons *Tite,* et de *Tacitus, Tacite.* S'ils eurent connaissance du mot

Sour, ils n'en cherchèrent pas l'origine ; ils crurent à l'idiome vulgaire, au patois, à un corrompu du latin.

Les auteurs qui vinrent plus tard imitèrent leurs devanciers. Tels, le P. Giry, dans sa *Continuation de la vie des saints* (1), et l'auteur de l'*Histoire de l'Église gallicane* (2) ; tels, quelques auteurs récents et contemporains (3).

Mais en ce même temps, à Terrasson, où l'on parlait aussi et où l'on écrivait le français, on disait et on écrivait *Sour,* comme on le dit et comme on l'écrit encore.

Nous ferons observer qu'entre les auteurs anciens, ceux du Périgord, qui avaient visité Terrasson, ou du moins avaient pu converser avec des personnes de cette ville, n'ont pas adopté le mot *Sore;* ils ont eu connaissance de la tradition locale et l'ont respectée. Ainsi, l'auteur de l'*Abrégé de la vie des saints de la province du Pé-*

(1) Voir cet ouvrage au 1er février.
(2) Tome iii, p. 259, édition de 1780.
(3) *Le Périgord illustré*, le *Bref annuel du diocèse.*

rigord, Mgr de Prémeaux, évêque de Périgueux, dans son *Catéchisme* (1), le chanoine Tardes, dans ses *Estats du Périgord,* écrivent et nous font prononcer *Sour.*

Quant à l'auteur de l'*Estat de l'Église du Périgord,* le P. Dupuy, il a hésité. Connaissant la tradition locale, sans toutefois s'en rendre compte, et n'osant se prononcer entre le mot *Sore* et le mot *Sour,* il a adopté les deux, mais avec une légère modification; dans l'intérieur de la page il a écrit *Sor* et sur la marge *Sour.*

Nous pouvons citer encore, comme ayant conservé la tradition locale, D. Claudius Estiennot, bénédictin, l'abbé Legros (2), le *Calendrier* de Périgueux de 1789, les savants manuscrits de Lespine, Leydet et Prunis (2), et, enfin, le *Dictionnaire d'hagiographie sacrée,* publié tout récemment par M. l'abbé Migne.

On le voit, le mot *Sour* est le vrai nom de no-

(1) Imprimé en 1760.
(2) Manuscrit de la bibliothèque du séminaire de Limoges.
(3) Conservés à la bibliothèque impériale.

tre saint. Il existait avant le mot latin *Sorus;* il est arrivé jusqu'à nous par la double tradition orale et écrite de treize siècles, jamais un instant interrompue ; il a passé et il est resté dans le français moderne ; nous dirons donc : *saint Sour.*

Cette démonstration, déjà un peu aride pour le lecteur qui ne demande qu'à s'édifier (elle était·cependant nécessaire), se terminera par un dernier trait tout à la louange de notre saint et des bons habitants de notre paroisse.

A Terrasson, le peuple, lorsqu'il parle de saint Sour, ne se contente pas de la qualification de *saint.* Dans sa bouche, cette qualification est toujours précédée d'une autre, témoignage d'un pieux amour et d'une douce reconnaissance. Il n'y a que Dieu qui soit *bon,* disait Jésus à un jeune homme qui l'interrogeait, il n'y a que Dieu qui soit *bon;* et le béni Sauveur ne voulait pas être appelé *bon* si on ne le reconnaissait pour Dieu (1). Dieu est *bon* par essence et le principe

_____

(1) Evangile de saint Matthieu, chap. 19, v. 17.

de tout ce qui est *bon* dans la créature, et celle-
ci ne prouve bien que par la bonté, qu'elle émane
de Dieu et remonte à son principe. Or, le peuple, qui a l'instinct d'appeler chaque chose par
le nom qui lui est propre, le peuple a toujours
dit : *Le bon saint Sour.*

Nous avons cru devoir conserver à notre saint
cette naïve qualification, qui le place si près de
Dieu et lui donne son plus beau titre à l'amour,
à la vénération des fidèles; nous dirons : *Le bon
saint Sour.*

II.

*Pourquoi nous avons écrit la vie du bon saint
Sour, et à quelles sources nous avons puisé pour
l'écrire.*

A ceux qui nous demanderaient pourquoi
nous avons écrit *la Vie du bon saint Sour,* nous
pourrions répondre tout simplement : C'était
notre plaisir, chacun le cherche où il croit le
trouver.

Il nous a fait plaisir, en effet, de fouiller dans nos vieilles chroniques, de secouer la poussière de nos vieux parchemins : car il y a toujours dans les souvenirs religieux du passé d'agréables et utiles enseignements. « Qui a pu lire, de-
» mande un auteur moderne, qui a pu lire les
» *Vies des anciens Pères du désert* sans émotion,
» sans admiration? Quel pied a foulé avec indif-
» férence les ruines d'une abbaye antique? Ce-
» lui qui, parcourant les corridors et les cellules
» des couvents à moitié démolis, ne se sent as-
» sailli d'aucun souvenir et n'éprouve pas même
» la curiosité d'examiner, celui-là peut fermer
» les annales de l'histoire et cesser ses études sur
» le domaine du beau. Il n'existe pour lui ni
» phénomènes historiques ni beauté morale : son
» intelligence est dans les ténèbres, son cœur
» dans la poussière (1). »

Il nous a fait plaisir d'écrire, car, sans être très-facile à l'enthousiasme (notre tête est ordi-

(1) Jacques Balmès, *le Protestantisme comparé au Catho-licisme*, t. ii, p. 215.

nairement froide et rarement notre cœur bat
plus fort une fois qu'une autre), il n'est pas de
jour que nous ne soyons ému au souvenir des
moines qui vivaient où nous vivons, foulaient la
terre que foule notre pied, et s'abritaient sous
le toit qui nous abrite. Nous les trouvons à l'heure
de la prière et du sacrifice : ils priaient et sacri-
fiaient dans le lieu où nous-même prions et sa-
crifions ; et lorsque nous chantons, sous les
voûtes de leur antique église, les hymnes sacrées,
la pensée nous vient que là aussi retentissaient
les voix graves et mystérieuses des moines,
chantant, aux heures de la nuit et aux heures
du jour, les mêmes hymnes que nous chantons.

Toutefois, notre plaisir n'a pas été notre unique but. Nous avons voulu apprendre aux bons
habitants de notre paroisse la vie et les vertus
du saint patron qu'ils aiment et invoquent sans
bien le connaître, et qui les a toujours exaucés.
Le connaissant mieux, ils l'aimeront davantage
et le prieront avec plus de ferveur.

Mais la vie des saints n'appartient pas seulement au pays qui les a vus naître ou qu'ils ont habité ; elle est du domaine de toute l'Église, et chaque fidèle a le droit d'y puiser un bon exemple, une bonne pensée, un sujet d'édification. Du récit des actions et des paroles de ces hommes d'élite, sur lesquels se reposa l'Esprit de Dieu, il s'exhale comme un suave parfum qui embaume le cœur et répand sur notre âme la douce paix, un bien-être ineffable, — on se sent porté à devenir meilleur. Aussi avons-nous cru pouvoir ajouter pour le bien de tous, au catalogue des saints dont nous lisons *les Vies* avec tant d'intérêt, *la Vie* non moins édifiante de notre bon saint Sour.

Il existait, sous le rocher qui porte le nom de notre saint, un petit et gracieux oratoire, appelé *Chapelle-de-Saint-Sour*. Il fut, durant douze siècles, pour toute la contrée, un lieu de dévotion et le but de pieux pèlerinages : nous avons promis de le rétablir, et nous voulons essayer d'en poser la première pierre en répandant ce petit livre autour de nous et au loin.

Avouerons-nous un autre but?'

Il nous a paru qu'on élèverait un beau monument à la gloire de notre antique Église du Périgord, en réunissant, dans un ou plusieurs volumes, *les Vies* des saints qui l'ont illustrée, phares lumineux que Dieu a plantés çà et là sur notre sol, et à diverses époques, pour guider les générations des chrétiens. Nous convions à cette œuvre nos frères dans le sacerdoce, ceux-là surtout qui ont, comme nous, l'insigne privilége d'habiter les lieux qui virent naître ou possédèrent ces hommes de sublime intelligence et d'austères vertus, et nous leur apportons notre pierre pour cet édifice. Elle sera jugée, sans doute, un peu lourde et mal polie, mais il faut de telles pierres à tout architecte; elles ont leur place utile, dérobées aux regards et cachées dans les fondations.

Le petit ruisseau qui gazouille à nos oreilles et fait couler sur nos lèvres son eau limpide et rafraîchissante ne dit pas toujours de quelle roche il émane, et son bienfait n'en est pas moins

apprécié; le rayon de miel n'est pas moins doux
à notre bouche, parce que nous ignorons sur
quelle fleur l'ingénieuse abeille l'a cueilli. Mais
notre lecteur voudra connaître les sources où
nous avons puisé pour écrire *la Vie* d'un saint si
peu connu : nous les lui montrerons.

La vie d'un homme, encore moins celle d'un
saint, ne s'invente pas; aussi n'avons-nous rien
inventé. Nous avons trouvé des faits, nous en
avons déduit les conséquences naturelles. Nous
avons sondé la profondeur de notre sol, interrogé nos antiques monuments, nos vieilles pierres
dispersées çà et là, nos vieux parchemins, nos
traditions populaires; et la voix du passé s'est
fait entendre, et notre main a écrit.

Mais, si nous n'avons rien inventé, nous avons
tenu à ne rien omettre; ne reconnaissant à personne le droit d'ajouter aux actes et aux paroles
des saints, ou d'en retrancher un *iota.* Devions-
nous être moins crédule, plus timide narrateur
que ceux qui nous ont précédé, plus rapprochés
de neuf siècles de l'époque où vivait notre saint?

Voici, du reste, nos sources; difficilement on en trouverait de plus pures.

Nous citerons en première ligne l'immense et savante collection des Bollandistes, *Acta sanctorum.* Le premier volume du mois de février, imprimé en 1658, ayant pour auteurs les PP. Jean Bollandus et Godefroi Henschenius, renferme une *Vie de saint Sour.* Ces auteurs nous en indiquent l'origine; elle leur fut envoyée par André du Chesne, qu'on a surnommé *Le Père de l'Histoire de France* (1), et celui-ci l'avait extraite d'un vieux manuscrit ayant pour titre : *Historia ecclesiastica,* et faisant partie de la bibliothèque du célèbre de Thou, *(ex bibliothecâ Thuanâ.)*

Déjà, un an plus tôt, la même *Vie,* conforme, à quelques expressions près, à celle des Bollandistes, avait été éditée par le P. Labbe, dans son ouvrage intitulé : *Bibliotheca manuscriptorum.*

Mais cette *Vie de saint Sour,* de la bibliothè-

---

(1) *Dictionnaire de Feller*, à l'article André du Chesne.

que de de Thou, qui servit de thème au P. Labbe
et aux Bollandistes, ne devait être qu'une copie,
imparfaite même, d'un manuscrit plus ancien
qui se trouvait dans la bibliothèque des Carmes-
Déchaussés de Clermont. Le P. Claudius Estiennot, en ses *Antiquitates benedictinæ* du diocèse de Périgueux (1), le P. Bonaventure de St-
Amable, Carme-Déchaussé, en son *Histoire de
saint Martial* et ses *Annales du Limousin*, décla-
rent avoir lu ce manuscrit et s'en être servis pour
parler de saint Sour et de l'abbaye de Terrasson;
et le P. Bonaventure nous apprend que le
P. Labbe en aurait seulement édité un extrait.
Il nous rapporte, en effet, quelques traits qui
ne se trouvent ni dans le P. Labbe ni dans les
Bollandistes (2).

Le lecteur a compris déjà de quelle importance était pour nous la découverte de ce manuscrit ; il devait nous fournir des documents

(1) Manuscrit de la bibliothèque impériale.
(2) *Histoire de saint Martial*, tome i, pages 538 et 539.

utiles et restés inconnus. Mais les recherches les
plus minutieuses à la bibliothèque de Clermont,
qui possède, cependant, un grand nombre de
manuscrits, ont été sans résultat. Cette *Vie de
saint Sour* dut disparaître dans l'incendie qui dé-
vora, en 1697, la plus grande partie des livres des
Carmes-Déchaussés de Clermont.

Mais à quelle époque fut écrite cette *Vie de
saint Sour*, et quel en fut l'auteur? Quelques
mots de la préface nous font comprendre que
l'auteur n'était point contemporain de saint
Sour ; il reproche aux écrivains qui l'ont précédé d'avoir négligé si long-temps *(per tot tem-
pora jamjamque transacta)* de recueillir les actes
de ce saint. Nous ne croyons pas, cependant,
que bien des siècles le séparassent de saint
Sour, car, souvent, il emploie cette phrase inci-
dente : *Comme nous l'avons appris de la bouche
des anciens.* Il est à présumer qu'il vivait vers la
fin du xe siècle ou au commencement du xie, à
la veille de la grande époque des légendaires et
des chroniqueurs. Quant à son nom, il serait

inconnu, d'après les Bollandistes ; cependant,
l'*Extrait* qu'ils ont édité semble le désigner par
celui de Paulin, qualifié du titre de *Bienheureux*.
Il est question d'un songe du roi Gontran et de la
découverte d'un trésor, et l'*Extrait* porte : *Nous
laissons au bienheureux Paulin le soin de raconter
comment cela se fit* (1). Or, nous trouvons dans le
P. Bonaventure le récit de ce fait avec tous ses
détails, tiré du manuscrit des Carmes-Déchaussés de Clermont. On peut en conclure que ce
bienheureux Paulin fut l'auteur de ce manuscrit.
Nous devons, cependant, faire remarquer avec
les Bollandistes que cet auteur avait pour composer *la vie de saint Sour* des documents déjà
écrits, qu'il cite quelquefois, et qui devaient
sans doute lui venir des moines de l'abbaye de
Terrasson.

Après ce manuscrit, revêtu de l'autorité du P.
Labbe, des Bollandistes, du P. Claudius Estien-

---

(1) *Quod qualiter factum sit non est nostri temporis evol-
vere, beato viro Paulino narranda committimus.*

not, du P. Bonaventure, et qui est notre source principale, nous citerons :

La *Chronique* de Geoffroi de Vigeois, dans le P. Labbe ;

La *Gallia Christiana ;*

L'*Estat de l'église du Périgord*, par le P. Dupuy, religieux Récollet de Sarlat ;

L'*Abrégé de la Vie des Saints de la province du Périgord* (1) ;

Le *Proprium sanctorum* du diocèse de Sarlat, pour le Bréviaire romain (2) ;

L'ancien Bréviaire de Périgueux (3) ;

Le Bréviaire de Limoges (4) ;

Le *Supplément aux Vies des Pères et saints Personnages*, par M. l'abbé Legros (5) ;

---

(1) Ouvrage rare et peu connu, sans nom d'auteur, imprimé à Périgueux en 1728. Il n'est remarquable que par une lettre sur l'apostolat de saint Front.

(2) La dernière édition de ce livre, qu'on trouve difficilement, est de 1699.

(3) Imprimé en 1559.

(4) Éditions de 1710 et 1736.

(5) Manuscrit déposé à la bibliothèque du séminaire de Limoges.

Les manuscrits de Lespine, Leydet et Prunis, de la bibliothèque impériale (1);

M. de Merlhiac, notre voisin, dont les savantes études ont plus d'une fois éclairé les ténèbres et aplani les aspérités de notre route.

Voilà nos sources : elles sont abondantes, et tout autre que nous, avec les mêmes documents, aurait pu faire ce que nous avons fait. Le pieux lecteur connaît aussi notre but : s'il nous est donné de l'atteindre, nous en remercierons Dieu, car c'est en invoquant son Nom que nous avons écrit.

Dieu Tout-Puissant! que votre ange prenne à votre autel le charbon de feu qui purifia les lèvres du prophète, pour en purifier aussi notre cœur et nos lèvres, afin que nous puissions dignement raconter la vie et les vertus de votre humble serviteur! pour votre plus grande gloire,

(1) Nous devons le dépouillement de cette immense collection, qui ne renferme pas moins de 120 volumes *in-folio*, au zèle et à l'intelligence de M. Philippe de Bosredon, auditeur au Conseil-d'État, déjà avantageusement connu par de savantes recherches sur *les biens des anciennes maladreries*.

Seigneur, et le bien des âmes que vous nous avez confiées !

III.

Sous le rocher de Saint-Sour (1).

Nous voici sous le rocher qui s'élève, majestueux, au-dessus de la plaine de Terrasson : plaine fraîche et riante, limitée, au sud, par la Vézère, à l'eau douce et limpide ; au nord, par les coteaux boisés du Bas-Limousin, et partagée, dans sa longueur, par une double ligne de peupliers bordant la route de Lyon à Bordeaux.

Ici vint habiter, au sixième siècle, un de ces hommes qu'on ne voit plus aujourd'hui, mais nombreux alors, sublimes anachorètes, saints ermites, pieux solitaires ; fuyant le monde, peu

---

(1) Le rocher de Saint-Sour est à l'ouest et à un kilomètre de Terrasson. De là, on jouit du coup-d'œil le plus ravissant ; c'est un des plus beaux sites qu'offre le cours de la Vézère.

digne de les posséder, et cherchant dans les solitudes le calme et le bonheur.

Ces lieux ne présentaient point l'aspect qu'ils offrent aujourd'hui.

Ce n'était point cette plaine si riche, si gracieuse, aux productions si variées.

Il n'y avait point là cette pittoresque petite ville de Terrasson, qui descend, avec tant de charme, du milieu de la colline pour admirer son quai, sa Vézère et ses deux ponts.

Et, dans la plaine, toutes ces maisons, s'élevant comme d'antiques villas!

Et ce clocher de Lavilledieu, glorieux de son nom, mais qui cache sa simplicité dans un bouquet de feuillages!

Et ce bourg de Cublac (1) qui semble s'être échappé des forêts du Bas-Limousin pour respirer, au soleil de la plaine, l'air embaumé du Périgord!

---

(1) Cublac est une paroisse du diocèse de Tulle, à deux kilomètres seulement de Terrasson.

Rien de tout cela n'existait.

De quelque côté que l'œil se portât, il ne découvrait qu'un vaste marécage, des terres incultes, quelques arbres séculaires auxquels la main de l'homme n'avait point touché.

Mais depuis, sous ce rocher, se firent entendre les soupirs de la prière et le chant des hymnes du Seigneur.

Il y eut là un oratoire, un autel, et, pendant plus de douze siècles, on y vit couler le sang de la victime sainte.

Là se pressait la foule des fidèles, écoutant la divine parole.

Ici le pèlerin, venu des lointaines contrées, s'agenouillait et priait, et puis, ayant déposé son offrande en reconnaissance d'un bienfait, s'en retournait heureux et racontant ce qu'il avait vu et entendu.

Rien de tout cela aujourd'hui !

L'*abomination de la désolation* a passé par là, comme en tant d'autres lieux, et n'a laissé après elle que des ruines, le silence de la mort.

Mais elle n'a pu détruire le souvenir du saint ermite qui, le premier, vint ici méditer et se livrer aux macérations de la plus austère pénitence.

Son nom est écrit sur le front de ce rocher, géant des âges antiques, resté là, debout, pour recevoir un baptême de sainteté et répéter ce nom glorieux jusqu'à la dernière génération.

Il est écrit sur chaque feuille de ce lierre qui serpente, symbole de reconnaissance et d'amour;

Dans cette grotte d'où s'exhale encore un parfum de sainteté;

Sur chaque brin d'herbe qui perce le pavé du petit oratoire;

Sur chaque petite pierre qui s'est détachée du vieux mur gothique;

Et les habitants de la contrée disent encore : *La Montagne de Saint-Sour, Le Rocher de Saint-Sour, La Grotte de Saint-Sour.*

C'est la vie de cet homme de bien, sublime bienfaiteur de tout ce pays, que nous avons voulu raconter;

Nous commençons.

IV.

Comment le bon saint Sour naquit en Auvergne, et comment, s'étant lié d'amitié avec saint Amand et saint-Cyprien, il voulut, dès son enfance, se vouer à Dieu.

Le bon saint Sour naquit en Auvergne (1), la première année du sixième siècle.

Les légendes ne nous disent point quelle partie de cette province fut le berceau de notre saint, et les recherches que nous avons faites à ce sujet, ne permettent pas la moindre conjecture, la moindre supposition. Le nom de son père et celui de sa mère nous sont également inconnus; nous savons seulement qu'il était issu d'une famille non moins remarquable par sa piété et son attachement à la foi orthodoxe, que par l'éclat de sa position dans le monde (2).

---

(1) Le P. Labbe, les Bollandistes, les Bréviaires de Périgueux et de Limoges, le *Proprium Sarlatense*, le manuscrit de M. l'abbé Legros.

(2) *Parentibus secundum sœculi dignitatem non infimis, divinis tamen legibus et orthodoxæ fidei deditis altus est.* — Le P. Labbe. — Les Bollandistes.

Dieu prend ses élus dans tous les rangs de la société, et la première et la plus honorable illustration est celle que donne la vertu. La sainteté sera toujours un titre de noblesse, devant lequel toutes les grandeurs et toutes les gloires terrestres viendront s'évanouir. Aussi nous suffit-il de savoir que la famille de notre saint était chrétienne et orthodoxe. Dieu, disent les légendaires, voulant en récompenser les vertus, choisit un de ses membres pour se le consacrer de bonne heure et en faire, plus tard, le modèle de la vie cénobitique (1).

Instruit, dès son enfance, des principes de notre foi et initié à la connaissance des lettres, le bon saint Sour ne tarda pas à faire présager les vues de Dieu sur son avenir. On le vit té-

_____

(1) Ainsi que nous l'avons remarqué, les Bollandistes et le P. Labbe ont édité une *Vie de saint Sour*, légende la plus complète que nous ayons ; nous la suivons dans tous ces détails. Cette observation nous dispensera de citer désormais aussi souvent ces auteurs. Lorsque nous emploierons ces mots, *la légende*, *le légendaire*, ce sera toujours cette *Vie* ou son auteur que nous voudrons désigner.

moigner un grand éloignement pour les plaisirs et les vanités du monde, et, comme le dit saint Grégoire en parlant de saint Benoît, « ayant déjà le cœur d'un homme dans la maturité de la vieillesse, il montrait une vertu au-dessus de son âge et ne se laissait pas séduire ni corrompre par les attraits du plaisir (1). »

Ainsi ouvert, dès le matin de la vie, aux inspirations les plus sublimes de la grâce, son cœur avait déjà goûté la parole de Jésus : « Celui qui ne renonce pas à tout ce qu'il possède ne peut être mon disciple ; si quelqu'un veut venir après moi, qu'il renonce à soi-même, qu'il porte sa croix chaque jour et me suive (2) ; » et, déjà vrai disciple par toutes les affections de son âme, le jeune prédestiné se promettait bien de répondre un jour comme l'apôtre saint Pierre : « Seigneur, voilà que j'ai tout quitté et que je vous ai suivi (3). »

---

(1) *In vitâ sancti Benedicti.*
(2) Évangile de saint Luc, ch. 14, v. 59, et ch. 9, v. 23.
(3) Évangile de saint Matthieu, ch. 19, v. 17

Tant et de si heureuses dispositions ne pouvaient manquer de le rendre l'objet des complaisances divines, et d'attirer sur son âme les plus abondantes bénédictions. Aussi, à mesure qu'il croissait en âge, sa foi devenait plus vive, sa piété plus tendre et son désir de se vouer à Dieu plus ardent.

Les divers auteurs que nous avons déjà cités donnent au bon saint Sour pour amis et pour disciples saint Amand et saint Cyprien, et lui font quitter avec eux l'Auvergne, sa patrie. Sour, Amand, Cyprien, harmonieuse triade, grâcieux accord, fraîches fleurs du désert qui viennent confondre leurs parfums pour embaumer les premières pages de l'histoire religieuse du Périgord; Sour, que Dieu plaça dans son Église comme un des plus courageux soldats de la milice de Jésus-Christ (1), Amand, l'homme de Dieu par excellence, « aimable à tous, » et dont la parole douce et facile gagnait les cœurs de tous ceux qui

(1) Les Boll. — Le P. Labbe.

l'écoutaient (1), Cyprien, homme d'une grande
sainteté, dont Dieu se servit pour rendre la vue
aux aveugles, le mouvement aux paralytiques
et la santé à trois lépreux (2); Sour, Amand,
Cyprien, ayant tous trois la même pensée, le
même désir, nous les voyons marcher quelque
temps ensemble dans la même voie.

Mais nous devons faire observer que quelques
légendes, notamment celle du *Propre des Saints*
du diocèse de Sarlat, et le P. Bonaventure (3) font
saint Amand originaire de Limoges. Comment
alors saint Sour a-t-il passé avec ce saint les années de son enfance et quitté l'Auvergne avec
lui?

En admettant comme vraie cette origine, qui
ne nous paraît pas bien établie, il faut supposer
que ces légendes, si elles nous avaient parlé de
l'enfance et de la jeunesse de saint Amand, n'auraient pas manqué de nous dire qu'il avait

(1) Le P. Labbe, *Vita sancti Amandi.*
(2) Le *Propre* de Sarlat, au 9 décembre.
(5) Annales du Lim., p. 188.

passé du moins quelques années dans le voisinage de la famille de notre saint. Ainsi disparaît la contradiction qui semble exister entre la légende de saint Sour et celle de saint Amand.

Nous devons constater aussi l'accord de ces diverses légendes à donner au bon saint Sour la prééminence, et à ne considérer en quelque sorte saint Amand et saint Cyprien que comme ses disciples. Le P. Labbe le dit même en propres termes de saint Amand : il donne pour titre à la vie de ce saint : *Vie de saint Amand, confesseur,* DISCIPLE *de saint Sour* (1).

D'après cette observation, il paraîtra étonnant, sans doute, à ceux qui liront la légende du *Nouveau Propre* (2) du diocèse de Périgueux pour le Bréviaire romain, de trouver, contrairement aux légendes anciennes, saint Cyprien constitué chef, tandis que saint Sour et saint Amand sont désignés comme ses compagnons et

(1) *Vita sancti Amandi, confessoris, discipuli sancti Sori.*
(2) Imprimé à Lyon en 1847.

ses disciples. Nous fûmes nous-même surpris de ce changement hiérarchique et nous en demandâmes la raison; elle nous fut donnée. Il avait fallu soumettre à l'approbation de la cour de Rome ce *Nouveau Propre*. Or, un saint n'est pas admis dans la liturgie par le Saint-Siége, si déjà son nom ne se trouve inscrit au martyrologe romain, et, des trois amis, saint Cyprien ayant seul cette faveur, il fut nommé le premier dans la légende, afin de faire passer, dérobés sous son égide, saint Amand et saint Sour.

Saint Sour eût conservé, sans nul doute, son rang hiérarchique, et le Saint-Siége n'eût fait aucune difficulté de l'admettre, si on eût remarqué que son nom se trouve dans le célèbre Martyrologe d'Usuard, le seul dont l'Eglise romaine se servait avant la publication du Martyrologe de Baronius.

Nous revenons à notre récit.

Le bon saint Sour s'était donc uni d'une étroite amitié avec saint Amand et saint Cyprien, jeunes comme lui, et comme lui doués d'une

grande foi et d'une grande piété. La suite fera
voir qu'il avait bien choisi ce que l'Esprit-Saint
appelle un précieux trésor. Il faut, en effet,
prendre nos amis, ces autres nous-mêmes, dé-
positaires de nos pensées les plus intimes, toujours parmi les hommes vertueux : vous n'en
voyez pas diminuer le nombre, ils ne vous laissent pas seul lorsque vous êtes malheureux, ils
ne vous abandonnent pas lorsqu'ils n'ont plus
besoin de vous. Une amitié basée sur le sentiment religieux ne peut avoir que de bons résultats, et celle qui a pu cesser, dit saint Ambroise, ne fut jamais une vraie amitié (1).

Le bon saint Sour, saint Amand et saint Cyprien resserraient les liens qui les unissaient par
de fervents exercices et de pieuses conversations ;
la gloire de Dieu n'y était jamais oubliée. Il y
avait entre eux une telle sympathie, une telle
communauté de pensées et d'actions, qu'on pouvait bien dire en les voyant ce qu'on disait des

(1) Saint Ambr. *De fide rerum invisibilium.*

premiers chrétiens : « Un seul cœur, une seule âme (1)! »

Un jour, les trois amis ont dirigé leurs pas vers un lieu solitaire, et, après l'exercice habituel de l'oraison, ils chantent les psaumes sacrés : prière sublime, chant divin, que les anges écoutent et redisent ensuite avec leurs mille voix au pied du trône de Dieu! Mais le bon saint Sour s'est arrêté, ses yeux se sont fixés vers le ciel et des larmes coulent sur ses joues; on dirait un séraphin en adoration devant le Très-Haut. Ses deux amis le contemplent avec ravissement et n'osent proférer une parole pour ne point le distraire de sa pieuse extase.

Quelques instants se passent ainsi. Revenu ensuite comme d'un profond sommeil, le bon saint Sour regarde avec tendresse saint Amand et saint Cyprien, encore sous l'impression de l'étonnement. « Bienheureux, leur dit-il, ceux qui ont tout quitté pour suivre le Seigneur! Dès cette

---

(1) Actes des Apôtres, ch. 4, v. 52.

vie, une paix ineffable qui surpasse tout bien,
inonde leur âme; ils recevront au ciel le centu-
ple et posséderont la vie éternelle. »

— Il continue ensuite à leur parler des avanta-
ges de la vie solitaire, mais avec tant de foi,
avec une si grande conviction, qu'on eût pensé
entendre un homme vieilli dans les déserts de la
Thébaïde, loin du monde et de ses frivolités, un
saint Antoine, un saint Hilarion, un saint Paul.

L'enthousiasme du bon saint Sour avait passé
bien vite dans l'âme de ses deux amis, et à l'instant il se traduit par le vœu qu'ils formulent tous
trois d'un même cœur, d'une même voix, là,
sous l'ombre du feuillage, sous le seul regard de
Dieu, aux applaudissements de la cour céleste,
de quitter le monde pour embrasser la vie solitaire.

L'avenir prouva que cette détermination, qui,
chez d'autres, aurait pu être prise pour le résultat d'une émotion passagère, fut le commencement d'une vie plus fervente qui disposa les
trois amis à la consommation de leur sacrifice.

V.

Comment le père et la mère du bon saint Sour
s'opposèrent à son départ, et comment ils fini-
rent par y consentir.

Les premières années du bon saint Sour s'é-
taient écoulées, calmes et pures comme son âme,
dans les épanchements d'une amitié entretenue
par un même amour pour le Créateur, un même
désir de se consacrer à son service. Il était parvenu à cet âge que les anciens appelaient *libre* et
qui lui conférait à peu près les mêmes droits que
donne la majorité de nos jours.

A cette époque, l'histoire de notre pays nous
présente le christianisme définitivement établi,
depuis quelques années, dans les Gaules par la
conversion de Clovis et les résultats heureux de
la bataille de Vouglé. Délivrés des fureurs de
l'Arianisme qui avait été transporté au-delà des
Pyrénées avec la domination des Goths, les peu-

ples « se reposaient dans la beauté de la paix et dans des tabernacles de confiance (1). »

Bientôt la vie religieuse absorba toutes les idées, comme aux trois premiers siècles de l'Église. On vit, encore une fois, « la terre déserte et sans chemin se réjouir, la solitude tressaillir d'allégresse et fleurir comme le lis. Elle poussait et germait dans une effusion de joie et de louanges, elle recevait la gloire du Liban ; la beauté du Carmel et de Saron lui était donnée (2). » De toutes parts, dans les creux des rochers, dans les obscures profondeurs des bois, sur la cime aride des montagnes, on voyait s'établir de pieux ermites, de saints anachorètes, qui se formaient des disciples et préludaient ainsi à ces fondations religieuses que nous présente, en si grand nombre, le milieu du sixième siècle. L'impulsion et l'exemple étaient donnés par les membres des familles les plus marquantes de cette époque, par des hommes qui, se dépouillant des

---

(1) Isaïe, ch. 52, v. 18.
(2) Isaïe, ch. 55, v. 1.

grandeurs du monde, allaient au désert vivre d'une vie de pénitence et d'abnégation.

Telle était la disposition des consciences, tel l'entraînement des esprits. Aussi le père et la mère du bon saint Sour n'avaient-ils pu voir dans leur fils les marques d'une piété si bien soutenue, un si grand éloignement pour toutes les choses du monde, sans se douter du projet qu'il nourrissait dans son cœur. Leur tendresse s'en était alarmée, et le saint jeune homme eut à soutenir les combats réservés à presque tous ceux qui veulent se consacrer à Dieu : il lui fallut triompher de la tendresse et des larmes de ce père et de cette mère. L'âge et les lois de son pays parlaient bien en sa faveur, mais il ne se croyait point pour cela autorisé à secouer le joug de l'autorité paternelle, joug suave et délicieux que l'homme bien né porte toujours avec le même plaisir, le même bonheur, dans l'âge mûr comme dans l'âge de l'enfance, tout le temps qu'il peut dire ces deux mots, les plus doux à

prononcer après ceux de Jésus et de Marie : Mon
père ! Ma mère !

Saint Jean Chrysostôme nous dit que sa vocation fut soumise à une semblable épreuve, et il
nous a conservé le discours aussi touchant qu'ingénieux et sublime que sa mère lui adressa, voulant le garder auprès d'elle et l'empêcher de partir pour la solitude (1).

Les parents du bon saint Sour ne furent pas
moins pressants dans les moyens employés pour
retenir leur fils. Pourquoi voulait-il les quitter?
Ne pouvait-il pas servir Dieu dans la maison paternelle aussi bien que dans le silence du désert?
Du reste, il n'aurait pas long-temps à attendre;
ils étaient déjà sur le déclin de l'âge, la mort ne
tarderait pas à les appeler. Alors, après leur
avoir fermé les yeux, il pourrait exécuter son
projet, rien ne saurait plus le retenir. Ainsi
cherchaient-ils à ébranler sa résolution, à émou-
voir sa tendresse. Et tels sont les motifs ordinai-

(1) *De sacerdotio*, l. 1, c. 1.

res, en apparence louables, sous lesquels vient se cacher l'égoïsme des pères et des mères pour s'opposer à la vocation de leurs enfants; et, on le conçoit, il faut, à cet âge surtout, une vertu bien solide, dans l'âme une énergie peu commune, pour ne pas être ébranlé. Saint Jean-Chrysostôme ne résista pas aux larmes de sa mère; ce ne fut que deux ans plus tard, et après avoir reçu son dernier soupir, qu'il se retira parmi les solitaires des montagnes voisines d'Antioche. Et, de nos jours, que de vocations perdues par suite de ces résistances! que de jeunes personnes arrêtées sur le seuil du sanctuaire des épouses du Seigneur! que de jeunes gens manquent à la gloire du sacerdoce parce qu'ils ne savent pas triompher de ces oppositions!

Disons-le, cependant, Dieu permet quelquefois ces luttes sous le toit paternel pour éprouver les âmes et les affermir dans leur vocation. C'est pourquoi, si l'on blâme les pères et les mères, qui ne basent leur opposition que sur les motifs d'une tendresse aveugle et égoïste, il faut ap-

prouver d'autant plus ceux qui veulent acquérir
dans la prudence du retard les preuves d'une
vraie vocation. La conduite de ces derniers est
digne de toute louange, et, après le temps de
l'épreuve, on les voit toujours heureux et empressés de seconder de tout leur pouvoir les desseins de Dieu.

Tels se montrèrent le père et la mère du bon
saint Sour. Ils reconnurent, enfin, dans la per-
sévérance de leur fils, la volonté de Dieu et con-
sentirent à son départ. « Allez, lui dirent-ils,
» allez au désert où la voix de Dieu vous ap-
» pelle; lorsque vous ne serez plus auprès de
» nous, sa Providence sera la lumière de nos
» yeux, le bâton de notre vieillesse, le soulage-
» ment de notre vie. »

Ce consentement dilata d'une joie ineffable le
cœur du jeune prédestiné. Comme le cerf altéré
soupire après les sources d'eau vive, ainsi son
âme, pressée par le divin amour, soupirait après
la possession de Dieu seul. Mais, de même qu'un
affectueux respect l'avait rendu soumis et rési-

gné dans le temps de l'épreuve, de même le rendit-il calme dans la démonstration de son bonheur. Sa joie resta tout intérieure, comme tout intérieure avait été sa peine ; il l'épancha dans le sein de Dieu, et, rapportant à son inépuisable amour le bienfait de ce changement de volonté, il l'en remercia avec effusion.

Nous ne dirons pas tout ce qu'il y eut de déchirant pour le cœur de ce père et de cette mère, lorsqu'ils durent se séparer de leur cher fils, ni la douleur de ce fils dans les derniers embrassements de son père et de sa mère. Nul doute que le sacrifice qu'ils faisaient tous trois ne fût inspiré par la pensée et le désir de plaire à Dieu ; mais le sentiment religieux, quelque profond qu'il soit dans un cœur, ne le rend pas insensible à de telles séparations. Loin de là ; plus épuré par ce sentiment et plus dégagé de toute autre affection terrestre, le cœur n'en reçoit que mieux toutes les impressions de l'amour paternel et de l'amour filial. Le cœur le plus pieux fut toujours le cœur qui aima davantage. Mais, plus

l'amour est vif, plus vive aussi est la douleur
lorsque le cœur sent se rompre les liens qui l'at-
tachent. Toutefois, si l'amour trouve dans la
piété un aliment actif, il y trouve aussi la grâce
qui dispose au sacrifice et le fait accomplir avec
résignation.

Telles étaient, au moment de se séparer, les
impressions de ces trois cœurs, douloureusement
affectés, mais heureux de faire un sacrifice que
Dieu demandait.

VI.

*Comment le bon saint Sour, accompagné de saint
Amand et de saint Cyprien, quitta l'Auvergne,
et comment il se retira dans le monastère de
Genouillac.*

Le bon saint Sour n'avait point tardé à instruire ses deux amis du consentement de son
père et de sa mère, et, l'amour divin qui les
pressait ne souffrant pas de retard, les trois jeu-

nes prédestinés abandonnèrent tout et sortirent
de l'Auvergne, laissant à Dieu le soin de leur
trouver un asile où il leur fût permis de vivre
inconnus et ignorés du monde.

Dieu les conduisit, disent les légendaires et
les chroniqueurs, dans la province du Périgord.

Ici le manuscrit, édité par le P. Labbe et les
Bollandistes, ne nomme pas le lieu qui servit de
première retraite aux trois pieux émigrés de
l'Avernie; il nous dit seulement qu'arrivés en
Périgord, ils vécurent quelque temps ensemble
de la même vie, et qu'ensuite, importunés par
la foule que la réputation de leur sainteté attirait
auprès d'eux, ils abandonnèrent leur premier
asile. Mais les légendes du *Propre* du diocèse de
Sarlat, des Bréviaires de Périgueux et de Limoges, l'*Abrégé de la Vie des Saints de la province
du Périgord,* le P. Dupuy (1), le P. Bonaventure (2), la *Gallia Christiana,* le P. Labbe lui-

(1) *Estat de l'Eglise du Périgord,* tome I, page 160.
(2) *Annales du Limousin,* page 188.

même, dans la *Vie de saint Amand*, nous les montrent entrant, dès leur arrivée en Périgord, dans le monastère de Genouillac, où, après s'être rasé la tête, ils prirent l'habit de moine.

Nous avons dû faire des recherches sur ce monastère de Genouillac, qui fut comme le berceau de la vie religieuse de notre saint, et que toutes les chroniques placent en Périgord. Nous les consignons dans une note, pour ne pas interrompre notre récit; elles auront de l'intérêt pour quelques-uns de nos lecteurs (1).

(1) En ne consultant que les chroniques du Périgord et du Limousin, nous avons dû chercher Genouillac dans la province du Périgord, et, en suivant le P. Dupuy et la *Gallia Christiana*, nous devions le trouver dans la partie même de cette province qui formait le diocèse de Périgueux, après la création du diocèse de Sarlat.

Mais il n'existe plus dans les limites actuelles du Périgord de localité du nom de *Genouillac*, et nous ne pensons pas qu'il en ait jamais existé. Nous savons bien que des bourgades et des cités ont disparu de la surface du sol; il est rare, cependant, il n'y a peut-être pas d'exemple qu'il ne reste aucune trace de leur nom.

Remarquons d'abord que les anciens légendaires, en spécifiant la position topographique de *Genouillac*, se servent tous de ces expressions : *Sur le territoire pétrocorien (in territorio petrocorensi)*. Or, comme le fait observer un auteur moderne, la partie du Bas-Limousin comprise entre Brive et

Lorsque le bon saint Sour, accompagné de
ses deux amis, s'y présenta, le monastère de

la Dordogne, et toute la partie du diocèse de Cahors qui avoisine cette rivière, appartenaient à la province des *Petrocorii*
(Marvaud, *Hist. du Bas-Lim.*), dont le territoire, si on voulait en croire Pline, se serait étendu jusqu'au Tarn (tome ii,
liv. v, ch. xix, édit. de 1777). Ce ne fut même qu'en 1576 que
la ville de Brive et la partie du Limousin dont nous parlons,
furent distraites de l'évêché de Périgueux pour être réunies à
celui de Limoges.

L'étendue du Périgord n'étant plus aujourd'hui ce qu'elle
était autrefois, nous avons dû chercher *Genouillac* au-delà des
limites actuelles du Périgord, et nous l'avons trouvé à quelques
lieues seulement de la Dordogne, dans le diocèse de Cahors,
non loin de la route qui conduisait de l'*Avernie* dans le pays
des *Cadurques*.

Il n'est pas étonnant, d'après l'étendue bien constatée
de notre ancienne province, que les moines de l'abbaye
de Terrasson, les premiers sans doute qui recueillirent les
actes de saint Sour, et peu de temps après sa mort, aient
placé *Genouillac* sur le *territoire des Petrocorii*. Nous comprenons encore que nos légendaires et nos chroniqueurs aient
continué à le placer dans la même province : ils écrivaient
avant 1376, et ne pouvaient, d'ailleurs, s'inspirer que des cartulaires et des annales de l'abbaye de Terrasson.

Mais les rédacteurs des Bréviaires de Limoges, en 1740 et
1736, de Sarlat, en 1776, et de Périgueux, en 1781, auraient
dû insérer dans la légende de saint Sour un mot qui fît comprendre que ce Genouillac appartenait, de leur temps, au diocèse de Cahors.

Nous devons remarquer, cependant, que les trois légendes
de saint Sour, de saint Amand et de saint Cyprien, dans le
Propre du diocèse de Sarlat, ne disent rien qui puisse faire
croire qu'elles placent Genouillac dans le Périgord ; la légende
même de saint Cyprien nous indique assez clairement que ce

Genouillac était sous la direction d'un abbé du
nom de Salane (quelques auteurs ont écrit Sa-

monastère doit être pris où nous le prenons nous-même; elle
dit : *Monastère de Genouillac sur les limites des Petrocorii*
(*in finibus Petrocoriorum*); or, ainsi que nous l'avons déjà
remarqué, le Genouillac du Quercy est peu éloigné des limites
actuelles du diocèse de Périgueux.

Quelques écrivains ont fait des recherches pour découvrir la
position de Genouillac; mais ils ne se sont point préoccupés
de l'étendue qu'avait primitivement notre province, ni des limites du diocèse de Périgueux, considérablement restreintes
en 1317 par la création du diocèse de Sarlat. Aussi leurs recherches ont-elles été inutiles. Du nombre de ces écrivains
sont Claudius Estiennot et les auteurs de la *Gallia Christiana*.
Le premier nous dit : « Mais quel était ce monastère? Je l'i-
» gnore. J'ai consulté les savants dans l'histoire du Périgord,
» ils n'ont pu rien m'apprendre. » (*Antiq. Benedict. Diœces.
Petroc.*, cap. xi, fol. 81 et 82.) Les seconds, ne trouvant pas
dans le diocèse de Périgueux de monastère du nom de Genouillac, le classent parmi les abbayes de ce diocèse qui n'exis-
tent plus ou qui ont changé de nom.

Quant au P. Dupuy, on doit s'étonner qu'il ne nous ait point
dit la position exacte de Genouillac; il ne pouvait l'ignorer.
Habitant Sarlat, il ne s'en trouvait pas à une grande distance;
il récitait dans le *Propre* de son Bréviaire la légende de saint
Cyprien, et nous pouvons établir que, de son temps, le
clergé de Sarlat plaçait dans le Quercy le monastère où s'était
retiré saint Sour. (Voir la lettre du chanoine Gérard, note C.)
Le P. Dupuy était originaire de Périgueux. Craignait-il, par
un mot qui eût pu éclairer le lecteur, d'enlever à son pays
l'honneur d'avoir ouvert la voie de la sainteté à saint Sour, à
saint Amand et à saint Cyprien, dont la présence avait illustré
Genouillac, et sans lesquels on ignorerait qu'il exista, au
sixième siècle, une abbaye de ce nom?

Toutefois, le Quercy n'a point voulu nous céder la propriété

vale et Canalis), « lequel conduisait à la perfec-
» tion plusieurs saints moines qui, de toutes
» parts, se rangeaient à sa sainte pédagogie (1). »

La vertu de nos jeunes religieux s'y fit bientôt
remarquer, et, en peu de temps, ils furent l'objet de l'estime et de la vénération de tous. On
les voyait, dit la légende, ardents à la mortifi-

---

de Genouillac ; voici ce que nous lisons dans la Statistique dé-
partementale du Lot, par M. Delpon : « Il existait (à Genouil-
» lac), dans des temps fort reculés, un monastère détruit plu-
» sieurs siècles avant la révolution, et dans lequel trois per-
» sonnages révérés par l'Eglise, saint Sour, saint Amand et
» saint Cyprien, prirent l'habit monastique. »
  Du reste, les preuves que nous venons d'apporter à l'appui
de notre assertion sont clairement confirmées par l'itinéraire
que suit saint Sour pour arriver de Genouillac à Terrasson.
La station qu'il fait se trouve sur la ligne directe entre ces
deux points. Nous aurons lieu d'en parler.
  Ce n'est qu'à l'occasion de notre saint et de ses deux amis
qu'il est fait mention, dans nos chroniques et nos histoires, de
l'abbaye de Genouillac ; on ignore l'époque de sa fondation et
de sa destruction. Genouillac, ou Ginouillac, est aujourd'hui le
nom d'une paroisse du canton de Labastide-Fortunière. On
n'y trouve aucune trace, aucune ruine, aucun souvenir traditionnel de l'antique monastère. Un puits, assez profond et
bien bâti, est le seul monument qui semble dans son nom en
rappeler quelque chose : on l'appelle *Puits de l'Ermissou*, di-
minutif d'*ermitage* dans le langage du peuple. Le nom de
Genouillac semble dériver de *Genulus* ou *Genulfus*, nom du
premier évêque de Cahors ; on pourrait présumer que ce saint
fut le fondateur du monastère.
  (1) *Estat de l'Eglise du Périgord*, t. i, p. 160.

cation, châtier les membres de leur corps pour
les dégager des affections terrestres, et s'appliquer à embellir leur âme des charmes de la
vertu. Ils se rendaient agréables à tous, et par
leurs œuvres, qui avaient toujours pour principe
et pour fin la charité, et par leurs discours, as-
saisonnés de cet esprit d'aimable franchise et de
douce gaîté qui fait le charme des conversations.
On était heureux de les voir, plus heureux de
les entendre : car la chasteté leur prêtait sa grâce
attrayante, fraîche et pure fleur qui l'accompa-
gne partout et n'appartient qu'à elle; la foi, sa
force invincible ; la pureté du cœur, son aimable simplicité : leur vie en recevait un éclat qui
les rendait dignes de toute louange. Mais ils se
distinguaient, surtout, par une grande humilité.
Cette belle vertu, base et couronnement de toute
perfection, ils en connaissaient tout le prix; et
leurs paroles, leurs actes, tout leur extérieur la
reflétait si bien, qu'ils apparaissaient ornés de
cette vertu divine comme d'un vêtement spirituel, comme sont ornés, la douce colombe de

son blanc plumage, le lis de sa blancheur éclatante, la prairie de sa verdure et de l'émail de ses mille fleurs.

Mais Dieu ne destinait pas notre saint à demeurer toute sa vie dans un monastère. Sa Providence ne l'avait conduit à Genouillac que pour l'éprouver au feu de la charité monastique; lui faire acquérir, sous la direction du saint abbé Salane, la science si difficile de gouverner les autres; l'exercer à la pratique des vertus fondamentales de tout Ordre religieux : la pauvreté, la chasteté, l'obéissance, et remplir son âme de l'esprit de mortification et de sacrifice qu'il devait, lui-même, un jour, enseigner aux autres. Le bon saint Sour doit être le fondateur d'un monastère, le chef d'une société nombreuse; nous verrons comment Dieu se servit, pour le retirer de Genouillac, de l'inclination qu'il avait eue, dès ses plus tendres années, pour la vie solitaire.

Nous devons consigner ici un fait que nous

trouvons dans le P. Dupuy (1), D. Claudius Estiennot (2) et le P. Bonaventure (3), s'appuyant
tous les trois sur le témoignage de l'ancien
Bréviaire de Périgueux (4). D'après ces auteurs, le bon saint Sour serait arrivé et aurait
vécu à Genouillac en même temps qu'un personnage non moins illustre par sa sainteté que
par les malheurs de sa famille : Clodoalde, petit-
fils de Clovis et de la reine sainte Clotilde, et vénéré par l'Eglise sous le nom de saint Cloud. Ce
prince, bien jeune alors, aurait été conduit dans
ce monastère, après avoir été sauvé, plus heureux que ses frères, du fer assassin de Clotaire,
son oncle. Il y serait resté jusqu'à ce que, l'âge
lui permettant de renoncer, par lui-même, à
toutes les grandeurs terrestres, il pût se retirer
auprès de saint Séverin et fonder un monastère
à Nogent, aujourd'hui Saint-Cloud.

Ce fait nous offre une circonstance peu im-

(1) *Estat de l'Eglise du Périgord*, t. i, p. 160.
(2) *Antiquitates Benedictinæ diœc. Petroc.*, p. 99.
(3) *Annales du Lim.*, p. 188.
(4) Imprimé en 1559.

portante, sans doute, de la vie de notre saint;
mais nous avons cru devoir le rapporter parce
qu'il était consigné dans l'ancien Bréviaire de
notre diocèse, et qu'il nous a semblé, d'ailleurs,
que la critique la plus sévère pouvait en admettre la possibilité historique.

VII.

Comment le bon saint Sour quitta le monastère de
Genouillac, et de son séjour, avec saint Amand
et saint Cyprien, à Peyre-Levade.

« Vivre dans la solitude, dit saint Ambroise,
» c'est participer déjà à la vie éternelle (1). » En
effet, les douces jouissances que procure à notre
âme l'union avec Dieu, peuvent se prendre pour
le commencement du souverain bonheur; et ce
n'est bien que dans la solitude, dans le silence
du désert, loin du bruit, des agitations du monde,

(1) Saint Ambroise, épit. 26.

que peut s'établir cette union déifique. Il faut entrer dans le jardin mystérieux de l'époux céleste, pour recevoir ses douces caresses, ses chastes embrassements (1).

Le bon saint Sour l'avait compris, et son âme si ardente et déjà si élevée dans la connaissance de Dieu, ne formait pas d'autres désirs. Aussi, après trois ans (2) de séjour au monastère de Genouillac, le voyons-nous solliciter de l'abbé Salane (3) l'autorisation de se retirer dans le désert pour y vivre comme avaient vécu, dans les déserts de la Thébaïde, les Paul, les Antoine, les Hilarion et tant d'autres saints illustres.

Quelque pénible que fût cette demande au cœur du saint abbé, qui avait apprécié le bon saint Sour et découvert en lui un véritable tré-

---

(1) Au liv. des Cantiques, ch. v, v. 1.

(2) Aucun des légendaires ni des chroniqueurs, en parlant du séjour de notre saint à Genouillac, n'en détermine la durée; mais ils donnent tous à entendre qu'elle fut courte. En la fixant à trois ans, nous nous conformons à l'ordre des faits que nous aurons à raconter.

(3) *Abrégé de la Vie des Saints de la province du Périgord.*

sor pour la régularité et la sainteté de ses moines, il ne put s'empêcher d'y adhérer. Les motifs allégués par le jeune religieux étaient puissants, l'abbé dut y voir une manifestation de la volonté de Dieu.

Mais le bon saint Sour ne partira point seul. L'amitié, qui ne se refroidit jamais dans le cœur des saints, ne lui permet pas d'oublier les deux amis de son enfance : il leur communique son projet. La solitude d'un monastère n'est point la vie qu'ils ont voulue en quittant leurs parents et les douceurs du foyer domestique ; ils ont bien mis la main à la charrue, mais, déjà, Dieu peut leur reprocher d'avoir regardé derrière eux (1) ; c'est au désert qu'ils doivent aller, et, là seulement, ils trouveront une solitude assez intime, assez retirée.

Ces considérations que le bon saint Sour développe avec toute la vivacité de sa foi et l'enthousiasme de son amour, suffisent pour réveil-

_____

(1) Evangile selon saint Luc, ch. ix, v. 62.

ler dans le cœur de ses deux amis, le désir
de la vie solitaire. D'ailleurs, comme le remarque le P. Dupuy après le légendaire, « leur
» arrivée à Genouillac avait fait sensation dans
» le pays, et, pensant y demeurer inconnus au
» monde, ils avaient vu en peu de temps abor-
» der un concours de peuple qui, importuné-
» ment de tous côtés, se rendait en ce lieu, les
» uns pour voir le changement de la dextre du
» Très-Haut fait en ces nobles mépriseurs du
» siècle, les autres pour faire à leur imitation
» divorce avec le monde : ainsi, cet applaudisse-
» ment populaire les faisait soupirer après quel-
» que plus étroite et sauvage retraite (1). »

Le jour du départ des trois amis fut donc ir-
révocablement fixé.

Mais, lorsqu'un moine quitte le monastère
pour se retirer dans le désert, l'usage veut qu'il
ne parte qu'après avoir reçu la bénédiction de
l'abbé et l'accolade fraternelle de tous les reli-

---

(1) *Estat de l'Eglise du Périgord*, t. i, p. 162.

gieux : saint Sour, saint Amand et saint Cyprien
se conformeront à cet usage. Entrons dans le
sanctuaire au jour fixé pour le départ et à
l'heure de l'office du matin. Ils sont là, prosternés devant l'autel ; leur recueillement plus profond témoigne de leur foi plus vive, de leur
amour plus ardent : on dirait trois archanges à
genoux devant le trône de Dieu, pour recevoir
ses ordres et les porter à la terre.

Ils ont déjà reçu le pain céleste du voyageur,
et le vénérable abbé leur a remis à chacun le
bâton de pèlerin. « Allez, mes fils, leur dit-il
» ensuite, allez où le Seigneur vous appelle. Que
» le Dieu tout-puissant et miséricordieux vous
» dirige dans la voix de la paix! Que l'ange Ra-
» phaël, ami du voyageur, marche avec vous
» dans votre chemin! Sauvez, Seigneur, vos
» enfants, qui espèrent en vous! Fils bien-aimés,
» que la bénédiction de Dieu soit et demeure
» avec vous! »

Les trois amis ont écouté avec un saint recueillement ces paroles, et ils échangent avec le

vénérable abbé et tous les religieux le baiser fra-
ternel, expression touchante de l'amitié, langage
mystérieux qui semble dire : Nous ne serons
qu'à moitié séparés; j'emporte quelque chose
de vous et je vous laisse quelque chose de moi.
Ensuite, ils sont conduits par l'abbé et tous les
religieux jusqu'à la porte extérieure du monastère.

Le dessein des trois amis, en quittant Genouillac, était de ne point se séparer, de vivre ensemble, se prêtant un mutuel secours et s'encourageant par des exemples réciproques dans un
genre de vie si au-dessus des forces humaines.
Ce dessein nous est insinué par l'auteur de
l'*Abrégé de la Vie des Saints de la province du Périgord*. Après nous avoir dit que saint Sour,
saint Amand et saint Cyprien reçurent l'habit de
moine, dans le monastère de Genouillac, des
mains de l'abbé Salane, cet auteur ajoute :
« Mais, cette vie ne leur paraissant pas assez
» cachée, Sour persuada à ses deux associés
» d'aller chercher un lieu plus retiré, avec la

» permission de l'abbé; ils se séparèrent ensuite
» pour mener une vie plus retirée. » Immédiatement après, l'auteur nomme le lieu que chaque solitaire choisit. Or, ces mots : *Ils se séparèrent en suite,* peuvent leur être appliqués
seulement après leur sortie du monastère de
Genouillac et après quelque temps d'un séjour
commun dans *le lieu plus retiré* qu'ils avaient
choisi.

La légende du *Propre* du diocèse de Sarlat les
fait aussi habiter ensemble, et nous désigne le
lieu de leur retraite par le nom de *Petræ-erectæ,*
Pierres-levées, aujourd'hui *Peyre-Levade,* sur les
confins des paroisses de Saint-Sernin (1) et de
Chavagnac (2). Ce lieu tire son nom d'un autel
druidique qu'on y aperçoit encore.

Le P. Labbe et les Bollandistes font bien paraître en ce même Peyre-Levade les trois moines
de Genouillac, mais seulement après qu'ils ont

(1) Diocèse de Tulle.
(2) Diocèse de Périgueux.

vécu quelque temps ensemble dans un autre lieu qui n'est point nommé.

Nous avons cru devoir placer ici toutes ces remarques, afin de faire mieux apprécier les moyens dont Dieu se servit pour élever ses trois élus à la plus haute sainteté, et les maintenir, par un combat continuel avec le monde, dans la voie du renoncement où il voulait les faire marcher.

La position de Peyre-Levade était des plus favorables au but que se proposaient les trois solitaires : l'éloignement du monde et le recueillement de la vie intérieure. Ils se trouvaient sur le plateau d'une montagne assez élevée; ils avaient sous leurs yeux, dans cet autel dressé par leurs pères, une preuve des grossières erreurs de l'humanité, lorsqu'elle est privée des lumières de la foi; autour d'eux se développait un vaste horizon, image, faible sans doute, mais image de l'immensité de Dieu; et leurs regards, le cœur même des saints caresse avec plaisir les souvenirs de la patrie, leurs regards, lorsqu'ils étaient fa-

tigués de contempler le ciel, pouvaient se reposer sur les blanches montagnes de l'Auvergne.

Les trois amis s'y étaient construit trois cellules, comme trois tentes sur le Thabor. Ils y
appelaient, dans leurs ferventes oraisons et le
chant des hymnes sacrées, Moïse et Elie, la Loi
et les Prophètes; et Jésus, qui leur avait dit de
tout quitter pour le suivre, se trouvait au milieu
d'eux. C'était pour ces âmes le commencement
du souverain bonheur.

« Qu'il est bon, qu'il est doux que les frères
» habitent ainsi ensemble! C'est comme le par-
» fum répandu sur la tête d'Aaron, qui descend
» sur toute la barbe d'Aaron, qui descend sur
» le bord de son vêtement : comme la rosée
» d'Hermon qui descend sur la montagne de
» Sion. Car c'est là que le Seigneur a ordonné
» que fût la bénédiction et la vie jusque dans
» l'éternité (1). »

(1) Psaume 152

VIII.

Comment les trois amis quittèrent Peyre-Levade, et comment le bon saint Sour, pendant le sommeil de saint Amand et de saint Cyprien, s'en fut à la découverte de sa retraite.

Les diverses légendes et les chroniques se taisent sur le temps que nos saints demeurèrent ensemble à Peyre-Levade, mais non sur la cause de leur séparation; elle nous est formellement indiquée.

Ce lieu ne pouvait être tellement retiré, que l'éclat de leurs vertus et leur genre de vie si extraordinaire ne les fissent découvrir. D'ailleurs, Dieu ne permet pas toujours que la sainteté se dérobe sous le voile de l'humilité; il entre souvent dans ses desseins qu'elle soit manifestée aux yeux du monde pour l'instruction et l'exemple de tous. Aussi les habitants des contrées voisines vinrent-ils bientôt en foule à Peyre-Levade, attirés, les uns par la simple curiosité, les autres par le désir de s'instruire ou d'être témoins des miracles qui s'y opéraient. Ceux-ci imploraient le secours des prières des trois ermites, ceux-là demandaient la guérison de quelque maladie ; on en voyait même qui se proposaient de les imiter, et déjà se déclaraient leurs disciples (1).

Le bon saint Sour gémissait en secret de toutes ces obsessions de la foule, qui le détournaient des prédilections nourries dans son cœur depuis son enfance. Il savait, comme le remarque le légendaire, que, rarement, au milieu du tumulte des hommes, on peut composer une assemblée d'anges, et il songeait à fuir encore loin de ces lieux. Un soir, après le départ de la foule, qui avait été plus nombreuse, plus empressée, et lui avait à peine laissé, durant le jour, quelques instants pour se recueillir, il appelle ses deux amis, leur fait part de son projet et leur dé-

_____

(1) *Proprium Sarlatense*, — le P. Estiennot, — l'abbé Le-gros, — *Abrégé de la Vie des Saints de la province du Péri-gord.*

montre la nécessité, pour le bien de chacun, d'une prompte séparation. Pourquoi, en effet, ont-ils quitté le monde s'il faut qu'ils vivent au milieu du monde et ne soient occupés que des choses du monde?

On le comprend, il ne fallut pas à notre saint un long discours pour faire passer dans l'âme de ses deux amis les impressions qui agitaient la sienne. Depuis long-temps ils souffraient eux-mêmes de ces pieuses importunités du monde, comme ils en avaient souffert à l'abbaye de Genouillac, et si leur bouche n'avait encore proféré aucune plainte, ce n'avait été que par respect, par déférence pour leur ami dont ils s'étaient faits les disciples. Mais, puisqu'il a parlé, rien ne saurait plus les retenir; nul retard ne sera mis à l'exécution du projet du bon saint Sour, et, dès le jour suivant, les pieux ermites quittent Peyre-Levade et s'en vont, dans la direction du soleil couchant, où les conduira la volonté de Dieu.

Ici nous rentrons dans le récit du P. Labbe et

des Bollandistes, et nous voyons les trois fugi-
tifs, après une longue marche, pendant laquelle
ils ont trompé les fatigues et les ennuis du voyage
par de pieuses conversations, nous les voyons
éprouver le besoin de prendre quelques instants
de repos. Ils se sont arrêtés. Bientôt, soit par
lassitude, soit que Dieu, pour favoriser notre
saint, le voulût ainsi, saint Amand et saint Cyprien s'abandonnent à un profond sommeil. Ils
sont là, non loin du lieu qui doit être l'asile du
bon saint Sour, au sein d'une vaste forêt, repaire
habituel des bêtes sauvages (1); mais l'ange du
Seigneur, compagnon du voyageur, veille sur
eux, et « les bêtes des champs leur seront paci-
» fiques (2). »

Le sommeil de ses deux amis est une occasion
favorable pour le bon saint Sour, qui n'a point

(1) Nous ne savons pas le lieu où s'endormirent saint Amand
et saint Cyprien, mais, d'après les faits que les légendaires
nous racontent, nous devons le supposer peu éloigné et au
midi de Terrasson, dans cette partie appelée aujourd'hui *le
Causse*, et qui, à cette époque, n'était qu'une épaisse forêt.
(2) Job, ch. 5, v. 23.

perdu un instant la pensée ni le désir de la solitude : il en profite, et, se levant, il s'en va de droite et de gauche, explorant le pays, pour s'assurer s'il n'y trouvera pas un lieu où il puisse fixer sa demeure. L'Esprit de Dieu le conduisait. Bientôt se présente à sa vue un site tellement agreste et retiré, qu'il ne paraît point qu'aucun mortel y ait jamais porté ses pas. Le saint s'y dirige et le trouve des plus convenables, par sa position, au but de la vie solitaire.

Placé au flanc d'une colline, ce site était dominé et protégé par une roche majestueuse d'élévation, auprès de laquelle sortait une source d'eau vive qui, s'écoulant par petits ruisseaux, y entretenait une douce fraîcheur (1). Au bas de la colline se développait une vaste plaine parcourue, d'intervalle en intervalle, par une rivière mal renfermée dans son lit.

---

(1) Le légendaire a sans doute voulu désigner ici la fontaine des *Marjarides*, peu éloignée de la grotte de saint Sour. Elle est très-abondante, et ses eaux forment et fécondent sur le penchant de la colline une prairie toujours verdoyante.

A la vue de ces lieux, notre saint est transporté d'une joie ineffable, et, tombant à genoux, il porte ses regards vers le ciel et remercie la divine Miséricorde qui lui a préparé cette retraite, la priant d'ajouter à cette première faveur, la faveur plus grande de pouvoir y produire des fruits de justice et de sainteté. Il se relève ensuite, après cette expression de sa reconnaissance, et se hâte de revenir vers ses frères qu'il trouve encore profondément endormis et qui, ne s'étant pas aperçus de son départ, ne s'aperçoivent point de son retour. Pour mieux les tromper et ne pas leur donner le moindre soupçon de la course et de l'exploration qu'il vient de faire, le bon saint Sour se place auprès d'eux et feint de s'y endormir.

Cependant, le départ des trois ermites de Peyre-Levade n'avait pu rester longtemps secret. Quelques habitants de la contrée, du nombre de ceux qui, déjà, s'étaient déclarés leurs disciples, n'avaient pas tardé à venir les visiter, comme ils le faisaient tous les jours; et, désolés de ne

plus les voir dans leurs cellules, ils s'étaient mis
sur leurs traces. Ils étaient arrivés, quelques instants après le retour de notre saint, au lieu où
ses deux amis reposaient, et, les croyant tous
trois endormis, ils avaient respecté leur sommeil
et s'étaient tenus, silencieux, à l'écart.

Le sommeil de saint Amand et de saint Cyprien durait depuis deux heures, doux et paisible, comme le sommeil de deux justes. Ils se
réveillent enfin, et aussitôt les trois amis de
s'exhorter mutuellement à l'exécution de leur
projet. Ils s'entretiennent des douceurs de la patrie céleste où ils se retrouveront un jour, et
rappellent tout ce qui peut fortifier leur foi, leur
désir du souverain bonheur.

IX.

Comment les trois amis prirent l'eulogie sacrée et
se séparèrent ensuite, et comment le bon saint
Sour opéra un miracle.

Nous l'avons déjà dit, les liens de l'amitié la
plus intime avaient unis, dès l'enfance, saint
Sour, saint Amand et saint Cyprien. Leurs âmes
s'étaient collées ensemble, comme « l'âme de Jo-
» nathas s'était collée à l'âme de David, et ils
» s'aimaient (1). » Aussi ne peuvent-ils maintenant se séparer sans verser d'abondantes larmes :
ils restent long-temps à s'embrasser.

Mais notre saint, craignant que quelque ruse
de l'ennemi ne se glisse dans ces témoignages
mutuels d'affection et de regret, s'ils se prolon-
gent encore ; pressé, d'ailleurs, du désir de con-
sommer un sacrifice commencé, dit à ses frères :

(1) 1er liv. des Rois, ch. 18, v. 1.

« O mes amis! vous que je préfère à tout ce
» que j'ai de plus cher en ce monde, je vous en
» conjure, hâtons-nous d'accomplir ce que nous
» avons arrêté dans notre cœur! Enrôlés au ser-
» vice de Dieu, devenus ses enfants de prédilec-
» tion, ne restons pas plus long-temps embar-
» rassés dans les affaires du monde; elles nous
» rendraient misérables aux yeux du Seigneur.
» Nous connaissons déjà le frein salutaire du tra-
» vail, des fatigues, des sueurs qu'on supporte
» pour Dieu; entrons avec courage dans la voie
» où nous sommes appelés à triompher des en-
» nemis du salut : nous les combattrons avec les
» armes de là prière et du travail. Mais, avant,
» si vous le voulez, comme la distance des lieux
» ne peut séparer ceux que la charité unit, en
» signe de la charité qui devra régner entre nous,
» et pour en goûter, dès ce moment, les dou-
» ceurs, prenons ensemble quelque chose de
» l'eulogie sacrée (1). »

_____

(1) Le P. Labbe, — les Bollandistes, — l'abbé Legros, *Supplément aux Vies des Saints.*

On sait l'origine de *l'eulogie*, plus connue parmi nous sous le nom de *pain bénit*, et de quel mystère ineffable elle est le symbole. « Dans les
» premiers siècles de l'Eglise, tous ceux qui as-
» sistaient à la célébration du saint sacrifice par-
» ticipaient à la communion; mais lorsque la
» pureté des mœurs et la piété eurent diminué
» parmi les chrétiens, on restreignit la commu-
» nion sacramentelle à ceux qui s'y étaient pré-
» parés, et, pour conserver la mémoire de l'an-
» cienne communion, qui était pour tous, on se
» contenta de distribuer à tous les assistants un
» pain ordinaire bénit par une prière. Dans l'E-
» glise grecque, on l'appelait *eulogie*, bénédic-
» tion ou chose bénite, et l'objet de cette céré-
» monie est le même que celui de la communion,
» qui est de nous rappeler que nous sommes
» tous enfants d'un même père et membres d'une
» même famille, assis à la même table, nourris
» par les bienfaits d'une même Providence, ap-
» pelés à posséder un même héritage, frères par
» conséquent et obligés de nous aimer les uns

» les autres. Pour exprimer cette union, nous
» voyons qu'au quatrième siècle les chrétiens
» s'envoyaient mutuellement des *eulogies* ou du
» *pain bénit;* saint Grégoire de Nazianze, saint
» Augustin, saint Paulin et plusieurs conciles en
» ont parlé..... Nous voyons aussi que non-seu-
» lement les évêques et les prêtres, mais encore
» les ermites faisaient la bénédiction du pain ou
» de l'eulogie (1). »

C'était comme gage de cette union que le bon
saint Sour proposait à ses deux amis de prendre
ensemble cette nourriture symbolique. Mais il
n'avait point de pain pour le bénir et en former
l'*eulogie;* il n'avait qu'une parcelle de lard, et,
remarque le légendaire, on était dans le saint
temps de carême. Que faire alors? Notre saint ne
fut pas longtemps embarrassé : « La fin de tout
» précepte est la charité (2), » et l'Esprit de Dieu
le dirigeait. Il prend cette parcelle de lard, il la
bénit, la divise et en donne un peu à chacun

(1) Bergier, *Dictionnaire de Théologie.*
(2) Saint Paul, 1re épît. à Tim., ch. 1, v. 5.

de ses amis. Il en donne également aux étrangers qui les ont suivis, car la charité est universelle et n'admet point la distinction des personnes.

C'est ainsi que le bon saint Sour, saint Amand et saint Cyprien, avant de se séparer, cimentaient par le sentiment religieux leur ancienne amitié qui ne devait point finir.

La fin de tout précepte, avons-nous dit avec l'Esprit-Saint, est la charité; la charité doit passer avant tout. Le bon saint Sour connaissait le précepte, il le respectait; mais l'exercice de la charité était pour lui une nécessité, et la nécessité n'eut jamais de loi.

Nous aimons cette simplicité des mœurs antiques, ce symbole ingénieux de l'union de ces trois cœurs qui, depuis long-temps, n'en faisaient qu'un (1). On ne voit plus cela de nos jours, la civilisation a marché; mais avec elle aussi ont marché la défiance et l'égoïsme, et,

(1) Un fait semblable est raconté de saint Mélaine. (Bolland., 6 janvier.)

pour trouver sur la terre des traces de cette antique amitié, il faut la chercher dans les cloîtres, car elle a fui le monde pour la solitude. Là seulement, sous l'influence de la divine eulogie, on voit, comme chez les premiers chrétiens, *un seul cœur, une seule âme* (1).

Il y a du merveilleux dans l'histoire du bon saint Sour, et nous y arrivons. Le lecteur chrétien n'en sera pas étonné : tout n'est-il pas merveilleux dans la vie des saints ? Leur sainteté même, si nous considérons la fragilité et la corruption de notre pauvre nature, n'est-elle pas la plus étonnante des merveilles ?

L'eulogie mystérieuse était prise, et les trois amis, fortifiés et encouragés par le symbole de l'union la plus intime, s'étaient séparés. Notre saint se hâtait de revenir au lieu qu'il avait choisi pour sa retraite ; — mais tout-à-coup il entend des pas précipités et des cris déchirants ; il se retourne et voit un homme accourir. C'était

(1) Actes des Apôtres, ch. 4, v. 2.

un des disciples dont nous avons parlé. Comme
les autres, il avait reçu l'eulogie sainte, mais,
comprenant mal l'excellence de la charité, il
avait eu scrupule d'enfreindre la loi de l'abstinence, et, au lieu de manger l'eulogie, il l'avait
furtivement cachée dans son sein. Il n'avait pas
tardé à recevoir la punition de sa faute. Ayant
voulu, après la séparation des trois amis, retirer
cette parcelle de lard, il l'avait vue se changer
aussitôt en un énorme serpent dont les nœuds
serrés avaient enlacé tout son corps; et le malheureux, saisi d'effroi, accourait auprès du
saint, avouant à grands cris sa désobéissance et
la justice de sa punition, le priant de lui par-
donner et de lui sauver la vie.

Le bon saint Sour est touché de ses larmes et
de son repentir; il fait le signe de la croix, et, à
l'exemple du divin Sauveur, il commande au
démon de sortir du corps du reptile, cet ami
des anciens jours, dont il a pris la forme à cause
de la désobéissance de ce disciple, comme il la

prit autrefois pour tromper le premier homme
et la première femme.

Après avoir ainsi chassé le démon et rendu à
l'oblation sa première substance, le saint la bénit de nouveau, ordonne au coupable de la
prendre, comme il a vu que les autres l'ont fait,
et l'avertit qu'il faut, avant tout, avoir la charité et la conserver toujours, car elle couvre la
multitude des péchés (1). Le disciple obéit cette
fois, et, se prosternant aux pieds du saint, il se
confond en actions de grâces, et s'en retourne
ensuite, heureux d'avoir échappé à un danger
si imminent (2).

Et le bon saint Sour, après ce miracle de miséricordieuse charité, arrive à la grotte bénie où
il doit fixer sa demeure.

Revenons à ses deux amis. Saint Amand
découvrit, non loin de là, une solitude qui lui

---

(1) Livre des *Proverbes*, ch. 10, v. 12.
(2) Le récit du repas mystérieux des trois amis se trouve
aussi dans le manuscrit de l'abbé Legros; il y est parlé de la
désobéissance du disciple, de sa punition et du miracle opéré
en sa faveur.

convenait et qui a tiré du séjour qu'il y fit le nom qu'elle porte encore aujourd'hui (1). Il y fut le fondateur d'un monastère qui devint, plus tard, une célèbre abbaye de chanoines réguliers de Saint-Augustin.

Saint Cyprien alla plus loin; il se fixa sur la rive droite de la Dordogne, dans un lieu qui, depuis, a porté son nom. Il y bâtit aussi un monastère qui devint un prieuré, possédé par les mêmes chanoines réguliers de Saint-Augustin (2).

Ne voulant écrire, dans cet ouvrage, que la

---

(1) Saint-Amand-de-Coly, à deux lieues de Terrasson.

(2) L'abbaye de Saint-Amand existait encore lorsque arriva notre première révolution. Mais, à cette époque, les moines furent dispersés, et leur magnifique demeure fut détruite. On ne conserva que leur belle église, bâtie en 1178. Les arts regrettent l'abandon auquel est condamné ce monument, l'un des plus remarquables du Périgord, placé au sein d'une population pauvre, qui ne peut pourvoir à son entretien et à sa conservation.

Le monastère de Saint-Cyprien vit aussi, à la même époque, ses moines dispersés. Mais la population de cette ville ne porta point ses haines religieuses jusques sur des pierres. Elle sut conserver avec le bâtiment des moines leur magnifique église; c'est aujourd'hui l'église paroissiale qui, après bien des révolutions, semble indiquer encore dans ses bases, celles du clocher surtout, le caractère des constructions du sixième siècle.

vie du bon saint Sour, nous n'aurons plus à nous occuper de ses deux amis.

X.

D'une vigie romaine au rocher de Saint-Sour;
comment notre saint se fixa dans une grotte et
se condamna ensuite à la vie de reclus.

Nous avons dit, en parlant du lieu que le bon saint Sour avait choisi pour sa demeure : « Il » était tellement retiré, qu'il ne paraissait point » qu'aucun mortel y eût jamais porté ses pas. » En nous exprimant ainsi, nous n'avons fait que traduire la légende; mais nous sommes en désaccord avec les amateurs d'antiquités romaines, qui, facilement, en trouvent un peu partout. Il faut l'avouer cependant, ici leur opinion ne paraît pas dépourvue de toute probabilité, et nous devons en dire un mot.

D'après ces antiquaires, il existait, et on en voit encore des traces, une voie romaine, allant

de Tintiniac *(Tintiniacum)* à Vésone *(Vesumna)*.
Les Romains avaient établi, de distance en distance, dans le parcours de cette voie, des vigies
ou stations militaires, dont il est aisé de voir des
vestiges très-caractérisés dans les grottes de Terrasson, dites de Saint-Sour. Des médailles et des
pièces de monnaie qu'on y a trouvées, à diverses
époques, viennent à l'appui de ces conjectures.
Du reste, la position de ces grottes se prêtait
admirablement bien au but de ces vigies : de là
l'œil pouvait découvrir, dans une étendue de
plusieurs lieues, la voie qu'il s'agissait de pro-
téger.

Dans cette hypothèse, le bon saint Sour et
ses premiers disciples qui, nous le dirons bientôt,
ne tardèrent pas à devenir nombreux, se seraient
fixés dans les logements abandonnés de l'une de
ces vigies (1).

Nous devions donner cette satisfaction à nos

_____

(1) Voir, pour plus amples détails, M. Marvaud, *Histoire du
Bas-Limousin;* — M. de Merlhiac, *Recherches historiques sur
le tracé ancien de la route de Lyon à Bordeaux.*

savants antiquaires ; nous allons reprendre notre
récit en suivant toujours le P. Labbe et les Bollandistes.

Ainsi que nous l'avons dit déjà, notre saint,
s'étant séparé de ses deux amis, était arrivé à la
retraite, objet de ses désirs les plus ardents. Il
s'était prosterné, baisant avec respect cette terre
qui devait être sa demeure, et s'était écrié dans
le transport de sa joie : « C'est ici pour toujours
» le lieu de mon repos ; j'y habiterai, parce que
» je l'ai choisi (1). »

Nous ne pouvons préciser l'année que le bon
saint Sour vint habiter en ce lieu, mais nous pouvons la fixer dans la période de 525 à 530, sous
l'épiscopat de Chronope II, pieux évêque, zélé pa-
cificateur de la province du Périgord, qui commença sous lui « d'humer un air plus doux que
« par le passé (2), » heureux Néhémie de la loi
nouvelle, qui trouva grâce devant un autre Ar-

(1) Psaume 151, v. 15.
(2) *Estat de l'Eglise du Périgord*, t. i, p. 158.

taxerce, ramena dans sa ville épiscopale son malheureux peuple, qui en avait été chassé, et réédifia les temples du Seigneur (1).

La demeure du bienheureux solitaire fut d'abord au pied d'un rocher. C'était bien une grotte, comme s'exprime la légende, mais, cependant, peu profonde. Le saint, afin de se mettre à l'abri du mauvais temps et des attaques des bêtes sauvages, nombreuses dans ces forêts, dut en fermer la façade et tout un côté avec des branches d'arbres, unies ensemble par des tiges d'osier (2).

On reconnaît ce premier asile du bon saint Sour; la piété lui en a conservé le nom; il est peu vaste, mais bien aéré, et il serait facile d'y établir encore un logement assez commode. C'est là qu'il vécut, pendant quelques années, d'une vie tout employée à la prière, à la mortification des

---

(1) A la prière de Chronope, Alaric II, roi des Goths, rétablit dans leur ville les habitants de Périgueux, que les persécutions d'Euric, son père, en avaient chassés.

(2) *Lento vimine,* — Labbe, — Boll., — *Proprium Sarlatense.*

membres de son corps par les jeûnes, les veilles, les exercices de la plus austère pénitence. Un peu de pain, quelques herbes grossières formaient toute sa nourriture, et l'eau du rocher était son unique breuvage; et encore n'usait-il de ces aliments qu'une fois le jour et en très-petite quantité : car il n'avait pour vivre que le fruit de son travail, et, remarque l'auteur de sa vie, il ne travaillait que pour se procurer l'absolu nécessaire, toutes ses heures étant, d'ailleurs, employées à la prière et à la contemplation. « L'homme est » né pour le travail, » et l'humble solitaire travaillait ; l'homme est né aussi pour « parler » avec confiance à Dieu, qui fait des choses » grandes et impénétrables, des choses miracu- » leuses et sans nombre (1), » et l'humble solitaire lui parlait.

Mais le bon saint Sour ne put long-temps se cacher de la sorte ; sa sainteté le trahit ici comme elle l'avait trahi à Peyre-Levade ; la bonne odeur

(1) Job, ch. 5, v. 7, 8, 9.

s'en répandit bientôt, et les peuplades voisines
accoururent auprès de sa grotte.

La vie du solitaire, remarque la légende, était
tout à la fois un exemple admirable offert à ceux
qui voulaient imiter, et un discours éloquent et
facile que les plus simples pouvaient comprendre. Aussi la foule, avide de le voir et de l'entendre, devint-elle, de jour en jour, plus nombreuse, plus empressée, à tel point qu'il dut
songer encore à se dérober à ses regards et à ses
importunités. Nous voyons, en effet, qu'après
en avoir obtenu l'autorisation de l'évêque Chronope, il adopta le genre de vie des véritables reclus (1).

On n'ignore pas ce qu'était, dans les premiers
âges des institutions monastiques, la vie de reclus. « Pierre de Cluny, surnommé *le vénérable,*
» écrivant à Gigelbert, reclus, nous apprend,
» dit l'auteur de l'*Estat de l'Église du Périgord,*
» quelle était cette vie, et que celui-là volontai-

(1) Le P. Labbe, — les Bollandistes, — le P. Dupuy.

» rément, pour se détacher tout à fait de la con-
» versation du monde, choisissait une petite cel-
» lule de dix ou douze pieds, et s'étant retiré
» avec congé de son abbé, l'on fermait de mu-
» railles la porte, lui laissant une petite fenêtre,
» par laquelle il recevait la viande spirituelle de
» l'adorable sacrement pour son âme, et la nour-
» riture de son corps par les aumônes qu'on lui
» apportait. Les uns se renfermaient pour dix
» ou douze ans, les autres pour toute leur vie,
» et Dieu souvent honorait ces âmes contempla-
» tives des dons de prophétie, des miracles et
» autres vertus surnaturelles, non sans admira-
» tion et étonnement du peuple qui les venait
» visiter (1). »

Ce genre de vie était assez commun en France,
au sixième siècle, et, ajoute le P. Dupuy, fort
pratiqué dans le Périgord. Nous pourrions citer,
du temps même de saint Sour, au nombre des
plus illustres reclus, saint Léobard à Marmou-

(1) *Estat de l'Eglise du Périgord*, t. I, p. 461.

Le bon Saint Sour dans sa grotte

tier, saint Fraimbauld et saint Constantien dans
le diocèse du Mans, saint Sénoch dans le diocèse
de Tours, saint Junien dans le diocèse de Limoges, saint Caluppan dans l'Auvergne, saint Pa-
trocle à Tours, saint Lomer à Chartres, notre
saint Euparche à Angoulême, saint Hospice près
de Nice, en Provence, saint Salvi, qui fut arra-
ché de force de sa cellule pour être élevé sur le
siége épiscopal d'Alby.

Le bon saint Sour, voulant donc se soustraire
aux regards de la foule, s'enfonça dans le creux
du rocher ou dans une grotte pratiquée au-
dessous de celle qu'il occupait déjà, et dont la
voûte était si basse, qu'il ne pouvait s'y tenir
que courbé. Il s'y était fait un siége avec quelques morceaux de bois mal unis; mais, sur le
dossier, à la hauteur de la tête, il avait planté
comme une couronne de grands clous dont les
pointes aiguës devaient le réveiller, s'il lui arrivait de se laisser gagner par le sommeil, dans le
temps de ses longues méditations : couronne
mystérieuse de pénitence que le juste ne quitte-

rait pas pour toutes les couronnes du monde, et
qui se change dans le ciel en lumineuse auréole
de gloire.

Ainsi notre saint voulait-il n'être surpris d'aucune manière ni en aucun temps par les ruses
du démon.

Il avait ménagé à l'entrée de cette seconde
cellule une petite porte : elle ne devait s'ouvrir
que la nuit, lorsqu'il sortait pour vaquer à la
prière, admirer la gloire de Dieu que les cieux
nous racontent, et contempler la magnificence
des ouvrages de sa main que publie le firmament (1). Auprès de cette porte, il avait pratiqué une petite ouverture en forme de fenêtre,
qui ne lui apportait qu'obliquement le jour nécessaire.

Qu'on ne s'étonne point de ce genre de vie.
Lorsque l'Esprit-Saint nous parle de l'épouse
des cantiques, il nous la représente amoureuse
colombe, cachée dans le creux du rocher (2).

(1) Psaume 18.
(2) Liv. des Cant., ch. 2, v. 14.

En effet, l'amour se plaît dans la solitude; là, ses ardeurs sont plus vives, et rien ne peut le distraire de son objet. Si Dieu veut se communiquer à une âme, lui parler et l'entendre, il la prend et la conduit en un lieu retiré (1), et celui-là seul qui l'a éprouvé comprend ce qui se passe alors entre Dieu et cette âme, mais aucune bouche ne saurait l'exprimer. Aussi n'essaierons-nous pas de raconter à notre pieux lecteur le commerce de notre saint avec son Dieu, pendant les quelques années qu'il resta ainsi reclus, loin de tout contact avec le monde; quelles grâces intérieures inondèrent son âme durant une conversation si longue et une union si intime avec celui qui est la source de tout bien; de quelle lumière il fut éclairé, de quelle prudence il fut rempli pour l'accomplissement des desseins de Dieu. Le bon saint Sour était seul avec son Dieu, et il le voyait d'autant plus purement que plus familièrement il conversait

(1) Osée, ch. 2, v. 14.

avec lui. Là, son âme, creusant dans elle-même
un grand fondement d'humilité, s'élevait jusqu'au faîte du plus parfait amour.

XI.

Comment le bon saint Sour avait fait un vœu,
et comment il punit une femme de son entête-
ment.

Nous avons omis une des causes qui avaient
le plus fortement déterminé notre saint à adop-
ter la vie de reclus. Nous la trouvons dans le
manuscrit édité par le P. Labbe et les Bollandistes.

Un jour que le pieux anachorète, à genoux
sous son rocher, vaquait à la prière, ses yeux
s'étant ouverts, il aperçut une femme se bai-
gnant dans la Vézère, peu attentive à conserver
cette sévère modestie et ce respect d'elle-même
qu'une femme chrétienne n'oublie jamais. Son

âme en fut troublée. « La mort, dit Jérémie, est
» montée par nos fenêtres ; elle est entrée dans nos
» maisons pour exterminer nos petits enfants (1). »
Or, les sens de notre corps sont les fenêtres par
lesquelles la mort pénètre dans notre âme, à la
suite du péché. Mais, de toutes ces fenêtres,
comme le remarque saint Augustin (2), celles de
la vue et de l'ouïe sont les plus dangereuses;
nous sommes plus particulièrement entraînés au
mal par les objets qui se présentent à nos yeux,
par les discours qui frappent nos oreilles. Et le
bon saint Sour, voulant se punir d'un regard
involontaire, mû aussi par une délicatesse de
conscience qu'on ne saurait trop louer, fit vœu
de ne jamais de sa vie regarder une femme.

Ce n'est pas sans motif, dirons-nous avec le
légendaire, que nous citons cette particularité
de la vie de notre saint; elle nous donne l'expli-
cation de quelques faits qui resteraient pour

---

(1) Jérémie, ch. 9, v. 21.
(2) Saint Aug., *Serm.* 295, nº 5.

nous incompréhensibles.Nous allons les raconter.

Le bon saint Sour n'avait pas encore commencé sa vie de reclus, mais déjà il avait fait le vœu dont nous venons de parler.

Or, une femme, qui restait dans le voisinage, avait coutume d'aller tous les jours balayer le devant de sa cellule, et le saint, pour la récompenser de ce charitable office, lui donnait chaque fois une petite aumône.

Mais il est écrit : « Celui qui aime le danger y »périra (1), » et la prudence veut que nous éloignions de nous les occasions qui peuvent nous faire faillir. Le bon saint Sour le savait; aussi, craignant de rencontrer cette femme lorsqu'il sortirait de sa cellule ou qu'il y rentrerait, et de manquer à son vœu, lui défendit-il de revenir. Il comprit bien qu'une simple défense ne suffirait pas : l'habitude était là et l'intérêt aussi. Le saint accompagna sa défense de la menace des plus sévères châtiments.

(1) *Ecclésiastique*, ch. 3, v. 27.

La femme en eut une peine extrême, et on la vit ce jour-là s'en retourner en pleurant et se lamentant. On pouvait croire que la cause de ses larmes était de ne pouvoir plus désormais remplir son œuvre de bienveillante charité, mais sa conduite prouva que tous ses regrets se portaient sur la récompense habituelle dont elle serait privée.

Un jour, deux jours se passèrent, la femme ne reparut point. Mais, le troisième jour, on la vit revenir, et, ne tenant aucun compte de la défense qui lui avait été faite, rester à la porte du saint, l'importunant de ses clameurs et lui demandant son aumône de chaque jour.

Ni les prières, ni les menaces du saint ne peuvent la retirer de son entêtement. Elle redouble ses cris et ses demandes; elle restera là, elle ne s'en retournera pas qu'elle n'ait reçu sa récompense.

Le bon saint Sour voit avec une vive peine cette obstination; il désespère de la vaincre. Faisant alors violence à son cœur, poussé aussi par un mouvement de l'esprit de Dieu, qui veille sur la solitude de son serviteur et la fidélité à son vœu, et saisi d'une sainte colère, il sort précipitamment de sa cellule, et de cette bouche habituée à ne s'ouvrir que pour célébrer les louanges de Dieu, il crache sur cette femme.

La malheureuse, qui avait relevé la tête comme pour recevoir sa récompense, jette à l'instant un grand cri. — Atteinte sur un œil par l'homme de Dieu, elle n'y voyait plus de cet œil.

Ainsi punie de son obstination, elle est bien contrainte de se retirer; elle part alors et s'en va, répandant partout ses clameurs et reconnaissant mal la justice de sa punition.

Le légendaire ajoute que cette femme, en arrivant dans sa maison, trouva toutes les personnes qui l'habitaient borgnes comme elle et du même œil qu'elle-même l'était; et, comme on le rapporte (c'est le légendaire qui parle, écrivant dans le xᵉ ou dans le xıᵉ siècle), depuis ce moment jusqu'à ce jour, tous les animaux, les volatiles même de cette maison ont été frappés de la même infirmité. Dieu voulut aussi que non-seulement la femme, qui avait osé troubler le repos de la solitude du saint et ne pas respecter sa parole, mais toute la famille de cette femme, toute sa parenté, tout ce qui était dans sa maison fût continuellement sous l'impression de la terreur et du pressentiment d'une ruine et d'une fin prochaines.

Un châtiment si sévère prouva combien le vœu du bon saint Sour avait été agréable à Dieu, avec quelle sollicitude la divine Providence veillait sur la retraite que l'humble anachorète s'était choisie. Il fallut sans doute que la femme coupable persévérât dans sa faute, qu'elle ne revînt pas s'humilier devant le saint; le saint lui eût pardonné, eût obtenu sa guérison et celle des membres de sa famille.

On se rappelle, en lisant ce trait, qui n'est qu'une traduction du légendaire, les pages si attrayantes de naïveté qu'offrent les *Vies des Pères du désert.*

7

XII.

Comment le bon saint Sour, ayant deux serviteurs,
opéra un miracle pour les nourrir.

Parmi les personnes les plus assidues à le visiter dans sa retraite, le bon saint Sour avait
distingué deux jeunes gens qu'il avait attachés à
sa personne en qualité de serviteurs, ou plutôt
de disciples. Le légendaire nous a conservé leurs
noms : ils s'appelaient, l'un *Bonite,* et l'autre
Principi. Ils aimaient leur bon maître et ils en
étaient aimés; ils lui furent utiles lorsqu'il se fut
condamné à la vie de reclus. Établis dans de petites
grottes auprès de sa cellule, ils lui procuraient,
par les aumônes qu'ils allaient recueillir, tout ce
qui était nécessaire à la nourriture et au vêtement,
et se nourrissaient eux-mêmes du superflu de ces
aumônes. Mais, quoique habitués à vivre avec
un saint, ils étaient loin de partager son ardeur
pour les austérités et les mortifications. Le fait

que nous allons raconter le prouvera; il nous
fera voir aussi la bonté du pieux reclus pour ses
deux serviteurs, et la puissance de sa prière auprès de Dieu.

On était, dit le légendaire, au premier dimanche de la sainte quarantaine, à ce jour le plus
mauvais de tous par les excès, dans le boire et
le manger, auxquels il donne lieu (1).

Or, les deux serviteurs commencèrent de mur-
murer et de se plaindre; et ils disaient : « De
» toutes parts on prépare, selon l'usage, des
» festins et des réjouissances; pour nous, nous
» n'avons rien qui puisse nous permettre de pas-
» ser ce jour un peu plus gaîment que les au-
» tres. »

(1) On voit, par ce trait, remarque Mabillon (*Annales Ordi-
nis Sti Benedicti*), que le premier dimanche de la quadra-
gésime n'était pas encore jour d'abstinence. Ce ne fut, en
effet, qu'après le vi^e siècle, observe Ratramne (l. 4, *Contra
græcorum opiniones*, c. 4, t. 2, p. 224), qu'il fut bien réglé
que le jeûne du carême serait de quarante jours et non plus
seulement de trente-six, comme il avait été jusqu'alors, d'a-
près saint Grégoire-le-Grand (hom. 16, in ev.).

On voit aussi, par ce même trait, qu'il était d'usage alors,
comme aujourd'hui, de fêter l'ouverture du jeûne quadragé-
simal par un adieu solennel aux aliments gras : *carni vale*.

Et le saint, du fond de sa cellule, écouta ces plaintes avec beaucoup de douceur, et il s'empressa de les apaiser en rappelant ses deux serviteurs aux enseignements de la foi et de la charité.

Et il leur dit : « Mes petits enfants, ne vous
» plaignez pas, ne murmurez pas; la main de
» Dieu est toute puissante. Celui qui, dans le
» désert de la Judée, rassasia cinq mille hommes
» avec cinq pains et quelques petits poissons,
» peut bien, dans le nouveau désert où nous
» sommes, donner la nourriture nécessaire à
» deux de ses serviteurs.

» Ne savez-vous pas ce que le psalmiste dit
» des Israélites, murmurant et se plaignant de
» manquer de viandes dans le désert? Les vian-
» des étaient encore dans leur bouche lorsque
» la colère de Dieu s'éleva contre eux (1).

» Ne murmurez donc pas comme murmurè-
» rent quelques-uns d'entre eux, qui furent tués

(1) Ps. 77, v. 31.

» par des serpents (1) ; mais ayez confiance et
» espérez en Dieu. »

Et le saint, ayant ainsi consolé et encouragé
ses deux serviteurs par ces douces paroles, se
mit en prière.

Et il était plein de confiance en la bonté du
Seigneur, qui nous a dit : « Si vous aviez de la
» foi comme un grain de sénevé, vous diriez à
» cette montagne : Passe d'ici là, et elle vous
» obéirait (2). »

Et sa prière ne fut point longue : il l'avait à
peine commencée, qu'un cerf, d'une grandeur
peu ordinaire, sortant de son fort, s'élance et se
précipite du haut de la montagne, et vient tom_
ber, la tête fracassée, sans mouvement et sans
vie, devant la cellule du saint.

Ce que voyant, l'un des serviteurs accourt en
toute hâte annoncer à son maître ce qui vient
d'arriver, et lui dit : « Maître, que faut-il faire
» du présent que Dieu nous envoie ? »

(1) Saint Paul, 1re épît. aux Cor., c. 10, v. 10.
(2) Saint Matth., c. 17, v. 19.

Et le bon saint Sour, élevant son âme à Dieu,
dont la bonté n'abandonne pas ceux qui espèrent en lui, remercie, avec une grande effusion d'amour, l'auteur de ce bienfait.

Puis il reproche à ses deux serviteurs l'injus-
tice de leurs murmures, et les avertit d'avoir
désormais plus de foi et de ne point oublier que
Dieu, dans l'adversité comme dans la prospérité,
leur est toujours présent. Et il ordonne ensuite
qu'on dépouille le cerf de sa peau.

De cette peau, le bon saint Sour veut se faire
un vêtement qui sera pour lui comme un témoignage de sa reconnaissance envers l'auteur de
ce bienfait, et dont la vue réveillera la foi dans
le cœur de ses disciples, et les prémunira contre
le danger de la défiance, si funeste au bien des
âmes dans les voies de Dieu.

Le légendaire observe que le bon saint Sour
usa toute sa vie de ce vêtement, sous lequel il
portait une grosse chaîne attachée au cou et
tombant sur la poitrine, de manière à n'être vue

de personne. Ainsi protégeait-il, par cet instrument de pénitence, la pureté de son cœur.

Le cerf dépouillé de sa peau, le bon saint Sour en fait distribuer la chair aux veuves et aux orphelins, rendant ainsi à Dieu ce qui lui vient de Dieu, et permet à ses deux serviteurs de garder ce qui leur est nécessaire pour la nourriture du jour.

Le lecteur habitué aux *Vies* des saints ne s'étonnera point de ce prodige. Nous voyons, en effet, que Dieu a souvent pris les animaux pour intermédiaires entre sa Providence et l'homme, et les a fait servir d'instruments à son amour. Aux animaux qu'il a pu apprivoiser pour son usage, l'homme donne de sa main la nourriture et les autres soins que leur position réclame; et souvent les animaux restés à l'état sauvage, ont donné la nourriture à l'homme qui, par amour pour Dieu, s'était éloigné de la société de ses semblables, et lui ont rendu les autres services dont il avait besoin.

Ce n'est pas toujours un ange qui porte aux

successeurs d'Elie, dans le désert, le pain cuit
sous la cendre et le vase plein d'eau.

Ce n'est pas toujours un Raphaël qui conduit
le jeune voyageur dans un pays lointain, et le
ramène, sain et sauf, dans la maison de son
père.

Ce n'est pas toujours un Tobie qui creuse une
fosse pour les corps des serviteurs de Dieu.

Pendant soixante ans, un corbeau apporte ré-
gulièrement chaque jour la moitié d'un pain à
saint Paul l'ermite, et un pain tout entier le
jour que le solitaire reçoit la visite de saint Antoine. Et lorsqu'il est mort, deux lions viennent creuser sa fosse et aider à saint Antoine
à l'ensevelir.

Un lion creuse la fosse de sainte Marie-Égyp-
tienne, au commandement du prêtre Zozime.

Lorsque saint Théon sort, la nuit, et s'en va
à travers les sombres forêts, les bêtes sauvages
se rassemblent autour de lui, lui font cortége,
l'accompagnent partout et le reconduisent à sa
cellule.

Saint Hélain veut aller chercher un prêtre pour la célébration des saints mystères; mais il faut traverser un fleuve : un crocodile lui prête son dos écailleux (1).

Quoi d'étonnant, après cela, qu'un cerf vienne de lui-même s'offrir pour la nourriture des serviteurs du bon saint Sour? Dieu n'est-il pas toujours et partout bon envers ceux qui l'aiment? toujours et partout admirable dans ses œuvres?

XIII.

Comment le bon saint Sour reçut la visite de sa mère, et comment la foi triompha de l'amour maternel.

L'amour est fort comme la mort (2) : le plus fort des amours est l'amour maternel; mais la foi en triomphe, et c'est alors un prodige. Nous

(1) Voir la *Vie des Pères du désert.*
(2) *Le Cantique des Cantiques,* c. 8.

en voyons un exemple dans la vie du bon saint
Sour.

On n'a pas oublié les instances que ses parents avaient faites pour le retenir auprès d'eux,
et comment, cédant enfin à une vocation si bien
éprouvée, ils avaient consenti à son départ. Bien
des années s'étaient écoulées depuis la séparation.... et la douleur de la mère était aussi vive
que le premier jour. Pour le père, Dieu l'avait
appelé dans le sein de sa miséricorde.

Une mère éloignée de son fils conserve toujours l'espérance de le revoir; et cette espérance
est devenue une conviction, presque une certitude, si elle a puisé son principe dans le sentiment religieux.

Nous avons connu une pieuse mère; son souvenir ne s'effacera jamais de l'âme de son fils.
Dieu lui avait donné la récompense promise au
juste sur la terre : une nombreuse famille. Mais
son cœur n'était point partagé entre ses huit enfants; elle aimait chacun d'eux comme si elle
n'en avait eu qu'un.

L'aînée des quatre filles, ange descendu sur la terre, était, après dix-huit ans, remontée vers le ciel. Nous avons vu cette mère la pleurer toute sa vie, comme si elle avait perdu tous ses enfants.

Des sept qui lui restaient, sa gloire était d'en voir quatre consacrés à Dieu : trois dans le sacerdoce et une dans la vie religieuse. Celle-ci, la pieuse mère en était séparée depuis près de vingt ans, et la grâce que chaque jour elle demandait à Dieu, était de revoir sa fille une fois encore avant de mourir.

Elle vieillissait, cependant, la pieuse mère, et sa fille restait toujours éloignée.

Un jour, à midi, une missive est apportée.... Quel bonheur ! Dieu a exaucé la prière de chaque jour.... le soir, la mère verra sa fille bien-aimée.... Elle ne se possède pas de joie. C'est la femme de l'Évangile qui a retrouvé la drachme perdue ; elle court, elle va, elle vient d'une maison à l'autre, communiquant sa joie à ses voisines et recevant leurs félicitations.

L'heure indiquée dans la missive est arrivée....
l'heureuse mère a sa fille dans ses bras; et, avec
un accent impossible à décrire, cette exclama-
tion, beau triomphe de la foi sur l'amour maternel, s'échappe de son cœur : « Mon Dieu, je
» vous remercie! »

Point d'autre parole....

Ce cœur, trop faible pour supporter tant de
bonheur, n'a eu de force que pour s'élever à
Dieu, mais il en a eu assez....

La pauvre mère reste longtemps comme privée
de vie.

Nous fûmes témoin de cette scène, la plus at-
tendrissante que nous ayons jamais vue. Nous
savions la prière de chaque jour, et l'excla-
mation de reconnaissance, poussée par la foi
dans son triomphe, fit sur nous une de ces
impressions qu'on ne saurait dépeindre, mais
qui ne s'oublient jamais.

La mère du bon saint Sour, elle aussi, avait
prié et conservé l'espérance de revoir son fils.
Mais, où le chercher? où le trouver? était-il

encore de ce monde? La main de Dieu n'avait-
elle pas cueilli, de bonne heure, ce fruit pré-
maturé pour le ciel?

Enfin, la renommée, portant au loin l'éclat
des vertus et des miracles du fils, a découvert
le lieu de sa retraite. L'amour maternel ne
souffre point de retard : la tendre mère est
partie, elle est arrivée à la porte de la cellule de son fils, et demande à lui parler, à le
voir.

Cette nouvelle déchire le cœur de l'austère
reclus; il se souvient du vœu qu'il a fait. Mais
il ne balance pas entre le cri de sa conscience
et le cri de l'amour filial; il comprend que Dieu
demande de lui un exemple du renoncement le
plus parfait, de l'abnégation la plus absolue; et,
quelques instances que fasse la mère, le fils re-
fuse de la voir; ni ses larmes, ni ses plaintes ne
peuvent le fléchir.

Le cœur d'une mère comprendra seul ce que
dut souffrir le cœur de celle-ci. « Eh quoi! mon
» fils ! » lui dit-elle, « rien ne peut vous tou-

» cher! vous ne voulez pas accorder cette satis-
» faction à ma vieillesse! » — Et elle garde le
silence, comme si elle attendait la réponse. Mais,
tandis que le fils, recueilli au fond de sa cellule,
disait à Dieu : « Vous êtes mon père, vous êtes
» ma mère, » l'âme de la mère, fortement
trempée au feu de la foi, s'était élevée vers le
ciel pour y puiser une grande lumière et la force
d'un grand sacrifice. Après quelques instants,
elle relève la tête. Ses larmes ne coulent plus,
son visage semble illuminé d'un reflet de l'inspiration divine ; on dirait une prophétesse des
temps antiques au moment de prononcer un
oracle : « Eh bien! mon fils! » s'écrie-t-elle, et
c'est ici encore le triomphe de la foi sur l'amour
maternel, « eh bien! mon fils, puisque je ne
» puis vous voir sur la terre, vous ne m'empê-
» cherez pas de vous voir dans le ciel; j'y serai
» avec vous pour la récompense éternelle. »

Et ayant dit ces paroles, témoignage de la
foi la plus vive, la pieuse mère, soumise et résignée, se retira.

Et l'ange de Dieu eut à écrire ce jour-là, dans le livre de vie, un sacrifice sublime et des plus méritoires à côté du nom de la mère et à côté du nom du fils.

Les esprits légers, incapables de goûter les choses de Dieu, blâmeront cette conduite de notre saint et l'accuseront de dureté ; mais les esprits sérieux et vraiment chrétiens, qui savent la valeur d'un sacrifice, trouveront également admirables et la foi de la mère et l'abnégation du fils (1).

(1) La tradition locale a conservé le souvenir de cette visite de la mère du bon saint Sour, mais elle y ajoute une circonstance peu vraisemblable : « La mère, ne pouvant obtenir que » son fils se montrât à elle, le conjura de lui laisser voir au » moins un doigt de sa main. Le fils y consentit, et la mère, » saisissant ce doigt, le coupa et l'emporta, en disant : J'au- » rai quelque chose de mon fils. »

On raconte un fait à peu près semblable de saint Jean, abbé du monastère de Réomaüs, en Bourgogne, et qui vivait du temps de notre bon saint Sour. Sa mère, qui était dans une extrême vieillesse, vint le visiter pour avoir la consolation de le voir encore une fois. Mais la grâce fit triompher le saint abbé des sentiments de la nature ; il se refusa à lui-même le plaisir de parler à une mère qu'il aimait tendrement. Il lui accorda, cependant, celui de le voir, et il passa devant elle afin qu'elle pût contenter en partie son amour maternel. Après quoi il lui fit dire qu'elle ne le verrait plus sur la terre, qu'elle tâchât seulement de vivre de telle sorte qu'ils pussent se revoir dans le ciel. (*Hist. de l'Église Gallicane*, t. 2, p. 560.)

XIV.

Comment le bon saint Sour éprouva une nouvelle
vocation, et comment il renonça à la vie de
reclus.

Nous avons dit les efforts ingénieux qu'avait
faits notre saint pour se cacher et se soustraire
aux importunités de la foule. Ils avaient été inutiles; la foule ne cessait d'accourir, désireuse de
le voir et de l'entendre.

Le monde, quelque mauvais qu'il soit, se
rend parfois justice; il approuve ceux qui le mé-
prisent et le fuient, il les estime et les recher-
che. Son empressement fut tel auprès de la cellule du bon saint Sour, que celui-ci dut enfin examiner si Dieu ne lui manifestait point une nouvelle vocation, et ne demandait pas autre chose
de lui que les austérités de la vie de solitaire et
de reclus.

Et il méditait au fond de sa cellule :

« Pour fuir le monde, il a quitté son pays et

» la maison de son père, et le monde l'a suivi et
» recherché au monastère de Genouillac; il a
» quitté le calme de cette douce solitude, et le
» monde l'a suivi et recherché dans sa retraite
» de Peyre-Levade; il a renoncé à la société de
» saint Amand et de saint Cyprien, aux charmes
» d'une amitié qui, en même temps qu'elle fai-
» sait ses délices, soutenait son courage dans les
» combats du Seigneur, et le monde l'a suivi et
» recherché en un lieu où jamais mortel n'avait
» porté ses pas.

    » La contemplation, favorisée par la solitude,
» est bien l'objet de ses délices, son âme y trouve
» les plus douces jouissances; mais la foule se
» presse et réclame le pain de la parole divine;
» comment ne pas le lui rompre? Dieu ne lui
» reprocherait-il pas un jour d'avoir refusé la
» nourriture aux petits enfants, alors qu'ils la
» demandaient à grands cris? »

Toutes ces considérations agitaient l'âme de
notre saint.

Il y a deux voies qui mènent à Dieu, la voie

de la vie contemplative et celle de la vie active;
nous ne dirons pas que l'une soit meilleure que
l'autre.

Nous aimons Jésus retiré sur la montagne
pour prier, nous l'aimons sur le Thabor, éblouissant les trois disciples par les rayons de gloire
qui s'échappent de son visage et par la blancheur de ses vêtements; mais nous l'aimons aussi
dans la plaine, appelant à lui les petits enfants
pour les instruire et les bénir, ou multipliant les
pains et les petits poissons pour nourrir le pauvre peuple.

Nous aimons le Chartreux dans le fond de sa
cellule, priant et attirant sur le monde, qui ne
prie point, les bénédictions de Dieu; mais nous
aimons aussi saint Vincent-de-Paul, lorsqu'il
fonde nos hôpitaux et se retire le soir dans sa
pauvre demeure, portant dans un pan de sa robe
un petit enfant qu'il a ramassé dans la rue.

Nous aimons la séraphique sainte Thérèse,
lorsque, par les extases de son amour, elle s'é-
lève jusqu'au troisième ciel; mais nous aimons

aussi l'humble sœur de charité, soit que nous la trouvions entourée de petits enfants qu'elle instruit et forme à la piété, à la vertu ; soit qu'elle nous apparaisse dans les hôpitaux, au chevet du malade, ou dans la chaumière du pauvre, lui apportant le pain de chaque jour.

Il y a dans ces deux voies Marie et Marthe : Marie aux pieds de Jésus, écoutant sa divine parole, Marthe s'agitant beaucoup pour préparer à Jésus ce dont il a besoin.

Notre bon saint Sour crut voir dans l'empressement de la foule, la volonté de Dieu lui ordonnant, comme autrefois à saint Pierre, de descendre du Thabor ; et, après plusieurs années de cette vie d'austère réclusion, il se décida enfin à sortir de sa retraite.

Il nous paraît utile de placer ici une observation. Quelques historiens n'ont voulu voir dans saint Sour qu'un pieux anachorète, priant et chantant les psaumes sacrés, et le P. Dupuy nous affirme que « sa vie persévéra en la réclusion » dans laquelle, comme dans un sépulcre, il s'é-

» tait volontairement enseveli pour vivre et mou-
» rir seul à son seul Dieu (1). » Nous croyons
que ces auteurs, s'ils avaient un peu étudié les
faits, auraient vu l'impossibilité d'accorder ce
genre de vie avec les diverses fondations que fit
notre saint. Le P. Dupuy n'en parle pas.

Quant au P. Labbe et aux Bollandistes, ils auraient dû remarquer la contradiction qui existe
dans leur légende. D'un côté, après nous avoir
donné la description de la grotte du bon saint
Sour, ils nous disent qu'il y vécut pendant quarante ans, « solitaire comme le passereau sur un
« toit (2). » D'un autre côté, ils lui font quitter
sa grotte et son rocher pour se mettre à la tête
d'une nombreuse société de moines.

L'auteur de l'*Abrégé de la Vie des Saints de la
province du Périgord* en a jugé comme nous;
aussi est-ce à quatorze, seulement, qu'il fixe le
nombre des années que le saint vécut dans sa

(1) *Estat de l'Eglise du Périgord*, t. 1, p. 161.
(2) Ps. 101, v. 8.

grotte. Nous croyons que ces années doivent se prendre depuis l'arrivée de saint Sour sous le rocher jusqu'au moment où il renonça à la vie de reclus.

Cette remarque était nécessaire à la justification des divers actes que nous aurons à raconter. Nous en reprenons le récit.

Le bon saint Sour s'était résolu à sortir de sa cellule et à se montrer au peuple, et le concours de ceux qui venaient pour le voir et l'entendre n'étant plus arrêté par les obstacles d'une sévère réclusion, fut de plus en plus nombreux. De son côté, le pieux solitaire, désirant avant tout la gloire de Dieu, ne négligeait rien de ce qui pouvait contribuer au bien de ce peuple. L'avidité de ces fervents disciples pour la parole sainte le remplissait de la plus douce joie; mais il gémissait de les renvoyer toujours à jeun du pain eucharistique et de les exposer ainsi, sans force et sans vigueur, aux défaillances de l'âme dans le chemin de la vie. Aussi voulut-il qu'ils pussent participer, en ce lieu même, aux mystères sacrés, en même temps qu'ils y venaient pour s'instruire. Dans ce but, dit le légendaire, il dressa un autel auprès de sa cellule et s'adjoignit un prêtre pour y célébrer le saint sacrifice (1) et distribuer au peuple la nourriture spirituelle, que lui-même ne pouvait lui donner. Ne remplissant que le *ministère de la parole*, il s'en acquittait avec le zèle, la simplicité de l'apôtre, et, lorsqu'il avait cessé de parler à la foule, satisfait à toutes ses demandes, il rentrait dans sa cellule, s'y tenait renfermé par respect et humilité, tout le temps du sacrifice, et recevait, par la petite fenêtre dont nous avons parlé, sa part de l'oblation sainte.

Nous avons recueilli tous ces détails de la bouche des anciens, ajoute le légendaire. Il est à regretter qu'il ne nous ait pas conservé le nom de ce prêtre, bienheureux auxiliaire du bon saint Sour, témoin de ses vertus et de ses miracles.

Nous voyons sous le rocher les traces d'un ora-

---

(1) Saint Sour n'était pas alors prêtre. — Rien ne nous indique qu'il l'ait été plus tard.

toire et le lieu où fut cet autel. L'oratoire et l'autel existaient encore en 1793, nos vieillards les ont vus; ils se souviennent d'avoir plus d'une fois entendu la messe sous le rocher de Saint-Sour, et citent le nom du prêtre qui, le dernier, y célébra les saints mystères (1). Mais à cette époque, la main des profanateurs s'y appesantit et n'y laissa que des ruines. On n'y voit plus aujourd'hui que les restes d'un autel en pierre, et un mur qui séparait la chapelle de la grotte habitée par le saint. Ils sont restés là debout, ce mur et cet autel, témoins autrefois de tant de merveilles, comme pour les redire au rare pèlerin qui y porte encore ses pas; commander au profane le respect et la vénération; l'avertir qu'il est sur une terre sainte et que malheur à lui s'il y commettait l'iniquité.

Cet ancien autel et ce vieux mur, que nous n'avons jamais visités sans une profonde émotion, ont plus d'une fois parlé fortement à notre cœur

_____

(1) Dom François Mayaudon de Prayssac, dernier prieur du monastère de Terrasson.

de prêtre, à nous le dernier venu pour recueillir l'héritage du bon saint Sour. Que de fois, solitaire au sein de cette grotte, rappelant dans l'amertume de notre âme les traditions du passé, n'avons-nous pas gémi de notre impuissance à relever cet autel, à rassembler les pierres dispersées de ce petit sanctuaire! Une voix, la voix du bon saint Sour, semblait s'élever du milieu de ces ruines, grave et suppliante, et nous accuser d'indifférence.

Mais, ce que nous ne pouvions faire alors, nous le pouvons aujourd'hui, et bientôt, car Dieu nous sera en aide et la charité des fidèles ne se refroidira pas, nous aurons rebâti la petite chapelle et rendu à ces lieux vénérés leur aspect des anciens jours. Nous rétablirons la cellule du solitaire, telle qu'elle était et que nous l'avons décrite; il y aura la petite porte qui ne s'ouvrait que la nuit, la petite fenêtre qui lui donnait une lumière douteuse et par laquelle le saint recevait les aliments et les autres objets nécessaires à la vie. Nous recomposerons ce siége de morceaux de bois mal unis, instrument tout à la fois de repos |et de pénitence. De nouveau nous appellerons ici le pèlerin pour prier et méditer. Heureux nous-même si, lorsque notre main tremblante ne pourra plus tenir la houlette du pasteur; lorsque notre voix affaiblie ne pourra plus nourrir le troupeau de la parole sainte; lorsque nos pieds chancelants ne pourront plus courir après la brebis égarée, heureux si, déposant alors un fardeau devenu trop pesant, il nous est permis de venir faire ici la dernière station de notre pèlerinage, y méditer, pour le jugement à venir, les années de notre sacerdoce, y célébrer notre dernière messe, y formuler notre dernier acte de foi, d'espérance et d'amour, y rendre notre dernier soupir!...

XV.

*Comment le bon saint Sour, ayant renoncé à la
vie de reclus, se forma quelques disciples, et
quelle règle il leur donna.*

Le bon saint Sour commença bientôt à briller
par des signes éclatants, — dit le légendaire : il
rendait la vue aux aveugles, l'ouïe aux sourds,
la parole aux muets, et guérissait toutes sortes de
maladies.

Ces miracles élargirent le cercle de sa réputation. On accourait à la cellule du solitaire, non
plus seulement du voisinage, mais des pays loin-
tains, et nul ne s'en retournait sans avoir obtenu
la grâce, le bienfait qu'il était venu demander.
Déjà plusieurs de ceux qui avaient éprouvé les
effets du pouvoir de notre saint auprès de Dieu,
ou qui en avaient été les témoins, s'étaient faits
ses disciples, et, à son exemple, renonçant au
monde, avaient pratiqué d'autres cellules à côté

de la sienne et le long du rocher. Ce fut bientôt
une petite communauté, et en peu de temps assez
nombreuse pour que le saint pensât à la régulariser. Il y eut un prieur, un économe et les autres dignitaires ; l'ordre le plus parfait fut établi dans les divers exercices.

Alors, comme aujourd'hui, les monastères n'é-
taient pas seulement des lieux de prière et de
mortification, mais surtout l'asile des lumières et
des sciences. C'est là que se formaient et s'exerçaient aux combats de la foi ces doctes et saints
athlètes qui, lorsque le besoin l'exigeait, faisaient
entendre, du fond de leur cellule, leur voix puissante pour refouler dans ses ténèbres la hideuse
hérésie. Il fut un temps, on le sait, où le clergé,
lui seul, cultivait les sciences et les lettres, et
nous trouvons à côté de chaque principale église,
de chaque monastère, une école publique et un
religieux ou un prêtre avec le titre d'*écolâtre*,
donnant des leçons non-seulement aux clercs,
mais aussi aux laïques.

Le légendaire nous apprend que le bon saint

Sour voulut avoir, dès le principe, cette école parmi ses disciples. Le peuple venait s'y instruire et les disciples s'y préparaient par l'étude, non moins que par la prière, à soutenir les combats du Seigneur.

Le prudent fondateur eut soin surtout d'appliquer ses disciples aux travaux manuels. Il connaissait cette sentence des Pères de l'Egypte : Un « moine qui travaille n'a qu'un démon qui le tente, » mais celui qui demeure oisif en a une infi- » nité (1); » et bientôt la colline au flanc de laquelle est suspendu le rocher qui protégeait les cellules des nouveaux moines, fut défrichée.

Rien ne nous l'indique, mais nous devons présumer que l'un des premiers et des plus fervents disciples du bon saint Sour fut le prêtre dont nous avons parlé. Il dut recevoir le titre de prieur, et, de l'autorité que lui donnait le sacerdoce, aider puissamment le saint dans la régularisation de sa communauté.

(1) Cassien, liv. 10, c. 25.

Quelle règle le bon saint Sour adopta-t-il, dès ce moment, pour ses disciples? Nous l'ignorons, nous n'avons trouvé aucun document à ce sujet. Déjà, depuis quelques années (en 545), la règle de saint Benoît avait bien été apportée en deçà des Alpes par saint Maur; mais était-elle assez connue pour que le bon saint Sour pût la donner, dès le principe, à ses disciples? Nous ne le pensons pas; la régularisation de sa communauté ayant dû se faire dans la période de 545 à 550, et, dans l'année même 545, d'après un auteur assez estimé (1). Nous admettrions comme très-probable que cette règle ne devait pas différer de celle du monastère de Genouillac, tirée, sans doute, des *Institutions* de Cassien, et dont le saint avait pu apprécier par lui-même les heureux résultats. Il est, cependant, un fait digne de remarque : toutes les chroniques nous parlent de l'abbaye des Bénédictins de Terrasson, et aucune ne constate en quelle année cette ab-

(1) Dom Beaumier, *Recueil historique des abbayes de France.*

baye fut soumise à la règle de ces doctes disciples de saint Benoît; ce qui nous permet de
conclure que, si le saint fondateur ne donna
pas cette règle, dès le principe, à ses religieux,
il la leur donna, du moins, avant sa mort.
A cette époque, elle était adoptée par la plupart des monastères des Gaules, et, d'ailleurs,
saint Maur avait honoré le Périgord de sa présence; il avait fait bâtir l'abbaye d'Aubeterre (1),
dont il fut abbé et où son corps reposa quelque temps avant qu'il ne fût transporté à Paris (2).

Telle fut l'origine, nous en aimons la vénérable antiquité, de cet illustre monastère, connu
dans nos annales sous le nom d'*Abbaye de Saint-
Sour* (3), et qui, nous aurons lieu de le constater, eut l'honneur d'inscrire dans le catalogue de ses religieux les noms des familles

(1) Aubeterre appartient aujourd'hui au diocèse d'Angoulême.

(2) Dubouchet, *Annales d'Aquitaine.*—Dupuy, *Estat de l'E-
glise du Périgord.*

(3) *Abbatia sancti Sori Terracinensis.*

les plus distinguées du Périgord et du Limousin (1).

Nous voyons encore, sous le rocher, les traces des nombreuses petites cellules occupées par les premiers disciples de saint Sour; les unes étaient établies dans les grottes, les autres avaient le rocher pour appui. Le saint, comme nous le dirons bientôt, les abandonna pour se fixer avec ses religieux dans un local plus vaste et plus commode; mais elles ne discontinuèrent pas, jusqu'en 1793, d'être habitées par un, et quelquefois par plusieurs religieux, qui prenaient le nom et le titre d'*Ermites de Saint-Sour-de-Terrasson*. Ils étaient là, dans le domaine et sous la protection des moines de l'abbaye, les gardiens de la chapelle et de la grotte du bon saint Sour; vivant des aumônes qu'ils allaient recueillir, ou que les pèlerins leur apportaient.

Nous voudrions pouvoir dire quelque chose de ces modestes religieux, mais nous n'avons pu.

(1) Voir, à la notice historique, le catalogue des abbés.

découvrir aucun document. Tout ce que nous en savons, c'est qu'à une époque (en 1689) ils jouissaient d'une assez grande estime pour que l'attestation par écrit de l'un d'entre eux, parût être une preuve suffisante de l'authenticité des reliques de saint Antoine, prises dans le trésor de l'abbaye (1).

S'il faut en croire la tradition locale, les grottes de Saint-Sour auraient été quelquefois l'asile de grands criminels, venus là pour se soustraire à la justice des hommes et s'y préparer par la pénitence au jugement de la justice de Dieu, qu'on n'évite pas (2).

(1) Voir, à la fin du volume, la note A.
(2) On cite un solitaire, nommé le chevalier de Belges, fils du comte de Freslon, en Provence, qui serait resté sous le rocher de Saint-Sour pendant les années 1675 et 1676, et qui en aurait été retiré par sa femme et sa fille. Il a été composé à ce sujet un petit livre sous forme de roman, intitulé : *Le Solitaire de Terrasson. Nouvelle*; par M. de M., imprimé à Paris, chez Barbin, en 1677. Il en parut une seconde édition en 2 vol. in-12, à Amsterdam, en 1735.

Barbier, dans son *Dictionnaire des ouvrages anonymes*, attribue le *Solitaire de Terrasson* à Mme Bruneau de la Rabattellière, marquise de Merville.

Du reste, cet ouvrage, écrit en assez mauvais style et avec peu de goût, n'offre aucun intérêt pour l'histoire de Terrasson.

XVI.

*Comment le roi Gontran, étant lépreux, vint visi-
ter le bon saint Sour, et comment le bon saint
Sour le guérit et opéra en sa présence d'autres
miracles.*

Nous avons déjà raconté quelques miracles
opérés par le bon saint Sour; nous ne passerons
pas sous silence celui qui jeta le plus d'éclat sur
sa vie et fut comme le dénouement d'une mission spéciale reçue de Dieu.

Il y a toujours, en effet, dans la vie des hommes, un événement, une circonstance, un fait
que la Providence leur ménage pour la manifestation de ses desseins. Heureux celui qui sait bien
comprendre et saisir ces moments de Dieu !

Nous laisserons encore parler ici notre légendaire, en lui conservant autant que possible sa
naïve simplicité.

En ce temps-là vivait Gontran, roi de Bour-

gogne, roi très-puissant et très-saint, livré tout
entier, et surtout vers la fin de sa vie, à la pratique des saintes œuvres. Il y eut bien dans sa
jeunesse quelques taches, mais Dieu daigna l'en
purifier en le frappant d'une maladie hideuse,
la lèpre, qui lui couvrait tout le corps (1).

Or, ce roi, étant ainsi affligé, et reconnaissant que la main d'un père l'a frappé pour le
rendre meilleur, se met à prier et à demander sa
guérison; et, pendant qu'il prie avec le plus
d'instances contrit et humilié, un ange lui apparaît et lui dit : « Levez-vous, et allez en toute
» hâte trouver le bienheureux Sour, solitaire
» dans la province d'Aquitaine, au territoire du
» Périgord, homme puissant en œuvres et en pa-
» roles. Dieu lui a confié le soin de vous guérir.
» Vous ne pouvez conserver aucun espoir de re-
» couvrer la santé, si vous ne partez le plus

(1) La lèpre était une maladie assez commune en France,
au vıᵉ siècle. Le IIIᵉ concile de Lyon, en 583, crut devoir s'occuper du sort des lépreux, et prescrivit à chaque évêque le soin
de nourrir et de vêtir tous les lépreux de son diocèse : il ne
fallait pas que la nécessité les rendît vagabonds.

» promptement possible pour vous rendre auprès
» de ce serviteur de Dieu. »

Et Gontran reçoit avec bonheur ces paroles,
et, plein de confiance, il ordonne, dès le même
jour, de préparer tout ce qui est nécessaire et
pour lui et pour les personnes de sa suite pendant le voyage. Il veut aussi qu'on prenne pour
l'homme de Dieu des présents dignes de toute la
munificence royale.

Or, les préparatifs sont promptement faits,
et, dès le lendemain, le roi se met en marche.

Et le voici, après beaucoup de fatigues,
supportées avec autant de courage que de pieuse
résignation, arrivé en un lieu appelé *Ouïrac* (1),
en vue et à deux milles seulement de la grotte
habitée par le saint dont l'ange lui a parlé.

Et à peine a-t-il découvert ce lieu, objet de
ses désirs, qu'il se sent transporté de joie; son
cœur surabonde et de douces larmes coulent de

_____

(1) *Uriacum*, dit la légende. Ce lieu est situé en face de
Terrasson, sur les coteaux qui dominent Cublac, non loin du
village de Lagéronie.

ses yeux. A l'instant il met pied à terre, abandonne son superbe destrier, se dépouille de son armure et se prosterne humblement. Puis il marche sur les genoux et sur les mains (1), et, entretenant dans son âme les pensées d'un profond repentir, moins humilié extérieurement qu'intérieurement rempli d'une douce espérance, il se dirige, en cet état, vers la grotte du pieux cénobite.

Quel spectacle touchant! Ce sont là vos miracles, ô Jésus! ce sont là les œuvres de votre magnificence! Rien de tellement sauvage que vous ne puissiez rendre sensible! rien de tellement dur que vous ne puissiez adoucir! Voilà un roi très-puissant et, jusqu'à ce jour, très-redouté, dont les chefs des familles les plus illustres sont heureux

(1) On lit dans le manuscrit édité par le P. Labbe et les Bollandistes : *Palmisque et genibus reptans, ad specum usque Beati Viri, devotus et spe nimiâ credulus, pervenit.* Cette marque de pénitence et de vénération est très-ancienne : on la trouve encore dans nos pèlerinages les plus renommés. A Roc-Amadour, à Notre-Dame-du-Puy, à Notre-Dame-de-Lorette, on voit des pèlerins faire presque une lieue à genoux pour arriver au sanctuaire de Marie.

de baiser les traces, le voilà, maintenant, prosterné à la porte d'un pauvre solitaire, implorant la bénédiction d'un homme qu'il n'a jamais vu, dont même, quelques jours auparavant, il ignorait le nom. A vous la gloire, Seigneur! à vous les actions de grâces! à vous qui exaltez les humbles et abaissez les superbes; à vous qui rendez la santé aux malades, tirez l'indigent de la poussière et élevez le pauvre de dessus son fumier (1).

Nous l'avons déjà dit, le roi est humblement prosterné. A l'exemple d'un autre roi des anciens jours, il s'écrie : « Mon âme est comme attachée à la terre; conservez-moi la vie, Seigneur, selon votre parole (2)! » Ainsi, la grandeur rend hommage à l'humilité, la puissance à la faiblesse. Il doit y avoir dans la vertu qui se cache un attrait bien irrésistible, pour que tout vienne de la sorte s'abaisser devant elle!

Cependant l'homme de Dieu est sorti de sa

____

(1) Ps. 112, v. 6.
(2) Ps. 118, v. 25.

cellule. Il ordonne au roi de se relever, et lui demande, quoiqu'il ne l'ignore pas, la cause d'un si long voyage et de tant de fatigues; qui lui a indiqué le lieu de sa retraite.

Et Gontran lui répond : « L'ange du Seigneur
» m'a parlé; ce n'est pas sans y avoir bien ré-
» fléchi que j'ai entrepris et fait ce voyage. Vous
» voyez devant vous un homme affligé d'une
» cruelle maladie, il n'est pas nécessaire de lui
» demander ce qu'il veut. »

Et le bon saint Sour, dont la foi repose sur la pierre ferme, se fait apporter de l'eau, la bénit, et, nouvel Elysée en présence d'un autre Naaman, ordonne au roi de s'en laver.

Et le roi obéit; et à l'instant, effet sublime de la vertu de Dieu! sa lèpre a disparu; il n'en reste aucune trace, et, dans tout son corps, sa chair présente la fraîcheur et la grâce de la chair d'un petit enfant. Il commence donc, avec toutes les personnes de sa suite, et ne s'en lasse point, de célébrer les louanges du Seigneur et du bon saint Sour, le fidèle serviteur de Dieu.

Bientôt après, l'homme de Dieu fait appeler l'économe de sa petite société et lui ordonne de préparer un festin royal, digne de l'hôte que Dieu leur a envoyé. (On était, dit la naïve légende, à la saison où les raisins commencent à peine à rougir.) Et l'économe fait observer qu'il n'a point de vin ni la possibilité de trouver dans les vignes un seul raisin assez mûr pour en exprimer le jus.

Mais le saint, toujours et tout entier absorbé dans le Seigneur, portant ses regards suppliants vers le ciel : « Eh quoi! s'écrie-t-il, la main » de Dieu est-elle devenue impuissante? » Et il dit à l'économe : « Allez bien vite au petit » pied de vigne que vous connaissez, et appor- » tez les trois grains de raisin que vous y trou- » verez. » Et l'économe s'empresse d'obéir, et il revient, apportant les trois grains, vermeils et bien mûrs.

Et alors, l'âme toute remplie de l'esprit de Dieu : « Allez, ajoute le saint, préparez tou-

» tes vos autres provisions, et nettoyez avec soin
» les trois vaisseaux vinaires que vous avez. »

Et l'économe, habitué à voir le saint opérer
des miracles, se hâte de faire ce qui lui est com-
mandé, et revient bientôt annoncer que tout est
prêt.

Et le bon saint Sour lui dit : « Prenez ces trois
» grains que la bonté de Dieu nous donne, et
» exprimez-en le jus dans les trois vaisseaux que
» vous avez préparés ; très-certainement le Sei-
« gneur, qui, aux noces de Cana, changea l'eau
» en vin, nous sera propice. »

Ces nouveaux ordres sont encore exécutés, et,
à l'instant, les trois vaisseaux se trouvent pleins
d'un vin exquis.

Ce n'est, aussitôt, que transports de joie.
Frappés successivement de tant de prodiges, le
roi et les gens de sa suite exaltent à l'envi la faveur du bon saint Sour et les louanges de Dieu.
Puis chacun se dispose à prendre part à ce festin,
que la charité monastique est heureuse d'offrir à
la majesté royale.

Le roi Gontran a obtenu ce qu'il demandait, sa guérison; mais il ne quittera pas immédiatement ces lieux; il restera plusieurs jours avec le saint cénobite, s'entretenant avec lui et recevant ses conseils avec un grand esprit de foi et d'humilité. Le premier besoin de son âme est d'exprimer sa reconnaissance à son pieux libérateur et de lui en laisser un éclatant témoignage. Ayant donc visité attentivement tous les environs, il prie le saint de faire bâtir, non loin du lieu qu'il habite, un monastère pour ses religieux et un *Xenodochium* ou hospice, dans lequel il pourra recevoir les pauvres et les étrangers.

Les rois, lorsqu'ils reconnaissent un bienfait, ne peuvent le faire qu'en rois; avec grandeur et magnificence. L'asile des moines et celui des pauvres seront bâtis aux frais de Gontran, et ce prince leur créera des revenus immenses, et les pourvoira de tout ce qui est nécessaire au bien-être et à l'accroissement des disciples de son libérateur.

Quelle foi! quelle piété! Gontran en recevra

en ce lieu même la récompense. Il a cru à la parole de l'ange, et Dieu lui a réservé la découverte d'un trésor qui lui permettra de suivre les généreuses inclinations de son âme pour les bonnes œuvres.

Voici le fait tel qu'il est raconté par le P. Bonaventure, après le récit de la guérison du saint roi, et qu'il dit avoir extrait du manuscrit de la vie de saint Sour, de la bibliothèque des Carmes-Déchaussés de Clermont :

« Or, pendant le temps que Gontran donnait
» ordre au bâtiment du monastère, et qu'il rôdait
» aux environs, ou cherchant le lieu qu'on désigna
» pour le monastère, ou se récréant à la chasse,
» il s'endormit. Notre-Seigneur lui montra en
» songe un trésor dans une grotte qui était au
» bas de la montagne ou colline voisine qui avait
» un ruisseau en bas. Le roi ayant fait creuser
» au lieu qui lui avait été montré, il y trouva des
» statues et images d'or..... Tous les historiens
» conviennent de la substance de la chose, à sa-

» voir que Gontran trouva un trésor, et ils dif-
» fèrent du lieu et des circonstances. »

Le P. Bonaventure dit ensuite que cette découverte eut lieu sur les confins du Périgord et du
Limousin; il établit aussi, en s'appuyant sur les
chroniques de Limoges et l'inscription que portaient ces statues, « qu'elles avaient été cachées
» là par Duratius, qui fut proconsul de Limoges
» et de toute l'Aquitaine pour les Romains, sous
» Jules César, en l'année 49 avant J.-C., et qui
» soutint le siége de Limoges contre Dumnaque,
» chef des Angevins (1). »

Ainsi, le saint roi trouve sur les lieux mêmes
de quoi satisfaire sa piété et témoigner au bon
saint Sour toute sa reconnaissance. « Et, ajoute
» le P. Bonaventure, comme sa charité exubé-
» rante ne lui permettait pas de borner ses au-
» mônes à ce seul monastère, mais d'en faire

____

(1) *Annales du Lim.*, p. 196. *Hist. de saint Martial*, t. 1, liv.
10, ch. 14. *Chron.* de Bernard Guidon. Dupleix, *Hist. rom.* Le
P. Labbe et les Bollandistes, dans la *Vie de saint Sour*, parlent aussi de la découverte de ce trésor, mais sans entrer
dans aucun détail des circonstances.

» part à plusieurs églises, et qu'il avait rencontré

» ces trésors dans le Limosin, pays du diocèse

» de saint Martial, il n'oublia pas de lui en faire

» bonne part, comme de son propre bien, et aux

» autres saints du pays (1). »

Tout étant ainsi réglé pour l'acquit de sa piété et de sa conscience, le roi se dispose à se séparer du bon saint Sour. Il écoute encore ses derniers conseils, et, moins heureux de sa guérison qu'édifié de tout ce qu'il a vu et entendu, il le quitte enfin, comblé de ses bénédictions et accompagné des vœux et des prières de tous les disciples.

---

(1) Quelque soin qu'ait eu le P. Bonaventure d'établir que ce trésor avait été découvert dans le Limousin, la description qu'il nous fait des lieux prouve évidemment que ce fut en Périgord. Nous trouvons dans les coteaux qui dominent Terrasson *la montagne ou colline voisine du lieu où s'endormit Gontran; et le ruisseau qui coulait au bas*; elle porte le nom de *Roche-Libère*.

On pourrait supposer, avec quelque vraisemblance, que le privilége dont jouissait cette colline, comme son nom l'indique, d'être *libre* de tout impôt, de toute redevance, lui venait de la découverte même de ce trésor. Les moines de Terrasson ne voulaient retirer aucune redevance d'une terre qui, dans le principe, leur avait fourni de quoi bâtir leur monastère. Ces faits ont paru frapper le P. Bonaventure ; au tome 1, page 558 de l'*Hist. de saint Martial*, il est moins affirmatif ; il dit que la découverte du trésor eut lieu en *Limousin ou vers ses confins*.

Gontran n'oubliera jamais la grâce qu'il a reçue sous le rocher de Terrasson, ni les sages conseils du pieux solitaire, qu'il ne cessera d'aimer et de vénérer (1). Sa tendre piété, son zèle ardent pour les intérêts de la religion, ses grandes aumônes aux pauvres et aux églises, la fondation de plusieurs monastères le feront mettre au nombre des saints. Il sera le premier de nos rois qui aura reçu cet honneur.

Le fait que nous venons de raconter nous offre, dans la vie de notre saint, un point litigieux de l'histoire religieuse du Périgord; avant d'aller plus loin, nous devons en dire un mot.

En suivant le manuscrit des Carmes-Déchaussés de Clermont, nous attribuons au roi Gontran la fondation du monastère dont saint Sour fut le premier abbé. Ce fait est consigné dans les légendes des diverses éditions des Bréviaires de Périgueux et de Limoges, dans le *Propre des Saints* du diocèse de Sarlat, et adopté par l'auteur de

_____

(1) *Dictionnaire d'hagiographie sacrée* de M. Migne.

l'*Abrégé de la Vie des Saints de la province du Périgord*, par le P. Bonaventure en ses *Annales*, et par d'autres chroniqueurs.

Mais, en 1676, le P. Claudius Estiennot, en ses *Antiquitates Benedictinæ* des diocèses de Périgueux et de Sarlat, ne voyant pas la possibilité d'établir par des documents historiques la maladie du roi Gontran (1), rejeta comme une fable le voyage de ce prince à Terrasson et sa guérison miraculeuse par saint Sour. Il écrivit que le saint avait bâti son monastère à l'aide des largesses de Jocundus, qualifié du titre de prince, gouverneur de Limoges; de sainte Pélagie, femme de Jocundus, et de saint Yrier, leur fils.

Le jugement de Claudius Estiennot fut adopté par les auteurs de la *Gallia christiana*, le Bréviaire de Sarlat, édition de 1776, le Calendrier

---

(1) Nous placerons ici une remarque des Bollandistes : Il n'est point fait mention, dans les histoires de France, de cette maladie de Gontran ; mais un même historien ne rapporte pas toujours tout. Si ce fait ne se trouve pas dans les historiens, il se trouve dans les légendaires, qui ont bien leur mérite.

de Périgueux, de 1789 ; par Lamartinière, en son *Dictionnaire géographique ;* par l'abbé Legros, dans la *Vie de saint Sour*, quoique, dans la *Vie de saint Astié*, il dise tout le contraire.

Nous devons le faire remarquer, Estiennot, que ces divers auteurs ont copié, ne donne aucune preuve de son assertion ; il s'appuie sur le témoignage des *Chroniques* de Geoffroy-de-Vigeois et de Bernard Guidon ; mais, on le voit, il a fait une fausse citation. Il n'est question nulle part, dans ces *Chroniques,* de la fondation de notre monastère. Estiennot nous paraît, en outre, avoir écrit ce passage avec peu de réflexion et manquer essentiellement de critique, du moins en ce qui concerne Jocundus. Sans doute, ce prince possédait d'immenses richesses, était doué d'une grande piété, et il fonda plusieurs monastères et églises ; mais l'ordre chronologique des actes de saint Sour ne nous permet d'admettre aucune construction de ce genre, à Terrasson, avant l'année 550, et peut-être n'y en eut-il que bien des années plus tard. Or, nous voyons que Jocundus était mort dès l'année 541, car ce fut en cette année que saint Yrier revint de Trèves à Limoges pour consoler sa mère Pélagie (1).

Quant à sainte Pélagie et saint Yrier, si une part dans la fondation de ce monastère leur est attribuée, on en trouve la cause dans l'intimité qui régna entre saint Yrier et saint Sour, et dont nous aurons occasion de parler.

Il est à remarquer, du reste, qu'un manuscrit de la vie de Jocundus, cité par le P. Estiennot lui-même, reconnaît le roi Gontran pour fondateur de l'abbaye de Saint-Sour. On ne sera donc pas étonné de notre préférence pour le récit du P. Labbe et des Bollandistes, conforme, d'ailleurs, aux traditions du pays, qui nous ont conservé le souvenir de la visite du roi Gontran à notre bon saint Sour.

Il serait difficile de bien préciser l'époque du voyage de Gontran à Terrasson. Le P. Bonaven-

(1) Le P. Bonaventure, *Annales du Lim.*, p. 182.

ture le place en l'année 569 ; mais le manuscrit de la vie de saint Sour, duquel est extrait ce récit, ne donne aucune date. Pour nous, en ne consultant que l'ordre chronologique des faits qui nous intéressent, nous l'éloignerions peu de l'organisation en communauté des disciples de saint Sour. Elle eut lieu, ainsi que nous l'avons remarqué, dans la période de 545 à 550, et Gontran viendrait à Terrasson en l'année 556. Cette date donnerait pleine satisfaction aux exigences de la critique, en accordant la légende avec l'histoire. Celle-ci nous dit qu'en cette année, Gontran et Charibert furent envoyés en Auvergne par leur père, Clotaire Ier, pour soumettre Chramne, qui avait méconnu l'autorité paternelle ; qu'arrivés en Auvergne, les deux frères, apprenant que Chramne était dans le Limousin, vinrent l'y joindre pour lui livrer bataille (1). On ne ferait pas, ce nous semble, une supposition trop hasardée en disant que ce fût

(1) Lacépède, *Hist. de l'Europe*, t. 1, p. 540.

vers ce même temps et dans le cours de cette ex-
pédition que Gontran, ayant été atteint d'une
cruelle maladie, vint trouver saint Sour, dont la
réputation de sainteté était déjà très-répandue
dans l'Auvergne et le Limousin. La légende, il
est vrai, donne ici à Gontran le titre de roi,
et, d'après l'histoire, il ne le fut que quelques
années plus tard, en 561, après la mort de
son père; mais on sait que les auteurs anciens,
l'usage même en était reçu dans les premiers siècles de notre monarchie, donnent assez facilement le titre de roi et de reine aux princes et
aux princesses, fils et filles de rois. Du reste, dans
cette supposition, pourquoi le légendaire, écrivant dans le xe ou le xie siècle, n'aurait-il pu dire
le roi Gontran, quoique ce prince ne fût pas roi
à l'époque où avaient lieu les faits racontés?
Nous même, en écrivant cette Vie, ne disons-
nous pas *saint* Sour, quoique le titre de *saint*
n'ait réellement appartenu qu'après la mort à ce
serviteur de Dieu?

Quoi qu'il en soit, que ce voyage ait eu lieu

un peu plus tôt ou un peu plus tard, on ne peut se refuser d'en reconnaître la possibilité, nous dirons même la probabilité historique. Cette concession, qu'on est forcé de nous faire, nous l'avons trouvée plus que suffisante pour admettre comme vrai un fait rapporté par des auteurs dont on ne peut suspecter la bonne foi, consigné dans la liturgie de trois diocèses (1), et confirmé par une tradition de treize siècles, vivante encore dans le pays.

(1) Voir le *Proprium sanctorum* du diocèse de Sarlat; — le Bréviaire de Périgueux et celui de Limoges de 1710 et de 1750.

XVII.

Comment le Xenodochium fut bâti avant le mo-
nastère, et donna naissance à une petite ville. —
Pourquoi cette ville fut appelée Terrasson, et
comment le bon saint Sour bâtit une église en
l'honneur de saint Julien, et jeta les fondements
d'un vaste monastère.

La bienfaisance est aussi ancienne que le
monde ; elle a commencé avec les besoins de
l'humanité. Il appartenait au Christianisme d'en
régulariser l'exercice et de la présenter sous le
nom d'une vertu essentielle, fondamentale, la
Charité ; vertu qui se prononce en même temps
et dans le ciel et sur la terre, attache l'homme
à son semblable sans le détacher de Dieu, son
principe et sa fin ; vertu qui comprend et l'a-
mour de Dieu et l'amour de l'homme, et par
conséquent toute la loi ; vertu qui ne finira pas
avec ce monde, mais vivra éternellement, alors

même que ses deux compagnes, la Foi et l'Espérance, auront disparu.

Un des actes de bienfaisance les plus recommandés dans les premiers siècles de l'Église, non-seulement aux simples fidèles, mais encore aux prêtres et aux évêques, fut l'hospitalité à l'égard des étrangers, des voyageurs et des pauvres; les instituteurs de la vie monastique durent la comprendre dans leurs règles comme un des devoirs les plus essentiels. Aussi trouvonsnous à côté de chaque abbaye, de chaque monastère, un asile ouvert à tous les étrangers et connu, alors sous le nom de *Xenodochium* ou *Hospitium*, et aujourd'hui, chez les Chartreux et les Trappistes, sous le nom d'*Hôtellerie*. De là l'origine de nos hôpitaux.

Le bon saint Sour, en organisant sous le rocher la société de ses disciples, n'avait pu ajouter à leurs cellules cet asile du pauvre et du voyageur. Il avait donc accepté, avec une joie extrême, l'offre du roi Gontran et voulu, pour le même motif, bâtir le *Xenodochium* avant de

jeter les fondements du monastère. Gontran
avait consenti aux désirs du charitable cénobite,
en se réservant, toutefois, de donner à ce premier édifice des proportions telles, qu'il pût être
en même temps l'asile du pauvre et du voyageur, et la demeure provisoire des religieux. Il
avait aussi exigé que le saint en prît lui-même
la direction. Le bon saint Sour avait longtemps
résisté, ne pouvant se résoudre à s'éloigner de
cette chère cellule, où il avait coulé des années
si nombreuses et si douces dans les délices inef-
fables de la vie solitaire. Vaincu, enfin, par les
prières et les instances du roi, il avait promis.
Il considérait, d'ailleurs, que, dans cette nouvelle
position, il trouverait les moyens d'accroître ses
mérites et sa récompense; et, les constructions,
commencées et poursuivies sous la double inspiration de la foi et de la charité, ayant été en peu
de temps achevées, il abandonna sa grotte et
vint, avec une partie de ses disciples, se fixer
dans le *Xenodochium*, qui prit aussi le nom

de *Cœnobium*, assemblée de moines, monastère (1).

Nous ferons remarquer ici l'origine aussi illustre que vénérable de l'hospice de Terrasson. Le bon saint Sour, nous ne pouvons en douter, avait bâti son *Xenodochium* au lieu même que notre hospice occupait avant 1793, et qui forme aujourd'hui le groupe de petites maisons placées à gauche de la *Chapelle-de-Secours*. De larges fondations qu'on y découvre encore, le voisinage de la vieille église de Saint-Julien, et le nom de *Cœnobium* que nous avons trouvé dans des écrits très-anciens, ne permettent aucun doute à ce sujet. Les moines, comme nous le dirons bientôt, cessèrent de l'habiter; mais leurs vertus y laissèrent des souvenirs qui ne périrent pas; et le local, devenu exclusivement l'asile du pauvre, conserva le nom que lui avait donné la qualité de ses premiers

(1) Labbe et les Bollandistes, *Vita s. Sori.* — Le P. Bonav., *Annales du Limousin*, p. 222.

hôtes : il s'appela toujours *Cœnobium*. La peinture y avait tracé le fait traditionnel de sa fondation, à la fois monastique et royale : on se souvient encore d'avoir vu, dans une des salles, saint
Sour en habit de moine guérissant un malade.

Ce *Cœnobium* ou hospice fut, jusqu'en 1793,
l'asile de nos pauvres. Sans doute, pendant ces
longs siècles, il avait subi bien des transforma-
tions, souffert bien des désastres, et déjà, depuis longtemps, la main spoliatrice des seigneurs
lui avait enlevé une partie de ses revenus qui,
dans le principe, étaient immenses; mais, du
moins, les pauvres possédaient encore quelques
débris de l'antique *Xenodochium* de saint Sour.
Lorsque arriva la tourmente révolutionnaire,
l'œuvre de spoliation fut consommée; les pauvres furent chassés du local que leur avait légué
la munificence royale, unie à la charité monastique, et jetés dans la rue (1).

_____

(1) Peu de temps après, les pauvres furent recueillis dans
la demeure des curés de Saint-Julien.

Cependant, quelques habitations ne tardèrent pas à se grouper autour du *Xenodochium* occupé par le bon saint Sour et ses religieux. En peu de temps, elles furent assez nombreuses et composèrent une petite bourgade, donnant naissance à une petite ville qui devait recevoir par la suite une assez grande extension. Elle prit le nom du lieu même où elle se fondait, *Terason*, du mot grec *Teras*, prodige, présage, et du mot gaulois *ôn*, fontaine. C'était le nom d'une fontaine que les peuples païens avaient consacrée aux faux dieux, à laquelle ils reconnaissaient, comme le mot l'indique, la vertu de rendre des oracles, et que saint Sour appela du nom qu'elle porte aujourd'hui : *Fontaine de Saint-Julien* (1).

(1) Nous devons à M. de Merlhiac cette étymologie. Il l'a exposée savamment dans un article du *Chroniqueur du Périgord*, 3ᵉ année, p. 123. L'usage, superstitieux sans doute, mais qui a toujours existé, d'ouvrir la fontaine de Saint-Julien lorsque la sécheresse continue après les processions des reliques de saint Sour, ne serait-il pas une réminiscence et une continuation de la superstition païenne qui allait demander des oracles à cette fontaine ? Nous le croyons avec M. de Merlhiac, toutes nos recherches pour trouver une autre origine à cet usage ayant été infructueuses.

Ce lieu pouvait encore s'appeler *Terashôn*, de deux mots gaulois : *Terash*, chemin, et *ôn*, fontaine, c'est-à-dire *chemin des fontaines* ou *fontaines du chemin*. C'était en ce lieu, en effet, que passait le chemin de Périgueux à Tulle, ou la voie romaine dont nous avons parlé, et il y avait, comme aujourd'hui, un très-grand nombre de sources (1).

Nous trouvons, du reste, la preuve que ce lieu s'appelait déjà *Terasôn* ou *Terashôn*, peu importe, dans une gracieuse et naïve légende que la tradition populaire nous a conservée, et que nous voulons consigner ici.

« Le bon saint Sour guérit le roi Gontran, et » le roi Gontran offrit au bon saint Sour, en té- » moignage de sa reconnaissance, de lui faire » bâtir un monastère.

(1) M. de Mourcin nous a donné cette étymologie et a combattu celle de M. de Merlhiac, tout en admettant que la fontaine de Saint-Julien était, avant le Christianisme, consacrée au culte des faux dieux. — Voir le *Chroniqueur*, 5e année, p. 153.

» Et le bon saint Sour accepta l'offre du roi
» Gontran, et grande fut sa joie.

» Mais, lorsqu'il fallut choisir l'emplacement
» pour bâtir le monastère, on fut fort embar-
» rassé : les uns le voulaient ici et les autres là.
» Or, le bon saint Sour avait deux colombes
» qu'il aimait et faisait manger sur sa main; et
» il dit : Lâchons les deux colombes, qu'elles
» s'envolent, et le monastère sera bâti au lieu
» où elles se poseront. »

C'était une manière bien innocente d'appliquer
ce qu'on appelait alors le *Jugement de Dieu.*

« Et les deux colombes furent lâchées et s'en-
» volèrent. Le bon saint Sour et ses disciples d'un
» côté, Gontran et les gens de sa suite de l'autre,
» les suivaient des yeux. »

» Et les deux colombes, après bien des tours
» et des détours, se posèrent enfin; et tous les
» spectateurs d'applaudir et de s'écrier : *Terrâ*
» *sunt! terrâ sunt!* c'est-à-dire, à terre elles
» sont. »

La légende populaire ajoute : « Et depuis, ce » lieu s'est appelé *Terrasson*. »

On voit aisément que le fait principal a été ici dénaturé; nous devons lui rendre son caractère de vraisemblance. Le peuple cria Terrasson ! non pour exprimer que les colombes étaient à *terre*, mais bien parce que le lieu où elles se posèrent s'appelait ainsi, comme il aurait crié le nom de tout autre lieu où elles se seraient arrêtées (1).

Quoi qu'il en soit de l'origine du nom, tels furent les commencements de notre ville : les peuples s'établirent auprès de la demeure du bon saint Sour et de ses disciples.

Il fallut peu d'années pour que la petite bourgade prît un assez notable développement, et le saint dut s'occuper de pourvoir à ses besoins spi-

(1) Il en est qui font dériver le mot *Terrasson* de *Terra Sori*, *terre de Sour*. De cette opinion sont l'auteur de l'*Abrégé de la Vie des Saints de la province du Périgord* et l'auteur du *Périgord illustré*, dans une notice historique sur la ville de Saint-Cyprien. Ce qui donnerait quelque poids à cette opinion, c'est qu'anciennement on écrivait *Terrassou*; nous avons même trouvé dans des registres de l'église de Chavagnac, de 1679, 1681, 1682, 1683 et 1684, le mot *Terrassours*.

rituels. Dans ce but, il jeta, non loin du *Xeno-dochium*, les fondements d'une église, qu'un doux souvenir de la patrie et le sentiment d'une tendre piété le portèrent à dédier à saint Julien, le célèbre martyr de Brioude, en Auvergne (1).

Nous ne devons pas omettre ici une remarque. Ceux qui admettent l'existence, dans nos grottes, de la vigie romaine dont nous avons parlé, supposent à l'église de Saint-Julien une date plus ancienne. Elle aurait été le *Fanum* ou *Sacrarium* des soldats romains, « peut-être un » petit temple construit expressément pour la » fontaine du prodige ou de l'oracle Téras-ôn. » Elle offrait tous les caractères d'une haute » antiquité, et, dans les soubassements et autres » détails, paraissait remonter à la domination » romaine (2). »

Dans cette hypothèse, saint Sour aurait seu-

---

(1) Voir, à la fin du volume, la légende de saint Julien, note B.

(2) M. de Merlhiac, *Recherches historiques.* — *Chroniqueur du Périgord*, 3ᵉ année, p. 126.

lement approprié ce *Fanum* au culte chrétien, sous l'invocation du saint et illustre martyr.

Cette église, qui fut, jusqu'en 1789, la seule église paroissiale de Terrasson, existait encore en 1825. A cette dernière époque, elle fut démolie pour l'agrandissement du champ de foire. On ne peut que déplorer la profonde indifférence qui présida à cette œuvre de destruction. Sans doute, l'église de Saint-Julien était peu nécessaire à Terrasson pour les besoins du culte, et tombait de vétusté; mais ses vénérables débris, que la main du temps et des révolutions avait respectés, nous redisaient notre histoire, et la science pouvait y faire des recherches utiles.

Quelques voix s'élevèrent cependant. Pour les apaiser, on construisit à la hâte, sans goût ni solidité, sur un sol toujours humide et glacial, un je ne sais quoi, reconnu sous le nom de *Chapelle-de-Secours*, n'ayant ni la forme d'une église, ni la forme d'une maison, que l'étranger ne visite point; quelque chose, enfin, comme un de ces temples de l'hérésie, dont l'isolement dans les campagnes n'apporte au regard attristé que l'image de la désolation.

L'art et la piété sont ici en deuil et regrettent l'antique *Fanum* romain, la vieille église, bâtie ou appropriée par saint Sour.

Mais revenons à notre saint et à ses disciples que nous avons laissés déjà établis dans le *Xenodochium*.

Ce nouveau local, quoique bien restreint, plus spacieux et plus propre à la régularité que les grottes occupées primitivement, et aussi l'influence des vertus et des miracles de notre saint, avaient contribué beaucoup à augmenter le nombre des religieux. On accourait de toutes parts se ranger sous la houlette d'un pasteur qu'on était certain de trouver toujours bon, paternel, généreux et dévoué.

En peu de temps, le nombre des disciples fut tel, que, pour ne pas mettre un obstacle, par l'exiguité du logement, aux desseins de Dieu sur les serviteurs qu'il appelait dans la solitude, le saint dut ne pas tarder à donner toute son ex-

tension au témoignage de reconnaissance du roi
Gontran; et il jeta les fondements d'un vaste
monastère.

La précipitation causée par le besoin d'exprimer vite une reconnaissance, dont les élans ne
pouvaient plus être contenus, avait présidé au
choix de l'emplacement du *Xenodochium*; il était
loin d'offrir toutes les conditions désirables de
salubrité, à la jonction de deux montagnes, dans
une gorge assez étroite, sur un terrain humide
et marécageux. Aussi, le bon saint Sour, dans
la nécessité de pourvoir au logement de tous ses
disciples, ne pensa-t-il point à ajouter aux premières constructions des constructions nouvelles;
mais il choisit un autre emplacement, à quelque
distance de là, à mi-côte, sur un plateau qui lui
présentait une surface assez développée pour y
établir non-seulement un vaste monastère, mais
encore des cours et des jardins d'une assez grande
étendue. Ce monastère, après la mort de son
fondateur, prit le nom d'*Abbaye-de-Saint-Sour*.
Trois siècles plus tard, il n'en restait plus que le

nom (1); mais des fouilles pratiquées à diverses époques, et tout récemment encore sous nos yeux, nous en ont fait reconnaître le plan. Il était moins vaste que celui que les comtes de Périgord construisirent sur le même emplacement, vers la fin du neuvième siècle, et dont nous parlerons dans la Notice historique.

Mais ce premier monastère fut-il achevé du vivant de saint Sour, et le saint vint-il y habiter? Nous ne le pensons pas. On doit croire que le saint n'abandonna point le *Xenodochium*, et même qu'il y mourut. Le monastère achevé supposerait la construction d'une église. Or, nous n'en trouvons point d'autre à Terrasson, du vivant de saint Sour, que celle qu'il avait lui-même dédiée à Saint-Julien : elle fut le lieu de sa sépulture (2). Nul doute que ses disciples n'eussent voulu conserver, dans leur propre église, le corps de leur saint fondateur.

(1) Voir la Notice historique.
(2) Le P. Labbe et les Bollandistes, *Vita S. Sori.* — *Gallia Christiana.*

Il nous paraît donc très-probable que ce monastère ne fut achevé que bien des années après la mort du bon saint Sour. Il y eut alors une église qui porta le nom du saint, que ses disciples lui avaient consacrée, et dans laquelle, nous aurons lieu de le dire, ils transportèrent son corps.

XVIII.

Comment le bon saint Sour érigea un Oratoire à Notre-Dame-de-Consolation.

La dévotion à la Sainte-Vierge est une marque de prédestination; elle est aussi ancienne que le christianisme, et les plus grands saints de tous les siècles se sont distingués par un attrait tout spécial à honorer l'auguste Reine des anges et des hommes.

Notre bon saint Sour avait appris de bonne heure la parole du Sauveur mourant : « Mon fils, voilà votre mère (1)! » Et, pendant son séjour au monastère de Genouillac, se trouvant peu éloigné de Roc-Amadour, il avait pu apprécier, par le récit de nombreux miracles, les effets miséricordieux de la bonté de Marie (2). Aussi voyons-nous qu'il voulut avoir, dans l'église dédiée à Saint-Julien, un Oratoire en l'honneur de la Mère de Dieu, sous le vocable de *Notre-Dame-de-Consolation* (3).

Heureuse pensée! C'est bien le titre de consolatrice des affligés qui doit attirer de nombreux serviteurs à Marie! Quel cœur n'a pas besoin de consolation! Il y a tant de peines dans cette vallée de larmes!

(1) *Evangile de Saint-Jean*, chap. 19, v. 27.

(2) On n'ignore point l'antiquité du célèbre pèlerinage de Notre-Dame-de-Roc-Amadour, en Quercy; il remonte au premier siècle de l'Eglise. Il est prouvé que saint Amadour, qui habita ce lieu et y dressa un autel à la Mère de Jésus, était le Zachée de l'Evangile, l'un des disciples de Notre-Seigneur. (*Odo de Gissey, Histoire de N.-D.-de-Roc-Amadour, — Le P. Bonaventure, Annales du Lim. et Histoire de Saint-Martial.*

(3) Nous n'avons ici pour guide que la tradition locale, trop respectable, trop édifiante, pour que nous ne la suivions pas scrupuleusement.

Reine des anges! Reine des patriarches! Reine des apôtres! Reine du ciel! Mère de Dieu! — Voilà des noms que le ciel prononce à la gloire de Marie. Mais la terre se plaît à dire : Santé des infirmes! Refuge des pécheurs! Consolation des affligés! Secours des chrétiens! Mère de la miséricorde!

Le titre de Notre-Dame-de-Consolation se présentait tout naturellement à la pensée du bon saint Sour au milieu des pauvres, des malades, des affligés qui imploraient sa protection auprès de Dieu. On rapporte que le saint les renvoyait à l'Oratoire de Marie : « Allez, leur » disait-il, ce n'est pas moi qui peux vous sou- » lager, ce n'est pas moi qui peux vous guérir, » allez trouver Notre-Dame-de-Consolation! » Ils y allaient, dit la tradition, pleins de confiance, et ils en revenaient soulagés et guéris.

Cette dévotion à la mère de Dieu, le saint s'efforçait de la faire passer dans toutes les âmes; il se plaisait à répéter à ses disciples, qu'il aimait comme des enfants, et dont il était appelé

le père : « Mes enfants, aimez Marie, priez
» Marie, la Mère de Jésus et des chrétiens. Nous
» sommes de grands pécheurs, mais la Mère de
» Jésus prie pour nous; ayons confiance. »

La semence de cette dévotion ne tombait point
sur une terre stérile; elle devait germer et pous-
ser de profondes racines dans tous les cœurs.
Aussi trouvons-nous que, de tout temps, les
moines, disciples du bon saint Sour, se distin-
guent par leur zèle pour le culte de Marie. Nous
en avons recueilli un précieux témoignage dans
l'histoire de *Notre-Dame-de-Roc-Amadour*. C'est
un pélerinage que les moines de l'abbaye de Terrasson firent, vers la fin du seizième siècle, à cet
Oratoire illustre de la Mère de Dieu. Marie avait
exaucé leurs prières, dans un temps de calamité,
et ils allaient remercier leur bienfaitrice. Nous
laisserons parler l'historien de Roc-Amadour :

« La seconde procession, dit-il, que je veux
» ici tirer de l'oubli, est celle d'une abbaye de
» saint Benoît, au diocèse de Sarlat, en Péri-
» gord, appelée Terrasson. Les religieux de ce

» monastère, suivis et accompagnés d'une grande
» foule de peuple, l'an 1598, le 25 juillet, se
» rendirent à Notre-Dame-de-Roc-Amadour en
» procession, afin de s'acquitter de la promesse
» et du vœu que leur corps et chapitre avaient
» fait à icelle, laquelle ayant agréé ce vœu,
» suivant que l'on l'avait implorée, les délivra de
» deux maux qui ravageaient tout le pays. L'un
» était une mortalité de bétail, qui tuait presque
» tous les animaux de cette contrée; l'autre
» était une grande sécheresse et brûlure des
» bleds, qui menaçait d'une famine ce même
» climat. Merveille; le lendemain qu'ils se fu-
» rent voués et recommandés à la Mère de Jé-
» sus, il tomba du ciel une pluie si à propos et
» en telle abondance, que les bleds en furent
» humectés et suffisamment arrosés. De plus, la
» mortalité du bétail cessa; tant est bienfaisante
» la Mère de Dieu en toutes choses à ceux qui
» lui adressent leurs vœux (1). »

_____

(1) Le P. Odo de Gissey, *Hist. de Notre-Dame-de-Roc-Ama-dour.* — La même Hist. par l'abbé Caillau.

C'est, sans doute, à cause de cette grande
dévotion de nos moines envers la Sainte-Vierge,
que quelques historiens, et notamment le P. Bonaventure, ont donné parfois le titre d'*Abbaye
de Notre-Dame* au monastère de Terrasson (1).
Mais, comme on peut le voir par le fait que
nous venons de citer, cette dévotion n'était point
renfermée dans l'enceinte du monastère. Le peuple, lui aussi, aimait et priait la miséricordieuse
Vierge; voué à Marie avec les saints religieux,
il les accompagnait dans ce pieux pèlerinage. Il
aimait Marie, et se plaisait à prier devant l'autel de Notre-Dame-de-Consolation (2).

Nous devons le consigner ici : ces pieuses traditions du passé sont encore vivantes au milieu
de notre troupeau; il aime et prie Marie, il

----

(1) *Annales du Lim.*, p. 199.
(2) La statue de Notre-Dame-de-Consolation fut respectée
en 1793, le jour où tout fut brisé et détruit dans l'église de
Saint-Julien; elle est aujourd'hui la propriété de Mme de S...
H... Nous espérons que cette pieuse dame voudra bien, lorsque
que l'Oratoire sera rebâti sous le rocher de Saint-Sour, rendre
au culte public une image, devant laquelle tant de générations
se sont agenouillées.

aime l'Oratoire qui a remplacé celui de Notre-
Dame-de-Consolation. Si la tâche qui nous est
imposée de le nourrir de la parole sainte est parfois douce et consolante, c'est lorsque notre
langue lui bégaie les louanges de Marie; et nos
jeunes filles, vierges de la terre, aimant à marcher sur les traces de la Vierge du ciel, sont
heureuses lorsque, aux yeux de Dieu et de l'E-
glise, il leur est permis de prendre le titre glorieux d'*Enfants de Marie* (1).

Aussi, dans ces derniers temps, avec quel
saint enthousiasme n'a pas été reçue parmi nous
la proclamation du dogme de la Conception Im-
maculée! Quelle joie! quels transports! quel
bonheur! — On ne l'oubliera jamais.

C'était le dimanche 25 février 1855. Le matin, à toutes les messes, la bulle du Souverain Pontife, consacrant ce dogme, avait été

---

(1) La Congrégation des *Enfants de Marie* est établie depuis
trois ans dans la paroisse de Terrasson. Les jeunes personnes
qui en font partie sont l'édification du troupeau, la joie et la
consolation du pasteur.

publiée du haut de la chaire ; et le soir, après
les vêpres, dans une procession nombreuse et
pieusement recueillie, avec ses bannières flot-
tantes, ses cantiques ravissants, ses mille ori-
flammes où le nom de Marie apparaissait dans
des couronnes de blanches fleurs, la statue de
la Vierge-Immaculée était solennellement portée
en triomphe.

Mais l'expression de la joie et de la piété devait se prolonger bien avant dans la nuit. Le
feu, qui fut de tout temps, chez tous les peuples, le symbole des grandes joies, de l'ivresse
du bonheur, nous prêta son langage éblouissant
et produit sous toutes les formes. Pas un village
dans la campagne qui n'eût son feu comme au
jour de la Saint-Jean ; pas une maison dans la
ville qui ne fût splendidement illuminée, pas
une, la plus pauvre comme la plus riche,
qui n'eût, au lieu le plus apparent, sa statue de
Marie, richement entourée de lumières et de
fleurs.

La ville du bon saint Sour se montrait, ce

jour-là, bien digne de son pieux fondateur, et prouvait qu'après treize siècles elle n'avait rien perdu de sa dévotion à Marie.

Cette tradition de vœux et de prières, constamment adressés à la Mère de Dieu, devait être un jour couronnée par une solennelle consécration de toute la paroisse à la Vierge-Immaculée. Dieu et Marie nous en avaient réservé la gloire, et ce fut alors le plus beau jour de notre ministère.

C'était le 9 du mois de mai 1855, à huit heures du soir. Mgr l'évêque de Périgueux, toujours si zélé pour le bien des âmes, avait bien voulu se rendre à nos désirs et faire lui-même cette consécration. L'église avait été splendidement décorée, et une brillante illumination se dessinant le long des murs, sous les formes les plus gracieuses, éclairait cette solennité de ses mille feux. Derrière l'autel, quatre magnifiques colonnes, autour desquelles venaient s'enrouler des rubans de feu et de verdure, soutenaient un trône de lumière, et sur ce trône resplendissait la statue de Marie, portant le diadème de douze étoiles. Tous les yeux y étaient attachés et pouvaient à peine en soutenir l'éclat.

Quel moment bien solennel que celui où le pieux et éloquent prélat prononçait, du haut de la chaire, l'acte de consécration tel que son cœur le lui dictait! L'émotion de tous était profonde, bien des larmes coulaient dans le silence du recueillement, sous les regards de la Vierge-Immaculée qui, descendue parmi nous, contemplait ses enfants et les recevait dans le sein de son amour.

Les habitants de Terrasson n'oublieront jamais leur consécration à Marie. — Vierge-Sainte! aimez toujours ce troupeau et soyez-en toujours aimée! — Bon saint Sour, contemplez vos enfants! — Ils n'ont point dégénéré.

XIX.

Comment le bon saint Sour et ses moines exécutè-
rent de grands travaux.

Nous entrons dans une nouvelle phase de la
vie du bon saint Sour. Ce n'est plus seulement
ici l'humble anachorète, méditant sous le rocher et s'y livrant aux austérités de la pénitence,
ni le saint abbé uniquement désireux de conduire ses disciples dans les voies de la perfection, et leur donnant l'exemple des vertus les
plus sublimes. Un homme nouveau se révèle
avec une mission spéciale reçue de Dieu, pour
être dans un ordre inférieur sans doute, mais
cependant digne de toute louange, le bienfaiteur du pays qui eut le bonheur de le posséder.

Les bienfaits du bon saint Sour ne se bornèrent pas au court espace de sa vie, ils lui sur-
vécurent, et encore la génération actuelle en
jouit : nous aimons à les lui rappeler.

Dans l'organisation de son monastère, notre

saint n'avait pas oublié de poser pour base le
travail des mains. On sait, l'histoire profane et
l'histoire ecclésiastique nous l'attestent, qu'en
Occident, cette base fut commune à toutes les
institutions religieuses, d'après ce principe : « Ce-
» lui qui ne veut point travailler ne doit point
» manger (1). »

Mais ce travail ne consistait pas seulement,
comme on pourrait le croire, à tresser des nat-
tes et des corbeilles, à l'exemple de la plupart
des solitaires et des moines de l'Orient. Abattre
les antiques forêts dont la terre était surchargée;
donner aux eaux stagnantes un libre cours; as-
sainir les vallées marécageuses; dessécher les
terrains inondés; renfermer dans leur lit les eaux
des rivières; fouiller dans les entrailles de la
terre pour remettre à la surface la couche vé-
gétale; tels étaient les travaux qu'exécutaient les
divers Ordres religieux de l'Occident. On n'oubliera pas l'influence que ces institutions exer-

(1) Saint Paul, 1re épît. aux Thess. c. 5, v. 10.

cèrent sur l'agriculture en Europe, plus particulièrement en France et, dirons-nous, plus spécialement dans la province du Périgord. Dispersées çà et là sur la surface du sol, elles inspirè-
rent le goût de la vie des champs, et chaque
monastère devint un centre d'action auprès duquel les peuples aimèrent à se grouper. On sait
qu'un grand nombre de villes de France doivent
leur origine à ces moines, pieux agriculteurs,
sanctifiant le travail par la prière, le jeûne,
les mortifications de tous genres. Outre Terrasson, nous pourrions citer, dans le Périgord, Sarlat, Saint-Cyprien, Saint-Astier, Brantôme, et
le Périgueux du moyen-âge, groupé autour du
monastère de Saint-Front.

Pour atteindre ce noble but de la vie monastique, un vaste champ s'offrait à la pensée et au
regard du saint fondateur de l'abbaye de Terrasson. Au midi, sur ces coteaux, aujourd'hui
si fertiles, s'étendait une gigantesque forêt qui
n'était connue, comme l'attestent les anciennes
chroniques et la légende même de saint Sour,

que des bêtes sauvages ; au nord, se développait, de l'est à l'ouest, une vaste plaine, ou plutôt cette plaine, aujourd'hui l'une des plus riantes et des plus fertiles du Périgord, n'était encore, au sixième siècle, qu'un marécage qui s'étendait depuis Larche jusqu'à Lavilledieu. La Vézère n'était point resserrée dans son lit, mais elle roulait sans aucun obstacle de côté et d'autre ses eaux vagabondes.

La connaissance de cet état primitif nous vient d'une tradition constante, conservée dans le pays, et qui, d'ailleurs, se trouve confirmée par les fouilles et les observations géologiques faites à diverses époques. Il suffit, du reste, de parcourir les lieux : après douze siècles de culture et de fertilité, l'œil découvre facilement dans cette plaine les traces d'un marais. La Vézère elle-même semble, de nos jours encore, ne pas avoir oublié son ancien domaine, et, de temps en temps, elle essaie d'en reprendre possession. On cite, parmi ses tentatives les plus hardies, les débordements de 1783 et de 1843.

Il fallut donc abattre ces forêts, dessécher ces terres et ouvrir ainsi une source de bien-être aux générations futures. Pensée immense, grandiose projet que la charité chrétienne, seule, pouvait concevoir et exécuter !

Ici la tradition nous montre le bon saint Sour établissant, afin d'opérer avec plus d'ordre, et en même temps avec plus d'économie, deux succursales de sa communauté, l'une en un lieu dont le nom rappelle encore sa pieuse origine, *Lavilledieu, Villa Dei* (1), et l'autre à *Pazayac, Pascuosæ-aquæ,* ainsi appelé de son site marécageux. Il en confia la direction à deux moines qu'on croit, sans fondement peut-être, avoir été ses parents, mais dont il avait apprécié les mérites.

Ces deux succursales, l'une à l'extrémité occidentale et l'autre presque à l'extrémité orientale de la plaine, formaient deux ateliers agri-

---

(1) D'après une charte de Pierre de Ferrières, abbé de Saint-Sour, donnée le 10 des kalendes d'octobre 1521, il existait, encore à cette époque, à Lavilledieu, un établissement qui appartenait au monastère de Terrasson.

coles dont les travaux correspondaient avec l'atelier central et intermédiaire, placé à Terrasson, sous la direction immédiate du chef de l'abbaye.

La chronique rapporte que notre saint allait souvent à Lavilledieu et à Pazayac visiter les moines, ses disciples, afin d'entretenir parmi eux, par sa présence et ses discours, le zèle pour le travail en même temps que la pratique des vertus religieuses.

La tradition, au sujet de l'établissement de ces deux succursales, se trouve confirmée par une coutume respectable et immémoriale, qui existe encore.

On sait que, dans les calamités publiques (nous en parlerons plus tard), les reliques du bon saint Sour sont portées processionnellement hors de l'enceinte de la ville et des limites de la paroisse. Mais, de temps immémorial aussi, trois localités ont eu le privilége exclusif de recevoir dans ces pieuses pérégrinations les saintes reliques : le Rocher de Saint-Sour, Lavilledieu et

Pazayac. Si vous en demandez la raison à nos bons agriculteurs, gardiens fidèles des traditions antiques, de celles surtout qui ont un caractère religieux, ils vous diront : « Il faut porter le » *Corps du bon saint Sour* dans les lieux que le » saint avait coutume de visiter pendant sa vie. »

Remarquons dans ce langage, comme l'a fait M. de Merlhiac, une frappante analogie avec l'usage consacré, dès la fin du quatrième siècle, dans la translation des reliques des saints. « C'est » un fait attesté par les anciens Rituels et par » une foule d'autres documents historiques que, » dans les exhibitions extérieures et publiques » des reliques des saints, fondateurs des monas- » tères, églises et abbayes, les stations se faisaient » et se font encore, et exclusivement, dans les » lieux que la tradition ou des actes authenti- » ques indiquaient comme ayant été illustrés par » les miracles, les retraites ou les fondations du » saint vénéré. On y bâtissait même des églises, » et beaucoup de paroisses, de chapelles et d'o- » ratoires en France, en Allemagne et en Italie,

» doivent leur existence à cette coutume. L'u-
» sage immémorial des stations *exclusives* de la
» châsse de Sorus à Terrasson, à Lavilledieu et
» à Pazayac étant un fait avéré, on serait réel-
» lement fort embarrassé s'il fallait assigner à ce
» fait tout autre cause ou origine que la loi et
» les usages, déjà très-certains aussi, des ab-
» bayes et des monastères primitifs (1). »

Nous n'oublierons pas de constater ici l'origine antique et vénérable des paroisses de Lavilledieu et de Pazayac; paroisses fortunées que
le bon saint Sour, du haut du ciel, aime et bénit encore.

« Tel fut, ajouterons-nous avec M. de Mer-
» lhiac, tel fut, on ne peut en douter, le plan
» de Sorus, et dont la piété et les traditions po-
» pulaires honorent encore la sagesse, lorsque
» ce Triptolème chrétien, inspiré par l'esprit du
» Christianisme qui, surtout dans les premiers

(1) M. de Merlhiac, *Recherches historiques sur le tracé de
la route de Lyon à Bordeaux.*

» siècles de l'Eglise, a remédié à tant de misères
» morales et matérielles, entreprit de rendre à
» la fertilité et à la salubrité une contrée qui,
» avant lui, devait être le théâtre des tourments
» de la famine et le foyer de la mort.

» Les vertus, les pieuses exhortations et sur-
» tout l'exemple de Sorus et de ses compagnons
» qui, au sixième siècle, commencèrent les assé-
» chements et les défrichements des plaines de
» la Vézère, entraînèrent les populations vers ces
» utiles travaux. Un désert humide et pestilen-
» tiel fut fertilisé, et, dès lors, se modifièrent et
» bientôt cessèrent les famines, les mortalités
» horribles qui, d'après les traditions et toutes
» les chroniques du Périgord et du Limousin,
» ravageaient fréquemment le pays, ou plutôt
» constituaient son état normal. C'est probable-
» ment depuis cette époque que la Vézère entre
» Larche et Lavilledieu, et la Corrèze, entre
» Brive et Larche, furent progressivement ame-
» nées et resserrées dans leurs lits actuels ; mais
» les fouilles et les observations géologiques

» qui, de temps en temps, nous découvrent l'in-
» térieur et les profondeurs du sol, indiquent
» que l'achèvement de ce grand travail fut, très-
» probablement aussi, l'œuvre de plusieurs siè-
» cles. Ces vastes plaines qui s'étendent de Brive
» à Terrasson, n'offrirent plus alors l'aspect d'un
» vaste marécage infect, fangeux et profond.
» Régénérées par les travaux et les exemples
» successifs du zèle et de la charité évangélique,
» elles furent, enfin, livrées aux exploitations
» bienfaisantes de l'agriculture (1). »

Voilà ce que les moines faisaient à Terrasson.
A leur zèle, à leur industrie pieuse, intelligente,
nous devons la fertilité, la beauté, la richesse de
notre pays. Et ce qu'ils faisaient à Terrasson, ils
le faisaient dans tout le Périgord, dans toute la
France. Ils n'étaient donc pas des hommes oisifs,
paresseux, comme on a bien voulu les repré-

(1) Nous n'avons pu citer M. de Merlhiac toutes les fois que
nous nous sommes inspiré de ses *Recherches* dans ce chapitre.
Nous renvoyons avec plaisir notre lecteur aux *Recherches historiques;* la question qui nous occupe y est traitée à fond,
avec les détails les plus vrais et les plus intéressants.

senter? Elles n'étaient donc pas inutiles ces institutions qui fécondaient la terre, et, appelant
les peuples à les imiter dans leurs travaux, les
disposaient, par les bienfaits de l'agriculture,
aux bienfaits de la civilisation? Mais elles avaient
un caractère religieux, et il fallait qu'elles tom-
bassent sous le *tolle* général prononcé en France,
par le dix-huitième siècle, contre tout ce qui
portait ce caractère. En vérité, nos pères furent
des ingrats! « Ils moissonnaient ce que les moi-
» nes avaient semé; ils n'avaient point travaillé,
» mais, entrant dans les travaux des moines,
» ils en recueillaient les fruits (1); » s'ils ne
trouvaient pas dans leur cœur assez de vertu
pour aimer ceux qui leur avaient fait tant de
bien, du moins devaient-ils ne pas les maudire!

(1) *Évangile de Saint-Jean*, ch. 4, v. 38.

XX.

Comment les disciples du bon saint Sour étaient
très-fervents.

Tout ce que nous venons de dire, au chapitre
précédent, a pu faire oublier le caractère religieux des disciples du bon saint Sour et ne laisser voir qu'une association d'agriculteurs, pieux
sans doute, mais spécialement occupés à se
procurer le bien-être matériel. Le travail, il est
vrai, était bien une base essentielle de leur saint
institut, mais il n'en était pas la base unique. Il
suffit de jeter un coup-d'œil sur les *Institutions*
de Cassien, qui furent d'abord la règle de conduite des moines de saint Sour, et sur la règle
de saint Benoît, qu'ils adoptèrent avant la mort
de leur fondateur, ainsi que nous l'avons remarqué, pour se convaincre que ces *célestes*
mépriseurs du monde (1) s'appliquaient, avant

(1) Dupuy, *Estat de l'Eglise du Périgord.*

tout et par-dessus tout, par les jeûnes, les veilles,
l'humilité, la pauvreté, l'obéissance ; en un mot,
par toutes les vertus et les austérités de tout
genre, à former en eux l'homme intérieur.

La sainte Psalmodie n'était pas oubliée dans
leurs pieuses réunions; leur règle nous parle du
nombre des Psaumes pour les heures de la nuit
et pour les heures du jour.

Ce qui est réglé pour les repas indique la plus
sévère sobriété et le but plutôt de nourrir le
corps, puisqu'il faut le nourrir, que d'accorder
aux sens la moindre satisfaction.

Leur sommeil était moins quelques heures
données au repos, qu'une mystérieuse pénitence;
car, après les fatigues des saints exercices et des
rudes travaux dont nous avons parlé, ils ne
trouvaient, pour délasser leurs membres et réparer leurs forces, qu'une natte, étendue sur le
pavé de leur cellule.

Nous appliquerions très-volontiers aux fervents disciples de saint Sour ce que saint Jean
Climaque raconte d'un célèbre monastère, situé

près d'Alexandrie, où il demeura assez long-
temps. « Je rapporterai, dit-il, la sainte vie de
» ces religieux et ce qui se pratiquait en cet il-
» lustre monastère, que j'ai considéré à loisir et
» qui me ravit de telle sorte, que je ne pouvais
» assez m'étonner de voir le courage avec lequel
» des hommes mortels s'efforçaient d'imiter les
» actions des immortels. La charité était le lien
» qui les unissait inséparablement ensemble, et,
» ce qui est plus admirable, c'était une charité
» pleine d'honneur et de respect, sans aucune
» parole trop hardie ou peu considérée.....

« J'ai vu, parmi ces religieux, des choses
» non-seulement utiles, mais encore véritable-
» ment admirables; une Communauté assemblée
» dans l'esprit de Dieu; une union de cœur dont
» Jésus-Christ était le nœud sacré, indissoluble,
» et un mariage de ce qu'il y a de plus parfait
» dans la vie active et dans la vie contemplative.
» Leurs exercices étaient réglés, et ils s'adon-
» naient avec tant de ferveur aux actions de la
» vertu, qu'ils n'avaient presque besoin d'aucun

» avertissement du supérieur pour s'y porter,
» mais ils s'y excitaient les uns les autres et s'y
» donnaient un mutuel courage.....

» Aux heures qu'il leur était permis de par-
» ler, tous leurs entretiens étaient de la mort et
» du jugement dernier, et du souvenir qu'on en
» doit avoir....

» Si quelqu'un d'entre eux faisait quelque
» faute, les autres le priaient de se décharger
» sur eux du soin de la confesser au supérieur
» et d'en recevoir la punition, avec tant d'ins-
» tance, qu'il ne pouvait le leur refuser : et le
» supérieur, voyant cette extrême charité de
» ses disciples et que celui qui confessait la faute
» en était innocent, il ne lui ordonnait pour
» châtiment que des peines très-légères, et
» même ne s'enquérait pas qui était véritable-
» ment coupable (1). »

Telles étaient, du vivant de saint Sour, la vie
et la ferveur des moines de l'abbaye de Terras-

(1) Saint Jean-Clim. *Climax-Grad.* 4.

son (1); et, on le comprend, le saint fondateur
ne montrait pas moins de zèle, moins de perfection que ses disciples. N'oubliant pas la respon-
sabilité imposée à celui qui commande aux autres, combien il sera exigé de celui qui aura
reçu beaucoup, il s'appliquait à rendre sa vie
plus sainte, plus parfaite que celle des autres
religieux; de manière qu'elle fût constamment
comme un livre ouvert, où chacun pût lire la
règle de sa propre conduite. Organisateur de
cette pieuse société, il lui donnait le mouvement
et la vie par l'exemple des plus austères vertus;
et, pour employer le langage figuré de nos Livres-
Saints, le bon saint Sour apparaissait au sein de
sa communauté, « environné de ses frères comme
» d'une couronne; ses frères se tenaient autour
» de lui comme des cèdres sur le mont Liban,
» comme des branches de palmier; sortant de

---

(1) Chose digne de remarque : la chronique scandaleuse, si
bien conservée et grossie ailleurs, dans les traditions locales,
n'a trouvé rien à recueillir pendant les douze siècles d'existence de l'abbaye de Terrasson.

» la plénitude de ses vertus comme de saints
» rejetons d'une tige sainte (1). »

Quel admirable monastère que celui-là! quelle
admirable société! Que la vie s'écoule douce dans
ces saintes demeures, vrai paradis de la terre,
où règne la charité, où la justice et la paix,
venues du ciel, se confondent dans un mutuel
embrassement! Nous ne pouvons en parler sans
nous souvenir des heures austères mais déli-
cieuses que nous avons passées sous le toit hos-
pitalier du Trappiste. La Vierge Marie nous avait
inspiré d'y aller; elle nous y recevait dans la
cellule qui porte son nom. Nous n'oublierons
jamais les douces émotions que nous y avons
éprouvées. Saint Antoine, en sortant de la grotte
de saint Paul, s'écriait, plein d'enthousiasme
pour les vertus de ce solitaire : « J'ai vu Élie,
» j'ai vu Jean-Baptiste, j'ai vu Paul dans son
» paradis! (2). » Nous n'avons ni la sainteté, ni

(1) *Eccli.* ch. 50, v. 13-14.
(2) La *Vie des Pères du désert.*

aucune des vertus de saint Antoine, et, du fond de notre cellule, nous écrivions : « Ce n'est » pas ici une assemblée d'hommes, mais une as- » semblée d'anges ! — Oh ! pourquoi le monde » ne vient-il pas ici ? — Le monde entier se sau- » verait. — Ici tout est mort. — Que le monde » est petit en présence de ces âmes si ardentes » pour le ciel ! »

Vous qui lisez ces lignes, allez passer quelques heures de votre vie sous le toit du Trappiste.

———

XXI.

Comment le bon saint Sour se lia d'amitié avec saint Yrier, et comment il le pria de prendre la direction de son monastère.

Nous devons dire un mot de saint Arédius, plus connu sous le nom de saint Yrier. Sa vie se rattache à celle de notre saint, dont il fut le successeur immédiat dans le gouvernement de l'abbaye de Terrasson (1).

Saint Yrier appartenait, par son père, à une très-illustre famille de Limoges, et, par sa mère, il était petit-fils de roi. Son père, Jocundus, appelé Rinoscindus par saint Grégoire-de-Tours et qualifié du titre de *saint* par la liturgie de Limoges, était gouverneur de cette ville, et sa mère, sainte Pélagie, était fille de Thierry, roi de Metz, l'aîné des enfants de Clovis (2). Il fut élevé à la cour de Théodebert, roi d'Austrasie; mais il en fut retiré, jeune encore, par saint Nicet, évêque de Trèves, qui, l'ayant vu, eut quelque pressentiment des desseins de Dieu, et s'appliqua à le détourner des vanités du siècle. Yrier fut docile aux leçons du saint évêque, et quitta la cour pour s'engager dans le clergé de Trèves. La mort de son père et de son frère aîné l'ayant obligé de retourner à Limoges, en

(1) Voir, à la *Notice historique*, le Catalogue des abbés.
(2) Le P. Bonaventure, *Annales du Lim.*, page 168.

541, pour consoler sa mère Pélagie, il abandonna à celle-ci l'administration de tous ses biens, pour ne s'occuper que du soin de faire bâtir des églises. Quelques années plus tard, il fonda un monastère non loin de Limoges, dans un lieu appelé alors *Athane*, aujourd'hui Saint-Yrieix, où la plupart de ses serviteurs, à qui il avait inspiré des sentiments de piété, embrassèrent la vie religieuse. Il y établit une règle composée de celles de Cassien, de saint Basile et des plus célèbres instituteurs de la vie monastique ; il y mourut âgé de plus de quatre-vingts ans, le 25 du mois d'août de l'année 591.

Saint Yrier avait une dévotion particulière à saint Martin-de-Tours, et il allait souvent la satisfaire à son tombeau. Sentant sa fin approcher, il voulut encore faire ce pèlerinage, et on trouva, après sa mort, un testament par lequel il instituait pour ses héritiers l'abbaye de Saint-Martin et son monastère d'Athane.

Ce saint gouvernait, en même temps que l'abbaye d'Athane, celle de Saint-Michel-de-

Pistorie, fondée par son père Jocundus dans la
ville de Limoges, en 516 ou 517 (1), et lorsqu'il prit la direction de cette dernière abbaye,
déjà, depuis bien des années, notre bon saint
Sour était en grande réputation de sainteté, ses
miracles se racontaient au loin : ayant organisé
sa communauté et reçu les effets de la reconnaissance du roi Gontran.

Les deux saints ne purent rester longtemps
inconnus l'un à l'autre; ils se lièrent d'une
étroite amitié, basée sur une estime et une vénération mutuelles. Saint Yrier, étant le plus jeune,
avait prévenu saint Sour et provoqué ces rap-

___

(1) Le P. Bonaventure, *Annales du Lim.*, p. 170.
La *Gallia-Christiana* place la fondation de cette abbaye au
milieu du sixième siècle, et lui donne pour « auteurs Sour,
» Jocundus, Sébastien, précepteur d'Arédius, et Pélagie,
» épouse du prince Jocundus et mère d'Arédius. » Nous ne
comprenons pas comment saint Sour se trouve au nombre des
fondateurs de cette abbaye, en admettant même la date de la
Gallia-Christiana. Il était pauvre et occupé en ce moment à
la fondation de son propre monastère. Mais Jocundus, ainsi
qu'on le voit dans la *Vie de saint Yrier*, étant mort avant
541, on doit s'en tenir, pour la date de la fondation de Saint-
Michel-de-Pistorie, à celle du P. Bonaventure; or, à cette
époque, notre saint Sour n'avait pas encore quitté l'Auvergne.

ports de confiance et de doux épanchements, qui ne cessèrent que par la mort de l'un des deux.

« Apprenant, dit notre légende, que saint Sour
» s'était bâti un monastère et y vivait avec ses
» disciples dans la plus fidèle observance des
» saintes règles, il lui écrivit des lettres de con-
» solation et d'encouragement, l'avertissant de
» s'attacher beaucoup aux choses de Dieu et de
» se défier des pièges du démon (1). »

Saint Yrier accompagnait toujours ses lettres de quelques présents que le bon saint Sour recevait avec reconnaissance, et dont il rendait à Dieu de vives actions de grâces. C'était, une fois, pour son monastère, une porte embellie de riches ornements de corne (2); c'était, une autre

(1) Le manuscrit de la *Vie de saint Sour*, édité par le P. Labbe et les Bollandistes.

(2) *Ostium opere cornificio aptatum.* — Du-Cange, dans son *Glossaire*, cite ces mots de la *Vie de saint Sour* et les traduit par *opus ex cornibus confectum.* Nous présumons que ce pouvait être des incrustations ou moulures, peut-être même des placages en corne. L'ivoire étant devenu très-rare à cette époque, on le remplaçait par la corne, à laquelle on était parvenu à donner le poli et le brillant de l'ivoire, dans l'ornementation des meubles et des ustensiles.

fois, le Livre de nos Saintes-Écritures, écrit de sa propre main (1); une autre fois encore il lui envoyait de jeunes colombes et autres oiseaux domestiques, pour réjouir et récréer sa vieillesse; car les saints, pour si austères qu'ils soient, ne se refusent pas une innocente récréation. L'arc ne peut pas être toujours bandé, disait saint Jean; et le saint vieillard, qui recevait les mystérieuses révélations de l'Apocalypse et allait chercher dans le sein de Dieu l'éternelle génération du Verbe, se plaisait à tenir sur son bras une perdrix et à la flatter doucement de la main (2). La simplicité fut toujours le caractère distinctif de la sainteté.

Saint Sour avait su apprécier saint Yrier; il lui reconnaissait une haute sagesse et une grande intelligence, et souvent il avait eu recours à ses conseils. Il lui avait fait part de ses préoccupations au sujet de l'avenir de sa communauté.

(1) Le P. Bonaventure, *Histoire de saint Martial*, tome I, page 226.
(2) *Histoire ecclésiastique*, par Fleury, tome I, page 320.

« Le saint fondateur avait, sans doute, ensei-
» gné à ses disciples, par ses exemples autant que
» par ses discours, le véritable esprit religieux, et
» ils étaient eux-mêmes, par leur régularité, leur
» zèle et leur ferveur, l'objet de l'admiration des
» anges et des hommes ; mais il arrivait au terme
» de sa course, et, après sa mort, le loup ne s'in-
» troduirait-il pas dans la bergerie ? l'homme en-
» nemi ne viendrait-il pas semer l'ivraie dans le
» champ que le père de famille avait arrosé de ses
» sueurs ? » C'étaient là les dignes préoccupations
du bon saint Sour, du père qui allait être séparé de ses enfants ; préoccupations de tous les
saints fondateurs de sociétés, dont ne voulut pas
être exempt Jésus-Christ lui-même, et qu'il ex-
primait, avant de remonter au ciel, dans la
touchante prière adressée à Dieu pour ses apôtres.

Voulant donc s'assurer que ses disciples per-
sévéreraient dans l'observance des saintes règles,
le saint abbé de Terrasson pria le saint abbé
d'Athane et lui dit : « Vous prendrez, lorsque je

» ne serai plus, la direction de ce monastère
» et vous le soumettrez à l'abbaye de Saint-
» Michel (1). » Quelques auteurs ont même cru
que saint Sour s'était démis, de son vivant, en
faveur de saint Yrier, pour reprendre dans sa
grotte la vie solitaire. Voici comment ce fait est
raconté par le P. Bonaventure :

« Saint Sor, après avoir guéri le roi Gontran
» de sa lèpre, fut forcé par ce prince d'accepter
» la conduite de l'abbaye de Terrasson, qu'il
» bâtit en actions de grâces de sa guérison;
» mais ce saint, ou pour continuer plus facile-
» ment la vie solitaire qu'il avait menée, ou pour
» conserver et faire croître de plus en plus la
» perfection monastique qu'il y avait établie, se
» déchargea de toute l'autorité qu'il avait en son
» abbaye et de tous les soins de la gouverner,
» l'ayant soumise à Saint-Michel-de-Pistorie de
» Limoges, en faveur de saint Yrier, qui la gou-

---

(1) *Chronique de Geoffroy de Vigeois*, dans le P. Labbe, tome II.

» verna quelque temps avec celle d'Athanum et
» de Limoges (1). »

Nous croyons que le P. Bonaventure et les
autres chroniqueurs, tous du Limousin, se sont
trop préoccupés, dans ce récit, de la gloire de
saint Yrier; les fondations et les travaux nombreux dont nous avons parlé, ne permettent
pas de supposer que notre saint ait abandonné,
avant sa mort, la direction de son abbaye. Du
reste, Geoffroy de Vigeois, l'auteur le plus ancien qui parle de la soumission de notre abbaye
à celle de Saint-Michel, ne dit rien qui fasse
croire à la démission de saint Sour et à son
retour dans la grotte. Nous traduisons le texte
de cet auteur, dont les autres historiens se sont
inspirés : « L'église de l'archange saint Michel
» est glorieuse de posséder le corps du prince
» Jocundus, père du grand Arédius. Elle fut
» autrefois une célèbre abbaye, dont Arédius

(1) *Annales du Lim.* page 222. — Legros, *Manuscrit de la
bibliothèque du séminaire de Limoges.*

» lui-même confia la direction à son neveu As-
» tié, abbé de Vigeois, et en même temps celle
» de l'abbaye de Terrasson, qu'à la prière de
» saint Sour, il avait soumise au même monas-
» tère de Saint-Michel (1). »

Quoi qu'il en soit, tous les auteurs sont in-
variables sur les rapports d'intimité qui existaient entre les deux saints ; et cela nous
suffit.

Ces rapports ne pouvaient tendre qu'à la
gloire de Dieu et à l'avancement spirituel des
deux amis. Saint Yrier avait communiqué à saint
Sour sa dévotion à saint Martin-de-Tours, et,
comme saint Yrier l'avait fait à Athane, saint
Sour introduisit le culte de saint Martin à Terrasson. Saint Sour avait communiqué à saint
Yrier sa dévotion à saint Julien-de-Brioude, et,
comme saint Sour l'avait fait à Terrasson, saint
Yrier bâtit près d'Athane, en un lieu appelé
Muniac, une église en l'honneur de l'illustre

---

(1) *Chronique de Geoffroy de Vigeois.*

martyr (1). Saint Sour a dû à son intimité avec saint Yrier d'être honoré dans la liturgie du diocèse de Limoges, et saint Yrier a dû à son intimité avec saint Sour d'être honoré dans la liturgie du diocèse de Périgueux (2).

Les deux antiques églises de Périgueux et de Limoges, comme deux sœurs étroitement unies, se plaisaient à faire cet échange de richesses spirituelles.

XXII.

Comment le bon saint Sour mourut, et comment son tombeau fut glorieux.

Bien des années s'étaient écoulées depuis que le bon saint Sour, d'ermite, vivant dans le fond d'une grotte, était devenu abbé d'un monastère

(1) Le P. Bonaventure, *Annales du Lim.* page 183.

(2) L'office de saint Yrier se trouvait dans l'ancien Bréviaire de Périgueux. Il fut supprimé dans celui de 1781. Le diocèse de Sarlat le conserva toujours; on le voit dans le *Propre* pour le Bréviaire romain, et dans le Bréviaire de 1776.

et chef d'une nombreuse société. Il était plein
de jours et, cependant, remarque le légendaire,
il semblait rajeunir, embelli par le charme de toutes les vertus et se montrant de plus en plus zélé
pour le service de Dieu. La faiblesse naturelle du
corps était rachetée en lui par les ardeurs de la
charité ; il en triomphait par l'abondance des
consolations spirituelles. Il méditait fréquemment
ces maximes de nos Livres-Saints : « Les souf-
» frances de la vie présente n'ont point de pro-
» portion avec la gloire qui sera un jour décou-
» verte en nous (1)... C'est par beaucoup de
» peines que nous devons entrer dans le royaume
» de Dieu (2)... L'œil n'a point vu, l'oreille n'a
» point entendu, et le cœur de l'homme n'a ja-
» mais conçu ce que Dieu a préparé pour ceux
» qui l'aiment (3). »

Ces enseignements de nos divines Écritures

---

(1) *Epître de saint Paul aux Rom.* ch. 8., v. 18.
(2) *Actes des apôtres*, chap. 14, v. 21.
(3) *Épît. de saint Paul aux Corinth.*, chap. 22, v. 29. —
Labbe et les Boll., *Vie de saint Sour.*

avaient étouffé en lui tout sentiment des joies terrestres et passagères, et tenaient son cœur toujours ardent et embrasé pour les biens célestes et durables. Il en faisait sa méditation habituelle, et son âme y trouvait des armes puissantes pour combattre le démon et remporter chaque jour les victoires dignes des couronnes éternelles. Ces enseignements, le fervent abbé les proposait aussi à cette armée de religieux, rangée sous son étendard de foi, d'abnégation et d'obéissance, et s'appliquait ainsi à lui donner la sainte émulation des combats du Seigneur.

Mais la fin inévitable à tout être créé commençait à se faire sentir à son corps affaibli par les macérations, et avertissait son âme, aimée de Dieu, qu'enfin le moment était arrivé de rompre les liens de la prison terrestre pour aller jouir des joies du ciel.

Dieu voulut favoriser son serviteur comme beaucoup d'autres saints : il lui fit connaître, par une révélation particulière, le jour et l'heure de sa mort (1). Une telle révélation ne peut être qu'agréable au juste : il s'est familiarisé, dans ses méditations fréquentes, avec la pensée de la mort, et son désir le plus ardent fut toujours de voir la dissolution de son corps pour se réunir à Jésus-Christ.

Ainsi avait été favorisé saint Front, l'illustre Apôtre du Périgord. « Dieu lui apparaissant au
» milieu d'une vive lumière, en la compagnie
» des Anges, pendant qu'il célébrait les saints
» mystères, lui avait annoncé que dans huit
» jours il l'appellerait à la récompense perpé-
» tuelle de ses travaux (2). »

Le bon saint Sour dut faire part à ses disciples de la révélation qu'il avait eue : il fallait les disposer à un événement qui, bien qu'attendu, devait leur causer la plus vive douleur. Un jour, il les rassemble et leur apprend sa fin prochaine ; il leur en parle en des termes qui ne laissent

(1) Le P. Labbe et les Bollandistes. *Vie de saint Sour.*
(2) Le P. Dupuy, *Estat de l'Eglise du Périgord.* — *Vie de saint Front,* sans nom d'auteur, imprimée à Bordeaux en 1612.

aucun doute sur la joie dont son âme est remplie. Ensuite il les exhorte à persévérer dans l'observance des saintes règles, dans la pratique de
l'humilité et de la charité; bases essentielles de
toute perfection.

Au jour et à l'heure fixés, le saint est saisi
d'une violente fièvre dont les progrès augmentent
sensiblement, et sont bientôt de nature à faire
présager une fin prochaine. Mais, plus son corps
s'affaiblit sous le feu qui le dévore, plus son
âme acquiert de vigueur et s'unit intimement à
Dieu, objet de son amour. Aussi le pieux agoni-
sant ne tarde-t-il pas à demander qu'on lui apporte le viatique du voyageur vers l'éternité, et
qu'on oigne son corps de l'huile sainte pour le
grand combat que l'athlète chrétien va soutenir.
Puis, empruntant le langage des Livres-Saints,
avec lesquels il était si familiarisé : « Hélas!
» s'écrie-t-il, que mon exil a été long! Que vos
» tabernacles sont aimables, Seigneur! Quand
» pourrai-je m'y reposer! »

Plus le saint athlète approche du but, plus

son âme est ardente et son cœur passionné pour l'atteindre. Mais sa charité pour ses frères ne se refroidit pas ; car, si le juste désire la mort, s'il la voit arriver avec bonheur, quelque ardente que soit son âme pour le ciel, il ne reste pas insensible à la pensée de se séparer des objets qu'il a tendrement aimés. Le bon saint Sour porte ses regards sur ses disciples qui l'entourent, aussi édifiés d'une agonie si calme et si résignée que consternés de la perte qu'ils vont faire. A cette vue, son cœur de tendre père s'émeut, et il s'empresse de consoler ses enfants.

« Ce n'est pas lui qui refuserait de porter » longtemps encore le poids du jour et de la cha- » leur ; mais Dieu l'appelle ; ses enfants ne res- » teront pas orphelins ; ils auront un autre père » pour continuer l'œuvre commencée. »

Il leur fait ensuite ses derniers adieux dans une dernière bénédiction, qui témoigne, tout à la fois, et de sa grande confiance en Dieu et de sa tendre charité pour ses frères.

Il avait cessé de parler, et voilà qu'une éclatante lumière, partie du côté de l'Orient, vient remplir la cellule du moine moribond, voltige autour de sa tête, et laisse dans tous les cœurs comme une exhalaison de l'odeur la plus suave.... L'âme du bon saint Sour était au ciel.

Dieu, remarque le légendaire, voulut prouver, par une fin favorisée d'un tel prodige, combien la vie de ce fidèle serviteur lui avait été agréable, combien sa mort était précieuse à ses yeux.

Le même prodige avait eu lieu à la mort de saint Front. Voici comment le raconte l'auteur que nous avons déjà cité : « Comme le jour de » son décès fut arrivé, saint Front ayant célébré » la messe, se prosterna devant l'autel de saint » Estienne; une lumière esclatante l'enveloppa, » et, parmy cette lumière, une voix fut ouye, » qui l'appelait à la couronne et au ciel, où son » nom estait escrit au livre de vie. Saint Front » rendit, pour la seconde fois, action de grâces » à la Très-Sainte-Trinité, et rendit l'âme à Dieu

» entre les oraisons et les pleurs de ses diocé-
» sains (1). »

Il nous a fait plaisir de constater cette unifor-
mité de priviléges entre saint Front et saint Sour,
bienfaiteurs tous les deux de notre Périgord :
saint Front en y fondant le christianisme, saint
Sour en y devenant l'un des créateurs de la vie
cénobitique; celui-là en présentant aux peuples
le flambeau de la Foi; celui-ci en les initiant à
la connaissance de ce qu'il y a de plus parfait,
et les encourageant, par ses exemples, à renoncer à tout pour suivre Jésus-Christ; saints illustres tous les deux, brillant au ciel comme les
étoiles au firmament, parce qu'ils enseignèrent
à plusieurs les voies de la justice et de la
sainteté.

Nous avons retrouvé, auprès de la couche fu-
nèbre du bon saint Sour, saint Amand et saint
Cyprien (2). Il est à présumer que notre saint,

(1) *Vie de saint Front,* ouvrage déjà cité.
(2) Labbe, — les Boll. — Le *Dictionnaire d'hagiographie,*
de M. Migne.

après avoir connu, par une révélation spéciale, le jour et l'heure de sa mort, en avait fait part à ses deux amis, et les avait invités à venir le voir, voulant s'encourager, par leur présence, dans un moment si solennel. Et saint Amand et saint Cyprien s'étaient empressés d'accourir, et ils étaient là, contemplant avec admiration leur vénérable ami; édifiés de sa patience, de sa douceur, de son humilité. La chaîne de l'amitié si pure qui les avait unis depuis leur plus tendre enfance, ne devait point se rompre par la mort de l'un des trois; mais le bon saint Sour allait en attacher au ciel le premier anneau; et, tandis que les religieux, disciples du saint abbé, pleuraient leur maître et leur père, saint Amand et saint Cyprien, le cœur plein de foi et d'amour, enviaient son bonheur, gémissant d'avoir à prolonger encore leur exil sur la terre.

Cependant, la nouvelle de la mort du bon saint Sour se répandit bientôt et attira à ses funérailles un grand concours de peuple. Saint Amand et saint Cyprien ne voulurent point laisser à d'autres le soin de rendre à leur ami le dernier devoir. Ils ensevelirent eux-mêmes son corps, qu'ils ne regardaient et ne touchaient qu'avec une sainte vénération, et qui fut inhumé, comme le rapporte la légende, en présence de tous les religieux et du peuple, dans l'église dédiée à saint Julien (1).

Dieu voulut rendre glorieux le tombeau de son serviteur. Le légendaire, après avoir parlé du lieu où fut enterré le corps du saint dont il a raconté la vie, termine de la sorte son récit : « Le » Seigneur Jésus, pour prouver la faveur dont » le bienheureux Sour jouissait auprès de Dieu, » a voulu honorer et illustrer son tombeau par » beaucoup de miracles. Le cercle restreint que » nous nous sommes prescrit ne nous permet » pas de raconter combien d'aveugles y recou-

(1) Les auteurs de la *Gallia-Christiana* commettent ici une erreur ; ils disent que saint Sour fut inhumé dans l'église de Saint-Julien, qui, par la suite, prit le nom d'*église de Saint-Sour*. L'église de Saint-Julien conserva toujours son nom. Terrasson eut, jusqu'en 1825, deux églises, celle de Saint-Julien et celle de Saint-Sour.

» vrèrent la vue, combien de malades et d'infir-
» mes la santé, combien de possédés y obtinrent
» leur délivrance, ni les autres bienfaits accor-
» dés à ceux qui sont venus y prier. Ce sont là
» les œuvres que votre toute-puissance, ô Dieu,
» notre Père, daigne opérer dans vos serviteurs,
» pour la gloire de votre Nom et la louange de
» votre Fils unique, notre Rédempteur ! »

Nous pouvons fixer la date de la mort du bon
saint Sour en l'année 580, au premier du mois
de février, jour auquel les diocèses de Limoges,
de Périgueux et de Sarlat ont toujours célébré
sa fête. Il était âgé de quatre-vingts ans : étant
né dans la première année de ce vi^e siècle; ayant
vécu environ soixante ans depuis sa sortie de
l'Auvergne et son entrée au monastère de Genouillac, et cinquante, à peu près, depuis le commencement de sa vie érémitique. L'histoire de
notre pays aurait dû le comprendre parmi les
hommes bienfaiteurs de l'humanité et créateurs
de la civilisation du commencement du moyen-
âge; elle a presque oublié son nom : sans doute

parce qu'il est des vertus que le monde ne saurait jamais dignement reconnaître. Il ne suffit
pas, en effet, à des hommes comme celui-ci,
d'une page dans l'histoire, d'une statue sur une
place publique, vaine image de ce qui n'est plus,
parlant plutôt pour la gloire de l'artiste que
pour le souvenir de celui qu'elle représente; car
voilà tout ce que le monde peut faire. Mais la
religion vient alors en aide à l'humanité et se
charge de payer pour elle la dette de la reconnaissance; elle s'empare des vertus et des noms
de ces hommes extraordinaires en œuvres et en
paroles, les inscrit dans ses diptyques sacrés,
impérissables, et place leur image sur ses autels. C'est ce qu'elle a fait pour notre bon saint
Sour.

XXIII.

*Comment le bon saint Sour fut très-honoré après
sa mort, et comment il l'a été jusqu'à nos jours.*

Les hommages rendus, dans tous les siècles,
à la sainteté du serviteur de Dieu, dont nous
venons de raconter la vie, commencèrent à Terrasson dès le jour même de sa mort, qu'une
mystérieuse lumière déclara précieuse aux yeux
du Seigneur. Le peuple, dont la voix était la
voix de Dieu et le seul mode de canonisation à
ces premiers siècles de l'Église (1), frappé de
l'éclat de ses vertus et des miracles opérés pendant sa vie et se renouvelant sur son tombeau,
le peuple commença, dès ce moment, à le vénérer comme saint. Il lui adressa des prières, et
Dieu, en les exauçant, témoigna que les hom-

(1) Le premier exemple de canonisation régulière prononcée
par le Pape, est de la fin du xⁱᵉ siècle. *(Ancien Sacramentaire,*
par Grand-Colas, p. 385, première partie.)

mages rendus à la sainteté de son serviteur lui
étaient agréables.

Il est probable que, dès ce moment aussi, ou
du moins peu d'années après, le culte de saint
Sour devint public et commun à toute la contrée. Il dut y avoir tous les ans, au jour anni-
versaire de sa mort, un grand concours de peuple autour de son tombeau. Nous en avons
encore un témoignage incontestable, que la
critique la moins indulgente ne pourra se refuser d'admettre : c'est l'existence de la foire,
dite de *Saint-Sour,* si célèbre dans tout le pays,
et qui a lieu le premier jour de février. Elle
porte avec elle un caractère religieux qu'il est
impossible de ne pas reconnaître, et nous trouvons son origine dans le concours annuel des pèlerins autour du tombeau de saint Sour.

Nous devons remarquer, pour nous faire mieux
comprendre, que, dans toute la chrétienté, les
foires d'une date ancienne sont fixées au jour où
l'Église célèbre la fête des patrons ou des saints
révérés dans le pays. Elles étaient, dans le prin-

cipe, des solennités ou des réunions purement
religieuses. Mais le commerce ne tarda pas à s'y
introduire; il y fut même appelé et encouragé
parce qu'il s'y trouvait, sous l'égide de l'Église
et des immunités monastiques, à l'abri des exac-
tions capricieuses et rapaces d'une foule de petits tyrans séculiers, appelés plus tard *seigneurs
féodaux*. Mais, peu à peu, la piété se refroidit,
le commerce prévalut, et aujourd'hui la plupart
de ces fêtes ne sont que des réunions purement
commerciales.

Telle fut, on ne peut en avoir le moindre
doute, l'origine de la foire de *Saint-Sour*, à Terrasson; son existence nous prouve l'antiquité
des hommages rendus à la mémoire du saint,
protecteur de la ville et de tout le pays. Du
reste, le commerce n'a pas tellement prévalu
dans la solennité religieuse, que nous n'ayons
bien encore tous les ans une image pieuse de
ce qui se pratiquait autrefois. Des étrangers,
voués à saint Sour, viennent en grand nombre,
ce jour-là, prier devant ses reliques; plusieurs

même nous demandent des messes en l'honneur du saint. Nous remarquons qu'ils sont, pour la plupart, privés de l'ouïe, et cela nous justifie l'assertion de la légende du *Propre* du diocèse de Sarlat : « Sur le tombeau de saint Sour, il s'o- » pérait des miracles éclatants en faveur surtout » des personnes affligées de la surdité (1). »

Mais nous pouvons établir, par des documents historiques qui remontent jusqu'au ix⁰ siècle, l'antiquité d'un culte public rendu à saint Sour.

Au xiv⁰ siècle, nous trouvons un testament de Raymond du Fraysse, daté du lundi après la fête de saint Barthélemy, 1333; le chevalier y recommande son âme à Dieu, à la sainte Vierge, à *saint Sour* et à tous les saints de Dieu (2).

L'hagiologue du monastère de Solignac, du xi⁰ siècle, rapporté par Claudius Estiennot, fixe au premier jour de février la fête de *saint Sour, confesseur* (3).

---

(1) *Ubi inter cœtera ejus miracula, sanantur hi, prœser-tim, qui surditate laborant.*
(2) Voir ce testament à la fin du volume.
(3) Mss. de la Bibliothèque impériale.

Un bénédictionnaire du séminaire de Limoges, du xiᵉ siècle, cité par l'abbé Legros (1), nous donne le nom de *saint Sour*, avec la qualification de *confesseur*.

Nous avons parlé, une fois déjà, des litanies d'un manuscrit de la bibliothèque impériale, provenant du monastère de Saint-Martial de Limoges, et que l'abbé Lespine croit être antérieur au xiᵉ siècle. On y trouve cette invocation : *Sancte Sur* (2), *ora pro nobis! Saint Sour, priez pour nous!*

Nous citerons encore une charte, du xᵉ siècle (940), de Bernard, comte de Périgord, et dont nous parlerons dans la *Notice historique*. En donnant l'abbaye de Terrasson à Adasius et aux moines qui voudront vivre sous l'autorité de cet abbé, le comte les exhorte à *bien servir Dieu et*

(1) Mss. de la Bibliothèque du séminaire de Limoges.
(2) Bibliothèque impériale, fonds Lespine, vol. 25, fol. 45. — Nous avons dit, au commencement de ce livre, pourquoi l'auteur de ces litanies a écrit *Sur*.

saint Sour, dont le corps, est-il dit, repose en ce lieu (1).

Nous citerons, enfin, le martyrologe d'Usuard et celui de saint Adon de Vienne, du ixe siècle. Nous y trouvons le nom de *saint Sour*, avec l'indication de sa fête au premier jour de février.

Nous voyons aussi que, dans ces mêmes siècles, la piété des peuples et des moines ne se contentait pas d'inscrire le nom de notre saint dans des légendes, des chartes, des prières, des martyrologes. Elle voulait avoir des monuments plus sensibles : elle lui consacrait des églises, des oratoires, des autels. Outre l'église de notre monastère primitif, qui était des premières années du viie siècle, nous pouvons citer l'église paroissiale de Saint-Avit-de-Vialard (2), une chapelle sur les bords de la Vézère, dans la paroisse

(1) Bibliothèque impériale, fonds Lespine, vol. 25, fol. 47.
(2) Dans le canton du Bugue, diocèse de Périgueux.

de Tayac (1), et un autel dans l'église du monastère d'Uzerche (2).

Ces divers documents nous prouvent que déjà, au ixᵉ siècle du moins, notre saint patron recevait les hommages d'un culte public, et nous voyons là une raison assez légitime de croire qu'il en avait été de même dans les siècles antérieurs.

A ces témoignages, nous ajouterons celui des liturgies des diocèses de Périgueux et de Limoges, qui sont des plus anciennes de France ; elles ont consacré à la vénération de saint Sour une fête

---

(1) Dans le canton de Saint-Cyprien, diocèse de Périgueux. Il ne reste plus rien, aujourd'hui, de cette chapelle ; mais, d'après ce qu'on nous en a dit, elle devait remonter aux premières années du xiiiᵉ siècle. On montre, non loin de l'emplacement où elle était, une grotte appelée *Grotte-de-Saint-Sour* ; un village de la même paroisse de Tayac porte le nom de *Pech-de-Saint-Sour* (*Podium-Sancti-Sori*), et à quelques lieues de là, en descendant la Vézère, on trouve, à Limeuil, le *Passage-de-Saint-Sour*. Il y a, évidemment, dans tout cela, les traces d'un culte spécial rendu à saint Sour. Notre saint aurait-il habité dans ces contrées ? Rien, dans sa légende, ne nous l'indique. On peut croire qu'un moine de l'abbaye de Terrasson, désireux de la vie solitaire, se sera retiré dans ces lieux et y aura apporté le culte de son saint patron.

(2) Le P. Bonaventure, *Annales du Limousin*, p. 372.

particulière; et lorsque l'évêché de Sarlat, en
1317, fut créé d'une fraction de celui de Périgueux, notre saint fut mis au nombre des saints
protecteurs du nouveau diocèse.

Après tous ces documents et tous ces témoignages, on a lieu de s'étonner que le martyrologe de Baronius, celui que l'Église romaine
suit actuellement, ne parle point de saint Sour.
Cela ne peut être, évidemment, que le résultat
d'un oubli; car, ainsi que nous venons de le
dire, le nom de saint Sour se trouve dans le
martyrologe d'Usuard, et ce martyrologe seul
faisait foi auprès de l'Église romaine avant la
publication de celui de Baronius.

Mais l'oubli de Baronius affaiblirait-il la voix
de treize siècles proclamant la sainteté et le
culte de saint Sour? Rendrait-il moins imposante
cette longue succession de priviléges accordés à
ceux qui ont invoqué saint Sour, priviléges que
les pères ont racontés à leurs enfants, et que nous
racontons, à notre tour, à la génération qui s'é-
lève? Nous ne le pensons pas. Il nous semble,

au contraire, que parmi les saints qui ont vécu avant la fin du XIe siècle, c'est-à-dire avant l'époque de la canonisation régulière par un jugement de l'Église, il serait difficile d'en trouver un dont la sainteté et le culte soient mieux établis.

Toutefois, l'oubli de Baronius a été réparé par l'Église romaine, elle-même, et nous ne négligerons pas de mentionner ce dernier témoignage d'une autorité devant laquelle toute langue doit se taire et toute volonté se soumettre. Un nouveau *Propre des saints* du diocèse de Périgueux, a été composé pour la liturgie romaine; il est revêtu de l'approbation du Saint-Siége, et nous y avons conservé la fête de saint Sour, non sans difficulté, nous a-t-on dit, mais enfin nous l'y avons conservée, et il nous est permis de nous agenouiller, comme faisaient nos pères, devant l'image de notre saint patron, et de laisser dire à notre cœur et à nos lèvres :

Bon saint Sour, priez pour nous!

Mais si, dans tous les siècles, notre saint a été

honoré par la piété des fidèles, un fait traditionnel et souvent renouvelé nous démontre qu'à
Terrasson et dans toute la contrée, il a été plus
spécialement regardé comme le bienfaiteur du
pays; veillant, du haut du ciel, à la fertilité de
nos terres, dans le principe défrichées par ses
mains, et qu'il a été plus particulièrement invoqué dans les temps de sécheresse. C'est alors que
son culte acquiert une pompe, une solennité qui
rappelle les plus beaux jours de la piété et des
démonstrations religieuses du moyen-âge.

Nous avons nommé les processions des reliques de saint Sour et leurs stations au rocher qui
porte le nom du saint, à Lavilledieu et à Pazayac;
voici comment elles ont lieu :

Lorsque les récoltes souffrent de la sécheresse,
les cultivateurs des différents villages, chez lesquels s'est perpétué le souvenir des bienfaits de
saint Sour, s'assemblent, se concertent, et, le
dimanche qui suit, quelques-uns d'entre eux vont
trouver le curé de la paroisse, lui expriment
l'état de souffrance des récoltes, et lui deman-

dent les processions du *corps du bon saint Sour*.

Ce jour-là même, M. le curé écrit à Mgr l'évêque pour lui faire part du vœu des cultivateurs, et obtenir l'autorisation nécessaire pour l'exposition et les processions traditionnelles des saintes reliques.

Le jeudi suivant, jour du marché de Terrasson, le crieur public annonce, dans les divers quartiers de la ville, les trois processions, et invite les habitants des paroisses voisines à venir y assister.

Le dimanche d'après, elles sont encore annoncées au prône de la messe paroissiale, et, immédiatement après cette messe, les reliques du saint sont exposées sur l'autel de la chapelle où elles reposent habituellement.

Les trois processions ont lieu le lundi, le mercredi et le vendredi, et la station se fait le premier jour au rocher de Saint-Sour, le second à Lavilledieu, le troisième à Pazayac.

Une première messe est dite, avant le départ, dans l'église paroissiale, et une seconde, dès l'arrivée, dans l'église ou chapelle de la station.

Comme la dernière procession va un peu loin et dure au moins cinq à six heures, il est accordé, après la messe de la station, quelques minutes pour un déjeuner frugal que chacun fait avec les aliments qu'il a apportés.

Les saintes reliques restent exposées dans l'intervalle des processions et jusqu'au dimanche. Ce jour-là, après les vêpres, elles sont replacées dans leur tombeau, et le *Te Deum* est chanté en action de grâces, car rarement les vœux des cultivateurs n'ont pas été exaucés.

Nous nous sommes souvent édifié au spectacle touchant qu'offrent ces processions; la première fois surtout que nous fûmes invité à les faire, nous dûmes admirer la foi, simple et naïve comme celle des premiers siècles, de nos bons cultivateurs.

C'était vers le milieu du mois de mai 1839. Déjà les deux premières processions avaient été faites; nous étions partis pour la troisième par un temps magnifique, un ciel des plus purs, désespérant pour des pèlerins qui vont demander la pluie. Au retour, la procession, composée de plus de trois mille personnes, se développait majestueuse, sur deux files, le long de la route qui traverse en ligne directe la plaine entre Pazayac et Terrasson. Tout à coup un petit vent se lève, — un nuage apparaît, — il grossit, — tous les cœurs s'épanouissent à la joie. Bientôt quelques gouttes d'eau nous arrivent, — elles augmentent, et, en un instant, ces deux files qui tenaient en longueur plus d'un kilomètre sont couvertes de parapluies. — Ce spectacle nous émut jusqu'aux larmes.

Telle est la foi de nos bons agriculteurs; aucun d'eux ne se permettrait d'assister à ces processions, même par le plus beau temps, sans prendre son parapluie. Il y a dans cette foi quelque chose de semblable à celle qui doit transporter les montagnes. Elle ne peut provenir que d'une suite de faits analogues (1), souvent

_____

(1) Souvent, nos vieillards nous ont raconté à nous-même,

renouvelés, recueillis par chaque génération et racontés à la génération suivante.

Nous étions depuis quelques mois seulement curé de Terrasson; nous connaissions peu les usages, et seul nous avions négligé de prendre l'instrument protecteur, accessoire jugé indispensable lorsqu'on assiste à une procession des reliques de saint Sour.

Mais à quelle époque ces processions, qui ont eu lieu de temps immémorial, prirent-elles naissance? Il est à présumer que ce fut sur le tombeau même du saint, et le jour que son corps fut exhumé de l'église de Saint-Julien pour être placé dans l'église du monastère, bâtie en son honneur. Car, ainsi que nous avons eu occasion de le dire, il était d'usage, dans la translation des reliques, de les porter dans les lieux illustrés par la présence du saint qu'on vénérait, ou

---

et plusieurs les larmes aux yeux, les faits dont ils furent témoins dans leur jeunesse : la foi du peuple toujours récompensée de la faveur d'une pluie immédiate et abondante, dans ces processions du *corps du bon saint Sour.*

quelque miracle opéré par sa vertu. Ces pérégrinations pieuses durent être la première expression de *la voix du peuple,* s'élévant de toute
la contrée pour rendre témoignage à la sainteté
du serviteur de Dieu ; et, perpétuées jusqu'à
nos jours, elles nous racontent, elles aussi, et
dans un langage facile à comprendre, la vénération de treize siècles.

Nous constaterons ici un autre témoignage de
la piété envers saint Sour, et ce témoignage,
nous le prenons à la pure source des vraies traditions, sur les lèvres du peuple, sur ces lèvres
qui ne prononcent point le mensonge, mais parlent d'après l'abondante simplicité du cœur. Ce
témoignage, c'est la naïve qualification de *bon*
que le peuple joint toujours à la qualification de
saint : le bon saint Sour. Nous en avons déjà dit
un mot au commencement de cet ouvrage. Cette
manière de s'exprimer ne peut provenir que de
l'habitude d'honorer et de prier le saint, et de
l'habitude d'avoir été promptement exaucé lorsqu'on l'a honoré et prié.

On a diversement qualifié les hommes qui ont joué dans le monde un rôle important. A plusieurs, on a donné le titre de *grand*, à quelques-uns le titre de *bon*. Nous préférons ce dernier à tout autre. Le titre de *grand*, c'est l'admiration qui l'a décerné, et il a pu s'acquérir tout en faisant couler bien des larmes; le titre de *bon*, c'est la reconnaissance et l'amour qui le décernent, et il ne peut s'acquérir qu'en séchant les larmes ou les empêchant de se répandre.

Le bon saint Sour ! Il y a là tout le panégyrique de notre saint, mais le panégyrique le plus sublime et le plus vrai.

Le bon saint Sour ! En parlant ainsi, le peuple s'honore lui-même; il exprime son amour et sa reconnaissance. Et c'est pour cela qu'en écrivant cette Vie nous avons toujours employé la populaire qualification ; le pasteur ne doit pas avoir moins d'amour, moins de reconnaissance que le troupeau.

XXIV.

Comment l'église de Terrasson possède les reliques du bon saint Sour, et comment elles sont authentiques.

L'église de Terrasson possède, dans une châsse du xve siècle, richement sculptée, des ossements antiques, et le nombre à peu près qu'il faut pour composer un corps humain. On les appelle, dans le langage du peuple, *Le corps du bon saint Sour*.

Ces ossements ont toujours été, à Terrasson, l'objet d'un culte spécial; il est de notre devoir d'établir qu'ils sont les vraies reliques, *le vrai corps du bon saint Sour*. Ce devoir, la piété des fidèles et la gloire de notre saint patron nous l'imposent; sous l'un et l'autre rapport il nous est également doux de le remplir.

De prime abord, la question que nous allons traiter paraît délicate, épineuse, et semble offrir les plus grandes difficultés; mais les documents qu'il nous a été donné de recueillir nous apportent une preuve certaine, évidente, de nature à laisser dans tout esprit qui raisonne la plus intime conviction.

La question est celle-ci : Le corps du bon saint Sour fut-il conservé par nos moines, dans l'église de leur abbaye, jusqu'en 1789, époque de leur suppression? — Les ossements que nous possédons aujourd'hui sont-ils les mêmes ossements, le même corps du bon saint Sour que nos moines possédaient? La réponse sera la démonstration de l'authenticité.

Nous ne pouvons préciser l'époque où le corps du bon saint Sour fut exhumé de l'église de Saint-Julien; mais ce fut, probablement, peu d'années après sa mort, lorsque les moines, ses disciples, voulurent avoir les restes de leur saint fondateur dans la magnifique église qu'ils lui avaient consacrée. Des documents historiques nous permettent de constater qu'ils ne cessèrent pas d'en être les possesseurs et les gardiens depuis ce moment jusqu'en 1789. Nous voyons, en effet, dans l'abbaye de Terrasson, ces précieuses reliques, ce corps vénéré, à quatre époques différentes : en 841, 940, 1686 et 1771.

En 841, le corps du bon saint Sour est enterré derrière l'autel de l'église de l'abbaye pour être soustrait à la fureur des Normands (1).

En 940, il est fait mention du corps du bon saint Sour dans une charte que nous avons déjà citée, par laquelle Bernard, comte de Périgord, donne à l'abbé Adasius l'abbaye de Terrasson. Nous trouvons dans cette charte ces paroles remarquables : « Que les moines de cette abbaye » s'appliquent à bien servir Dieu et saint Sour..... » *dont le corps repose en ce lieu* (2). »

En 1686, quelques parcelles des reliques du bon saint Sour sont envoyées par nos moines,

(1) Mss du xIIe siècle, conservé à la Biblioth. imp. et coté n° 10307-5. — M. Capefigue, *Essai sur les invasions maritimes des Normands dans les Gaules*, p. 400-410.
(2) Voir cette charte dans la notice hist. et à la note D.

nous en parlerons bientôt, à des religieux-ermites de Cahors.

En 1771, le corps du bon saint Sour est visité et examiné avec soin par l'abbé Leydet, et voici ce qu'il en a écrit : « J'ai vu la relique de saint
» Sour que l'on conserve dans une châsse en
» bois peint et doré en divers endroits ; on la tient
» dans un tombeau de bois élevé au-dessus de
» terre, dans la chapelle à gauche qui appartient
» à la maison de Monmége. On n'a aucun acte
» ancien qui constate l'authenticité de la relique ;
» on n'a que la tradition du pays et la foi du
» peuple, qui est fort grande. Les derniers évê-
» ques ont autorisé la dévotion qu'on a à cette
» relique, qui est très-bien conservée et très-en-
» tière ; on y retrouve tous les ossements, qui
» paraissent avoir appartenu à un fort grand
» corps. La jonction des deux pariétaux de la
» tête est extrêmement liée et semble ne faire
» qu'un seul os. La tradition du pays apprend
» que cette relique s'est conservée pendant les

» guerres civiles sous l'autel où on l'avait cachée

» pour la dérober aux sectaires (1). »

Nous ignorons quel *acte ancien* désirait Leydet pour constater l'authenticité de cette relique. La possession de douze siècles, une possession non interrompue depuis le jour de la mort du saint jusqu'en 1771, n'était-ce pas un *acte* assez *ancien*, une preuve suffisante d'authenticité?

Les citations que nous venons de faire établissent que la possession ne fut pas un instant interrompue. A ceux qui voudraient le nier resterait la tâche un peu difficile de prouver que, dans un temps, les vraies reliques de saint Sour furent enlevées des mains de nos moines, et que d'autres ossements leur furent substitués.

Cette tâche serait, disons-nous, un peu difficile. On n'ignore pas, en effet, le prix attaché, dans les premiers siècles de l'Eglise et dans toute la période du moyen-âge, à la possession des

_____

(1) Biblioth. imp., mss Leydet dans le fonds Lespine, vol. xxxv, fol. 140.

restes vénérés des martyrs et des saints. Les reliques étaient pour les fidèles comme pour le
clergé, pour les rois comme pour les peuples,
l'or épuré, la perle précieuse, le riche diamant :
on les entourait des précautions les plus minutieuses pour ne pas les perdre ou se les voir enlever. Avec quels soins n'étaient-elles pas gar-
dées dans les monastères et dans les églises ! Le
lieu où on les renfermait s'appelait *le trésor* : dénomination qui nous indique tout à la fois et l'estime qu'on en faisait et les soins qu'on devait
prendre pour les conserver.

Quant à celles du bon saint Sour, il ressort
évidemment des processions traditionnelles dont
nous avons parlé, que toujours elles furent, à
Terrasson, l'objet d'un culte spécial, et que l'œil
des moines et du peuple ne les perdait pas pour
ainsi dire un seul instant de vue. Il n'eût pas été
facile, ce nous semble, ni peut-être sans quelque
danger, d'entreprendre de les leur ravir.

Mais ce n'était pas seulement à Terrasson
qu'on avait foi à ces reliques, qu'on appréciait

leur vertu ; des fragments en avaient été donnés
au monastère d'Uzerche et à quelques églises (1), et, d'après des pièces authentiques que
nous avons en main, elles recevaient à Cahors,
vers la fin du xviie siècle, un culte solennel et
public. C'était le 17 janvier 1687 ; les habitants
de cette catholique cité gravissaient, par petits
groupes et pieusement recueillis, la montagne
qui les domine du côté de l'Occident. Il y avait
là un antique Ermitage habité par des religieux
connus sous le nom d'*Ermites de Sainte-Quitterie*,
et ce jour-là l'hommage de la vénération était
rendu, pour la première fois dans leur église,
aux reliques de trois illustres saints. Ces fervents
disciples de saint Antoine (2) avaient sollicité
comme une grande faveur et obtenu des moines

(1) Dans l'énumération des reliques vénérées dans le monastère d'Uzerche ; Cl. Estiennot cite celles de saint Sour. (Biblioth. imp., mss. *Antiquitates benedictinæ Lemov.*, tome ii,
fol. 86.) — L'église de Chavagnac possède un os que la tradition attribue à saint Sour.
(2) Les ermites de Sainte-Quitterie reconnaissaient saint
Antoine pour patron et fondateur de leur ordre.

de Terrasson, quelques parcelles des reliques de saint Sour, de saint Antoine et de saint Jean-l'Ermite ou le Silencieux, et l'évêque de Cahors en avait autorisé l'exposition et la vénération. Mais ils n'avaient pas voulu jouir seuls de leur *trésor;* par un imprimé, affiché et publié dans toute la ville, ils avaient « invité le peuple à se » rendre dans l'église de l'Ermitage pour y ho- » norer saint Antoine, saint Sour et saint Jean- » l'Ermite, nouveaux protecteurs de la ville et » de tout ce pays (1). »

Ainsi étaient appréciées et honorées, à Terrasson et ailleurs, les reliques du bon saint Sour. Elles étaient, à Terrasson, le *trésor* des moines et le *trésor* du peuple, et la foi du peuple à leur vertu était grande, on vient de nous le dire; les moines et le peuple n'auraient-ils pas veillé à leur conservation?

Il est bien arrivé, dans des temps de troubles

(1) Voir à la fin du vol., à la note C, la copie des pièces authentiques.

et de guerres civiles, que des reliques aient disparu des monastères et des églises où elles étaient conservées; on a su toujours par quelle cause, par quel accident. On sait comment Sarlat perdit le corps de saint Pardoux et le corps de saint Sacerdos; Périgueux, celui de saint Front; Limoges, celui de saint Martial; mais rien dans les chroniques, rien dans les traditions du pays ne nous indique un enlèvement ou une substitution à l'égard du corps du bon saint Sour.

Nous savons bien, et nous aurons lieu de le raconter, que, pendant ses douze siècles d'existence, notre abbaye eut à subir plusieurs désastres dans les guerres incessantes du moyen-âge et dans les guerres dites *de Religion*; mais les documents, pour l'affirmer, nous manqueraient-ils, nous devrions toujours supposer qu'à Terrasson les moines et le peuple lui-même faisaient, pour conserver leurs saintes reliques, ce que nous voyons avoir été fait, en semblables circonstances, dans les autres monastères et dans les autres villes. A l'approche de l'ennemi, à l'appréhension

du moindre danger, les moines et le peuple son-
geaient avant tout à mettre *leur trésor* en lieu de
sûreté. Ainsi, pour ne prendre nos exemples que
dans le voisinage, voyons-nous qu'au neuvième
siècle, lors de l'irruption des Normands, les reliques de saint Martial furent transportées de Limoges dans le château-fort de Turenne et placées sous la sauvegarde du Vicomte (1); celles de
sainte Madegolde au couvent de Vigeois; celles
des saints Innocents dans l'antique château d'A-
lassac; celles de saint Sigolène à Colonges, près
de Meyssac (2). Ainsi furent cachées à Périgueux
celles de saint Front et de saint Frontaise. « De
» toutes parts, dans le Périgord, dit le P. Dupuy,
» on transportait et fuyait les saintes reliques, à
» cause que les Normands sacriléges en voulaient
» spécialement aux corps saints des chrétiens(3).»
Supposerait-on, par hasard, que les moines de
notre abbaye restaient alors indifférents, et ne

(1) Leymonerie, *Hist. de Brive*, p. 28 et 29.
(2) Marvaud, *Hist. du Bas-Limousin*, t. i, p. 200 et p. 88.
(3) *Estat de l'Eglise du Périgord*, t. i, p. 200.

prenaient aucune mesure pour conserver le corps
du bon saint Sour ?

On signale dans l'histoire de notre pays deux
époques désastreuses entre toutes et funestes aux
reliques des saints : le neuvième siècle, lors de
l'invasion des Normands, et le seizième siècle,
lors de l'invasion des Huguenots. Ces deux invasions également barbares apportèrent dans notre
abbaye le pillage, l'incendie, la destruction. Mais
les chroniques, en nous racontant ces malheurs,
ont eu soin de nous dire comment avait été sauvé
le corps du bon saint Sour. Au neuvième siècle,
il fut enterré derrière l'autel, *fu sevelis trâ louta,*
comme s'exprime le manuscrit que nous avons
déjà cité, et, cent ans plus tard, le comte de Périgord invitait les moines de l'abbaye à vénérer
ce *corps qui reposait en ce lieu.* Au seizième siècle, il fut caché sous l'autel, comme l'atteste la
tradition, écrivait Leydet, et, un siècle plus
tard, des parcelles de ce corps étaient envoyées
aux ermites de Sainte-Quitterie. Dira-t-on qu'en
841 et 940 nos moines cachaient et vénéraient

un corps de l'authenticité duquel ils n'étaient pas certains? Dira-t-on qu'en 1686 ils voulurent tromper leurs confrères de Cahors, en leur envoyant des reliques de l'authenticité desquelles ils devaient avoir quelque doute?

A moins de nier tout motif de certitude, tout moyen de s'assurer de l'existence des faits historiques, on doit convenir que le corps du bon saint Sour resta au pouvoir de nos moines depuis le jour de sa mort jusqu'à l'année 841, jusqu'à l'année 940, jusqu'à l'année 1686, jusqu'à l'année 1771, jusqu'à la veille de 1793; cette autre grande époque désastreuse, plus funeste que toutes les autres à la religion et aux choses saintes.

Mais que devinrent alors nos saintes reliques? Que devinrent-elles lorsque les moines furent dispersés et que leur église fut dévastée et convertie en une salle de club? Voici ce que nous avons recueilli de la bouche des anciens :

Lors du ravage de l'église, les saintes reliques allaient être profanées, déjà même un premier coup avait été donné pour briser la châsse qui les renfermait; mais un prompt et vigoureux châtiment infligé par l'un des assistants à l'auteur de cette première tentative, rappela le respect que l'on devait avoir pour les reliques du bon saint Sour; on se contenta de les jeter avec la châsse dans le caveau qui est sous la chapelle nommée aujourd'hui *Chapelle de Saint-Sour*. C'est de là qu'elles furent retirées lorsque, après l'orage qui avait menacé de tout renverser en France, l'église fut rendue au culte.

Hâtons-nous de le dire, aucun doute ne s'éleva alors au sujet des saintes reliques : chacun savait comment elles avaient été conservées; et le peuple, en retrouvant son église, son autel, sa religion, retrouva également sa croyance au corps du bon saint Sour, et bientôt il en réclama les processions traditionnelles.

Mais pourquoi avons-nous rappelé le souvenir d'une époque à jamais déplorable? Pourquoi citer le témoignage des anciens? Qu'importe ce qu'on put faire, alors où rien n'était sacré. N'avons-nous pas une preuve certaine, évidente, palpable à la main, visible à l'œil, que nos saintes reliques, notre corps du bon saint Sour que nous possédons aujourd'hui, sont les mêmes reliques, le même corps que nos moines possédaient avant 1793?

Sachons gré à M. l'abbé Leydet de nous avoir fait, en 1771, la description, le signalement pour ainsi dire des ossements que les moines attribuaient alors à saint Sour. Grâce à lui, nous ne pouvons avoir aucun doute; la vérité nous apparaît dans son plus grand jour.

Prenons en main ce signalement; examinons et comparons......

C'est bien la même *châsse en bois peint et doré en divers endroits.* — Ce sont bien les mêmes *ossements qui paraissent avoir appartenu à un fort grand corps.* — C'est bien la même tête dont *la jonction des deux pariétaux est extrêmement liée et semble ne faire qu'un seul os* (1).

_____

(1) La châsse est en bois de noyer et faite en forme de cer-

Il est vrai que l'examen attentif de ces ossements découvre entre eux quelque dissemblance
quant à la couleur; mais ils *paraissent* tous *avoir
appartenu à un fort grand corps.* La différence de
couleur pourrait s'attribuer à des causes purement naturelles ; nous aimons mieux croire
qu'il y a là, dans la même châsse, avec les ossements de saint Sour, d'autres précieuses reliques. Pour autoriser notre croyance, il nous suffit de savoir que nos moines possédaient, outre
le corps de saint Sour, quelques ossements de
saint Antoine et de saint Jean-l'Ermite. Ils en
possédaient assez pour en faire part aux Ermites
de Cahors. Mais quels étaient ces ossements? Il
nous est parlé d'un bras de saint Antoine (1).

---

cueil. Les peintures et les dorures, surtout, sont considérablement altérées. Elle devait être enrichie, aux deux bouts et le
long du couvercle, de lames de cuivre, peut-être d'argent,
peut-être d'or. Nous ne savons à quelle époque ces lames ten-
tèrent la cupidité; mais il est très-probable qu'elles n'y étaient
déjà plus en 1771 : elles n'auraient pas échappé à l'attention
de Leydet.

Nous rendrons bientôt à cette précieuse châsse sa peinture,
sa dorure et ses lames d'argent.

(1) Voir, à la fin du volume, la note A.

Quels étaient les autres? Quel en était le nombre? Nous l'ignorons ; mais les moines les possédaient en 1686.

Il est très-probable qu'on gardait ces ossements dans le même *trésor* et dans la même châsse que les reliques de saint Sour, et qu'ils y étaient en 1793. Ils peuvent y être encore aujourd'hui (1).

Nous mettrons fin à cette démonstration par un raisonnement emprunté à l'abbé Fleury, l'auteur de l'*Histoire de l'Eglise* : « Nous devons con-
» venir, dit cet historien, que dans les siècles
» d'ignorance et de superstition il a pu s'intro-
» duire bien des abus dans l'admission trop fa-
» cile des reliques, et pour ce motif nous ne de-
» vons les recevoir aujourd'hui qu'avec un dis-

---

(1) Outre les reliques renfermées dans la châsse, nous avons, dans un petit reliquaire en cuivre, une parcelle d'os de saint Sour. Cet os est plié dans une étoffe de soie; on y lit : *Sancte Sore, ora pro nobis*. L'écriture est ancienne et semble remonter au moins au xvii⁰ siècle. On se servait de ce reliquaire, comme nous nous en servons encore, pour recevoir à l'offrande les pèlerins qui venaient prier saint Sour. Comment s'est-il conservé? Nous l'ignorons.

» cernement et une réserve extrêmes, celles sur-
» tout qui, après avoir été cachées pendant plu-
» sieurs siècles, n'ont paru que dans des temps
» d'ignorance, ou que l'on prétend avoir été ap-
» portées de fort loin, sans qu'on sache ni com-
» ment elles en sont venues, ni comment elles
» avaient été conservées ; mais je sais qu'il y en
» a plusieurs de très-certaines, savoir : celles des
» saints patrons de chaque ville qui y sont morts,
» et qui ont toujours été honorés depuis : comme
» à Paris celles de saint Denys, de saint Marcel,
» de sainte Geneviève (1) ; » comme à Terrasson, ajouterons-nous, celles de saint Sour, car
ce saint a vécu à Terrasson, *il y est mort,* et ses
reliques n'ont pas cessé jusqu'à nos jours *d'y être
honorées ;* nous savons comment *elles ont été conservées,* comment elles sont arrivées jusqu'à nous.

Résumons en deux mots tout ce que nous venons de dire :

Nous possédons les mêmes reliques que les

_____

(1) *Hist. de l'Eglise,* tom. IX, p. X et XI.

moines possédaient; nous les possédons comme
eux par le droit que donne la tradition, mais une
tradition établie sur des documents historiques,
certains, incontestables ; voilà notre titre : il
porte un sceau irrécusable qui le met à l'abri
du doute, le sceau que treize siècles lui ont imprimé en payant à ces reliques leur tribut de vénération. Nous les croyons les vrais restes de
saint Sour, comme le croyaient les moines,
comme le croyaient nos pères, comme le croyaient
leurs aïeux, comme nous voyons qu'on l'a toujours cru, en remontant la chaîne des âges jusqu'à la tombe creusée sous le pavé de l'église de
Saint-Julien.

Le Seigneur soit béni de nous avoir conservé
ce précieux trésor de notre église, ce *corps du
bon saint Sour,* ces ossements vénérés qui, après
treize siècles, conservant encore le souffle de
l'Esprit de Dieu, parlent et prophétisent; devant
lesquels le peuple aime aujourd'hui, comme il
aimait autrefois, comme il aima toujours, à s'a-
genouiller et à prier!

CONCLUSION.

Nous avions promis de faire connaître le bon saint Sour, et nous avons rempli la tâche que nous avait imposée la piété de notre troupeau. Daignent Jésus et Marie bénir ces pages, écrites d'une main peu sûre, il est vrai, mais dans l'espoir d'être utile aux âmes qui nous sont confiées!

Et maintenant nous vous invoquerons, protecteur bien-aimé de notre troupeau, non moins aimé du pasteur! nous vous invoquerons, et vous écouterez notre prière.

Nous avons raconté votre nom, vos vertus et vos travaux à nos frères, et ils vous béniront, le soir au foyer domestique, et dans leurs pieuses assemblées. Saint Patron, priez toujours pour le troupeau et pour le pasteur!

O vous, qui avez tout quitté pour marcher, à
la voix du Seigneur, vers des régions lointaines
et y mener une vie pénitente et mortifiée, Saint
Patron, priez toujours pour le troupeau et pour
le pasteur !

Vous, qui vous êtes caché, comme la douce
colombe, dans le creux du rocher, pour y aimer
Dieu d'un plus pur amour, Saint Patron, priez
toujours pour le troupeau et pour le pasteur !

Vous, qui avez enseigné à de nombreux disciples les voies de la justice et de la sainteté, et
qui brillez au ciel comme les étoiles au firmament, Saint Patron, priez toujours pour le troupeau et pour le pasteur !

Vous, qui avez arrosé de vos sueurs la terre
qui nous donne le pain de chaque jour; vous,
qui nous obtenez les douces pluies qui la fécondent et la fertilisent, Saint Patron, priez toujours pour le troupeau et pour le pasteur !

Vous, que le peuple appelle *bon*, qu'il aime
et qu'il invoque; vous, dont il vénère les pré-

cieuses reliques, Saint Patron, priez toujours
pour le troupeau et pour le pasteur!

Faites que nous aimions Dieu comme vous
l'avez aimé, par-dessus tout! Et quand viendra
pour chacun de nous l'heure de la délivrance,
faites que notre mort soit comme la vôtre,
douce et précieuse au regard du Seigneur!
Saint Patron, priez toujours pour le troupeau
et pour le pasteur! Ainsi soit-il!!!

FIN

DE LA VIE DE SAINT SOUR.

NOTICE HISTORIQUE

SUR L'ABBAYE DE TERRASSON

NOTICE HISTORIQUE

L'ABBAYE DE TERRASSON

Depuis sa fondation au sixième siècle, jusqu'en 1793.

———

« Il n'y a qu'un Dieu, qu'une Foi, qu'un Baptême (1); » il n'y a non plus qu'un Etat-Religieux : il remonte aux premiers jours du Christianisme. Arbre mystique planté par la main de Jésus-Christ, lui-même, il a grandi et s'est développé sous les yeux de l'Eglise. Il a pu produire des ramifications sans nombre, mais elles n'ont cessé de recevoir toutes le suc du principe divin posé par le Sauveur : *Le renoncement au monde et à soi-même.*

(1) Saint Paul, *Epît. aux Eph.*, ch. 4, v. 5.

Ce principe devait être fécond pour le bien de l'humanité ; aussi tous les effets qu'il a produits, n'importe à quelles époques et sous quelles formes, ont porté avec eux un même cachet de civilisation et de science, que tout le monde connaît, et dont il est inutile d'énumérer les bienfaits.

Donc, écrire l'histoire de l'Abbaye de Terrasson, montrer la part qu'elle prit, dans sa petite sphère, à la régénération de tout un pays, à une époque où le monde se refaisait par le Christianisme, serait écrire l'histoire de toutes les abbayes et de toutes les institutions monastiques ; telle n'est pas notre intention.

C'est, tout simplement, un aperçu, une esquisse que nous voulons donner d'une Abbaye qui eut douze siècles d'existence. De patientes et laborieuses recherches nous ont fait découvrir des documents ignorés ; nous allons les classer à la suite les uns des autres, suivant leur ordre chronologique, sans trop nous préoccuper du plus ou moins de liaison, de rapport, qu'ils peu-

vent avoir entre eux. Peu de personnes les con-
naissent; ils feront plaisir à tous.

I.

525 — 940.

Au sixième siècle (de 525 à 530), un pieux
solitaire s'établit dans les grottes de Terrasson.
Il voulait s'y dérober au monde, mais l'éclat de
ses vertus le trahit; les peuples allèrent le visiter et, ne connaissant pas son nom, ou, peut-
être, l'oubliant pour ne songer qu'à son genre
de vie, ils l'appelèrent *Sour*, c'est-à-dire *Anachorète* (1). Plus tard, la voix de ces mêmes peuples, sanctionnée par la voix de l'Eglise, lui dé-
cerna le titre de *saint*.

Saint Sour, voyant venir à lui la foule, avide
de lui parler et de l'entendre, se forma quelques

---

(1) Voir ce que nous avons dit de ce nom, pages 1, 2, 3 et
suivantes.

disciples, pour lesquels la générosité de Gontran, roi de Bourgogne, guéri miraculeusement de la lèpre, lui permit de bâtir un *Xenodochium* et, plus tard, un monastère.

Saint Sour avait donné à ses disciples, vers les dernières années de sa vie, la règle de saint Benoît; il les gouverna jusqu'à sa mort, arrivée en 580. Il mourut, au milieu de ses disciples, dans le *Xenodochium*, et fut inhumé dans l'église de Saint-Julien, que lui-même avait bâtie, ou, du moins, appropriée au culte chrétien.

Telle est, en substance, l'origine de l'Abbaye de Terrasson; nous en avons déjà exposé les détails.

Après la mort de son fondateur, l'Abbaye fut gouvernée par saint Yrier, abbé d'Athane, qui la soumit, suivant que saint Sour l'en avait prié, à celle de Saint-Michel-de-Pistorie, dans la ville de Limoges. C'est ce que nous apprend la chronique de Geoffroi-de-Vigeois; et les auteurs de la *Gallia-Christiana*, en dressant le catalogue des abbés de Terrasson, citent, d'après Claudius

Estiennot, saint Yrier comme ayant succédé à saint Sour.

Saint Yrier dut gouverner peu de temps l'Abbaye de Terrasson, car il mourut dans l'année 591, et nous voyons que, déjà, de son vivant, il avait confié la direction des abbayes de Saint-Sour et de Saint-Michel à son neveu Astidius, abbé de Vigeois, vénéré sous le nom de saint Astié (1).

Après la mort de saint Yrier, Astidius, ayant été appelé à lui succéder dans le gouvernement d'Athane, soumit à cette dernière abbaye celles de Saint-Sour et de Saint-Michel (2).

Il n'était point rare, à cette époque, de voir le même abbé gouverner plusieurs monastères. Astidius nous en offre ici un exemple : il en avait quatre sous sa juridiction, « qui, d'après » le P. Bonaventure, composaient la circonfé- » rence de son petit monde religieux, dans le-

_____

(1) il ne faut pas confondre ce saint avec saint Astier, *Asterius*, abbé dans le Périgord.

(2) Geoffroi-de-Vigeois, — le P. Bonaventure, *Ann. du Lim.*

» quel, comme le soleil qui éclaire et réchauffe
» les quatre parties du monde et leur départ ses
» influences pour la production de toutes choses,
» il versait ses lumières bienfaisantes, faisait
» fructifier les plantes et élevait de grands ar-
» bres qui devaient de leur sommet toucher jus-
» qu'au ciel et contenir sous leurs branches
» toute sorte de personnes désireuses de la piété
» et vertu religieuses (1). »

Combien de temps l'Abbaye de Terrasson
resta-t-elle sous la dépendance de l'abbaye d'A-
thane? Nous l'ignorons ; nous n'avons trouvé
dans les chroniques aucun document à ce sujet.
Geoffroi-de-Vigeois, sans en indiquer l'époque,
nous apprend que l'Abbaye de Terrasson secoua
le joug de l'abbaye d'Athane et se déclara indé-
pendante; mais ce ne fut, probablement, qu'a-
près la mort (620) de saint Astidius, qui est mis
au nombre des abbés de Terrasson, et classé le

---

(1) *Annales du Lim.*, p. 225.

troisième dans les catalogues de Claudius Estiennot et de la *Gallia-Christiana.*

On pourrait supposer, avec quelque fondement, que l'abbaye d'Athane ayant été elle-
même, après la mort de saint Yrier, sous la dépendance du monastère de St-Martin-de-Tours,
les abbayes qui lui étaient soumises passèrent
sous la dépendance médiate de ce même monastère. Geoffroi-de-Vigeois nous l'affirme, en propres termes, de l'abbaye de Saint-Michel; nous
devons présumer qu'il en fut de même de l'Abbaye de Terrasson, et que celle-ci, en secouant
le joug de l'abbaye d'Athane, secoua aussi le
joug de l'abbaye de Saint-Martin-de-Tours.

Ici nous perdons la suite des abbés de notre
monastère pour ne retrouver leurs noms qu'au
xe siècle; et jusque vers le milieu du ixe, les
chroniques se taisent sur Terrasson et son Abbaye. Sans doute, les pieux disciples de saint
Sour, remplis des vertus que leur avait inspirées
leur zélé fondateur, continuèrent à vivre selon
l'esprit de leur saint institut, poursuivant la tâ-

che qui leur avait été imposée, défrichant les
terres incultes, et goûtant, dans leurs pénibles
travaux et leurs austères pénitences, la paix
promise à l'homme qui cherche Dieu dans la
solitude et le recueillement. Ils voyaient s'élever et s'agrandir la petite bourgade née avec
eux et destinée à subir les diverses phases des
prospérités et des malheurs de leur monastère.

Mais cette paix, les moines de Terrasson ne
devaient pas la posséder toujours. Il y a des
temps d'épreuves dans la vie des sociétés comme
dans la vie des individus, des temps réservés
dans les décrets de la Providence pour épurer
les institutions comme pour épurer les âmes.
Les institutions comme les âmes s'épurent et se
fortifient au feu de la tribulation. D'ailleurs, les
ordres monastiques faisant un même corps avec
l'Église, il devait entrer dans leurs destinées de
subir comme elle la persécution.

Les premiers malheurs de l'Abbaye de Terrasson, parvenus à notre connaissance, eurent

lieu dans le ixe siècle. On vit, à cette époque, déborder de la France du nord au sein de l'Aquitaine, les hordes des Normands, peuples idolâtres et cruels, destructeurs d'églises et de monastères, c'est-à-dire de tout principe et de tout foyer de civilisation. Leur irruption fut générale dans le Périgord et le Limousin; l'Aquitaine toute entière vit ses champs ravagés, ses villes pillées, ses monastères brûlés. Une chronique de l'époque déplore en ces termes les malheurs de cette province : « Que dirai-je de la » grande affliction de l'Aquitaine? Elle qui, autrefois, nourrissait des guerriers, a maintenant » les mains engourdies; elle ne peut plus manier le fer des batailles. Ses principaux habitants sont accablés dans leur propre sol et » deviennent la proie des nations étrangères. » Depuis l'Océan jusqu'aux montagnes de l'Auvergne, aucune région, ni ville, ni village, ni » cité, n'a pu se conserver libre de leurs ravages, mais a gémi sous le glaive cruel de ces

» barbares infidèles, et a succombé sous la fu-
» reur de leurs armes (1). »

Ce fut en l'année 848 que les Normands pillèrent et détruisirent l'Abbaye de Saint-Sour.
Les chroniques ne nous ont pas laissé les détails
de ces premiers désastres. Mais on sait que ces
peuples n'eurent point d'égaux en fait de pil-
lages et d'incendies (2). Nous avons vu que, dès
l'année 841, les moines, prévoyant ces malheurs, avaient enterré le corps de saint Sour
derrière l'autel de leur église.

Cependant, à ces ravages du Périgord et du
Limousin succédèrent quelques années de paix.
Les comtes de Périgord en profitèrent pour relever de ses ruines l'Abbaye de Terrasson; ce
fut, disent les chroniques, vers la fin du ixe siècle ou au commencement du xe, sous l'épiscopat de Sébalde, évêque de Périgueux, « réputé
» docte et éloquent, dit le P. Dupuy, eu égard

---

(1) *Chronique* de Maillesais.
(2) Geoffroi-de-Vigeois. — *Gallia Christiana*. — Le P. Bonaventure et toutes les chroniques du Périgord et du Limousin.

» à son siècle, très-disetteux d'écrivains sacrés,
» et qui à peine en tout son centenaire en baille
» trois ou quatre qui encore rempent assez et
» traînent l'aile en leur style (1). »

La reconstruction de notre monastère fut un
acte tout à la fois de religion et de sage politique. Sa position presque à l'extrémité de la province, aux frontières du Bas-Limousin et du
Quercy, pouvait en faire une place importante
dans ces temps de guerres continuelles; et les
comtes de Périgord ne virent pas sans plaisir
qu'ils pouvaient allier leurs propres intérêts
avec ceux de l'Église. On trouve, en effet, que
la considération de ce double intérêt eut une
grande influence dans le choix de l'emplacement et dans la construction de beaucoup de
monastères, sous les règnes orageux de la première et de la seconde race de nos rois. Il n'é-
tait point rare que, dans l'enceinte des cloî-

(1) Le P. Dupuy, tome i, page 203. — L'évêque Sébalde re-
cueillit les actes de saint Front.

tres, le bruit des armes se mêlât aux chants religieux des moines; on vit même quelquefois ces hommes de prière, de travail et d'austères pénitences, porter haut le casque et manier d'une main vigoureuse la flamberge des guerriers, lorsqu'il fallut repousser d'injustes agresseurs.

Et qu'on ne croie pas, comme semblerait l'autoriser le premier aspect des lieux, que le choix de l'emplacement du monastère de Terrasson ait dû exclure toute idée de stratégie : car, s'il était complétement dominé et de très-près, à l'est et au midi, par des collines élevées, il offrait une forte assiette du côté du nord et de l'ouest, où des déclivités abruptes et rapides le défendaient suffisamment; et puis, le monastère eut ses remparts, ses fossés, ses hautes tours, ses larges murs d'enceinte, qui le protégeaient contre toute surprise du côté des montagnes. D'ailleurs, les noms d'*Abbaye,* de *Moustier,* de *Fort,* qu'on donne encore indistinctement au lieu qu'il occupait, prouvent que, s'il était l'asile de la prière, de la pénitence, du travail, de l'étude,

il pouvait être aussi et il fut plus d'une fois le
refuge des guerriers (1).

La promptitude et les soins que les comtes de
Périgord mirent à relever les murs du monastère de Terrasson nous font assez comprendre
que, déjà, bien longtemps avant sa destruction,
ce monastère était tombé, comme tant d'autres
à cette époque, au pouvoir des seigneurs séculiers. Charlemagne avait posé un funeste exemple en donnant les biens de quelques abbayes et
bénéfices ecclésiastiques aux seigneurs de notre
pays, pour les récompenser des services qu'ils
lui avaient rendus. Ces premiers seigneurs purent voir, sans doute, dans cette donation, une
apparence de droit à posséder ces biens; mais
d'autres ne consultèrent, pour s'en emparer,

(1) Les bâtiments de l'Abbaye de Terrasson présentaient
deux parties bien distinctes : la partie qu'habitait l'abbé, seigneur de Terrasson, et la partie occupée par les moines. La
première est appelée, dans nos chroniques, *Château abbatial*,
Château de Terrasson; la seconde, *Monastère*, *Moûtier*. Un
cloître reliait entre eux les deux bâtiments, que protégeait
le même mur d'enceinte.

que leurs intérêts et leur ambition, et ils s'affu-
blaient avec orgueil du titre fastueux d'Abbés-
Séculiers. C'était le prélude aux abbés commandataires que nous trouverons plus tard et qui,
souvent, n'eurent de religieux que le nom.

Ces abus, introduits par Charlemagne dans
l'Aquitaine, existaient encore du temps de
Charles-le-Chauve. Vainement les évêques, mé-
contents de cette spoliation, s'en plaignirent en
termes sévères dans une assemblée tenue à
Meaux; la noblesse d'Aquitaine ne voulut point
se dessaisir de sa proie, et Charles-le-Chauve,
soit impuissance d'agir, soit défaut de bon vouloir, ne fit point exécuter les décisions des évêques. Vainement aussi le pape Nicolas était in-
tervenu de son autorité apostolique, par une
lettre adressée à la noblesse d'Aquitaine; ni ses
pressantes sollicitations, ni les menaces des ana-
thèmes de l'Église n'avaient été écoutées.

Les chroniques ne nous disent point si c'était
par droit de donation royale ou par le fait
d'une spoliation que les comtes de Périgord

possédaient l'Abbaye de Saint-Sour ; toujours
est-il qu'à l'égard de celle-là du moins, ils ne
firent point leur profit de ces monitoires du pape
Nicolas (1), car nous voyons qu'ils la possédaient encore en 940.

A cette époque, Bernard, troisième comte de
Périgord, homme plein de foi, de justice et de
piété, touché des maux de cette Abbaye et
voyant que la discipline monastique y était en
souffrance, consentit à s'en dessaisir et en fit
don à Adasius, abbé du monastère de Tulle (2).
Claudius Estiennot nous a conservé la charte
par laquelle le comte-Bernard établit sa donation ; nous l'insérerons ici. C'est une pieuse et
noble page, mais peu connue, de l'histoire du
Périgord.

« Le Créateur et Ordonnateur de toutes cho-
» ses est le Dieu admirable qui abaisse l'un et
» exalte l'autre, ainsi qu'il est écrit. Il est cer-

(1) *Estat de l'Église du Périgord*, tome I, page 202.
(2) Baluze, *Histoire de Tulle*, page 50.

» tain que plusieurs de ceux qu'il exalte main-
» tenant, il les humiliera dans le siècle futur, à
» savoir ceux qui, s'enorgueillissant ici-bas des
» biens qu'il leur accorde, refusent avec dédain
» de s'humilier sous sa main puissante. C'est
» pourquoi, il est juste que l'homme soit soumis
» à Dieu et qu'il s'applique à lui être agréable
» par les biens qu'il en a reçus.

» Ce que voyant, moi, Bernard, par la grâce
» de Dieu, comte (de Périgord), ai craint de
» garder en mon pouvoir le monastère de Saint-
» Sour, appelé *Geredia* (1), dans lequel la disci-
» pline monastique est peu en vigueur.

» Sachent donc tous les fidèles, présents et à
» venir, que moi, du consentement de Berthe,
» mon épouse, encouragé par mes fils Guillaume
» et Gausbert, appelés aussi Arnauld et Ber-
» nard, et cédant aux conseils et aux supplica-
» tions de l'un de mes *fidèles* (2), nommé Frotaire,

---

(1) Nous n'avons trouvé ce nom que dans cette charte.
(2) *Fidèles*, on appelait ainsi ceux qui tenaient des terres
en fief par le don du roi ou du comte, *avec obligation de foi
et de service.*

» je transporte de mon domaine au pouvoir de
» Dieu et de saint Sour, le susdit lieu avec toute
» l'Abbaye qui en dépend : je donne aussi le
» susdit lieu au seigneur abbé Adasius et aux
» moines qui voudront y vivre sous son autorité
» et dans l'observance des saintes règles ; vou-
» lant qu'ils tiennent et possèdent, sans aucune
» contradiction, aussi bien le monastère que
» toute l'Abbaye, et qu'après la mort de l'abbé
» dom Adasius ils puissent élire eux-mêmes un
» autre abbé, conformément à la règle de saint
» Benoît. Mais que les moines qui voudront y
» vivre ensemble ne viennent dans ce monastère
» que pour aimer Dieu, afin qu'ils s'appliquent
» à y servir Dieu et saint Sour, et que, dans
» leurs prières, ils ne cessent de recommander
» à Dieu mon âme et celle de mon épouse, et
» les âmes de mes fils. Qu'ils soient aussi récom-
» pensés de Dieu tous ceux qui prendront la dé-
» fense du susdit lieu et de ses habitants. Que,
» de leur côté, les moines soient toujours sou-
» mis au roi, afin de pouvoir conserver ce lieu

» à l'aide de sa protection, mais non pour lui

» payer quelque tribut. Du reste, je supplie et

» j'adjure tous mes proches et tous ceux qui

» habiteront ce monastère, tant présents qu'à

» venir, par le nom redoutable de la Sainte-

» Trinité, comme par le mérite de saint Sour,

» dont le corps repose dans le susdit lieu, que

» nul n'ose inquiéter les moines ou ce qui leur

» appartiendra, ou en faire, en quelque ma-

» nière que ce soit, sa propriété. Que si quel-

» qu'un, allant contre la volonté de Dieu, essaie

» de s'emparer de son héritage, qu'il soit mau-

» dit par tout l'univers, qu'en outre il encoure

» la colère de Dieu et en soit châtié. Mon Dieu,

» rendez celui-là comme la roue qui tourne sans

» cesse, afin qu'il soit confondu dans les siècles

» des siècles. Qu'il ne participe jamais à l'héri-

» tage de Dieu, à moins qu'il ne vienne à se

» repentir de sa témérité; mais qu'il soit traité

» comme Pharaon, qui répondit : Je ne connais

» pas de seigneur et je ne laisserai point partir

» Israël.

» Moi, comte Bernard, pour donner plus de
» force et plus de foi à cette charte, ai voulu
» qu'elle fût signée de ma propre main, de la
» main de mes fils et de mes *fidèles*. Seing de
» Bernard et de son épouse, qui ont demandé,
» d'après les conseils de Frotaire, leur *fidèle,*
» que cette charte fût dressée et confirmée, —
» seing de Remnopse (Ranould), évêque, —
» seing de Guillaume, — seing de Gausbert, —
» seing de Frotaire, — seing de Abbachère, —
» seing d'Hélie, — seing d'Hélie, — seing de
» Hébrard, — seing d'Étienne, — seing de,
» etc. (1). »

Plusieurs écrivains ont rapporté cette charte.
Mabillon lui donne la date de 940 (2); Baluze
en cite un extrait dans son *Histoire de Tulle;* on
la trouve aussi dans l'*Histoire du Béarn*, par

---

(1) Biblioth. impériale, manuscrits de Claudius Estiennot,
tom. ix, p. 402. Voir le texte de cette charte à la fin du volume, note D.
(2) *Annal.*, tom. iii, p. 419.

Marca, page 220. Lespine pense qu'elle fut octroyée en l'année 945 (1).

Adasius prit immédiatement possession de sa nouvelle Abbaye, et s'appliqua à ramener les moines de saint Sour aux observances religieuses que, par suite des malheurs du temps, ils avaient un peu négligées.

II.

940 — 1200.

Adasius ne gouverna pas longtemps l'Abbaye de Terrasson, car, selon la remarque de Lespine, il mourut peu d'années après l'avoir reçue des mains du comte Bernard. Nous ne connaissons pas son successeur immédiat, et il faut arriver jusqu'à la première année du douzième siècle pour trouver quelque événement remarquable dans l'histoire de notre Abbaye.

---

(1) Biblioth. imp., fonds Lespine, vol. 77, fol. 24, 25, 27.

Mais, avant, nous devons dire un mot d'une famille qui nous apparaît, dès le onzième siècle, dans les chroniques, sous le nom de *Terrasson*.

Évidemment, cette famille tirait son nom et, probablement, son origine du lieu de *Terrasson*. Nous ne voyons cependant pas qu'elle y ait eu, à aucune époque, quelque autorité seigneuriale, Terrasson ayant toujours été, du moins quant à la ville, un fief ecclésiastique dont l'abbé du monastère était seigneur justicier, direct et foncier.

Dès le onzième siècle, la famille *Terrasson* était alliée aux vicomtes de Turenne; Boson, vicomte depuis 1074 jusqu'à 1091, avait épousé une *Comptor de Terrasson* (1), et, conjointement avec elle, il faisait donation à l'Abbaye d'Uzerche d'un alleu, près du château de Turenne, et de plusieurs manses. Geraud de Mausac, abbé de Terrasson, est cité comme témoin de l'acte de donation, qui est de l'année 1074. Nous

_____

(1) Justel, *Preuves de l'Histoire de la maison de Turenne*, p. 269, ch. 10.

trouvons dans la même charte trois frères *Comptor de Terrasson* : Geraud, Bernard et Pierre (1).

Le nom de la famille *Terrasson* nous apparaît
encore dans une charte de l'abbaye de Vigeois :
« un Frotaire *de Terrasson*, conjointement avec
» Ode, sa femme, pour le salut de son âme et
» de l'âme de son père, abandonne, par tes-
» tament, à Dieu et à Saint-Pierre-de-Vigeois,
» dont Astier est abbé, l'église de Bassiac, deux
» manses situées dans le même lieu, tout ce qui
» appartient à la terre de Saint-Pierre dans
» Haute-Faye, trois manses et une borderie dans
» Javerlhiac, quatre manses et demie dans le
» village d'Anglars, une manse et demie dans
» le village de Pedrillac, six manses dans le vil-
» lage de Barziac, une manse inculte dans le
» village de Tellelon, une manse dans le village
» de Sellaur, une manse dans le village de Co-
» lombes, situé proche de Voutezac. »

---

(1) Quelques auteurs ont voulu voir dans le mot *Comptor*
la désignation d'une dignité. C'était le nom patronymique de
la famille Terrasson.

Lespine, qui rapporte cette charte d'après les manuscrits de Baluze et de Gagnières, croit que « la date en est introuvable. Il faudrait, dit-il, » savoir dans quel temps vivait *Asterius*, abbé » de Vigeois, et personne que je sache n'a pu » parvenir jusqu'à présent à le découvrir. Se- » rait-il le même qu'Astidius, abbé de Vigeois, » neveu de saint Yrier (1)? » Dans ce cas, la famille des *Terrasson* remonterait jusqu'à l'origine de notre ville.

Baluze cite encore, sans indication de date, un abbé du monastère de Tulle, du nom de Raymond *de Terrasson*, « de la noble famille, » dit-il, *de Terrasson*, sur les confins du Limou- » sin et du Périgord, et dont plusieurs monu- » ments anciens se voient dans les cartulaires de » Tulle, d'Uzerche et de Vigeois (2). »

Il n'est plus question, dans nos chroniques, de cette famille à partir du xii⁰ siècle. Peut-être

(1) Biblioth. imp., manuscrits Lespine, vol. 77, fol. 17.
(2) Baluze, *Hist. de Tulle.* — Mss. Lespine, vol. 94, fol. 267.

quitta-t-elle le pays et est-ce la même que nous
retrouvons à Lyon dans la seconde moitié du
XVIIᵉ siècle, et qui a produit des hommes illustres dans la chaire, les sciences et le barreau (1).

Les donations considérables que faisait la famille *Terrasson* et son alliance avec la maison
de Turenne, nous prouvent sa puissance aux
XIᵉ et XIIᵉ siècles. Nous remarquerons aussi que
le monastère de Vigeois conservait encore, au
XIIᵉ siècle, dans nos contrées, toute l'influence
qu'il y avait acquise au VIIᵉ, dans la personne
de son abbé Astidius. Outre les biens immenses
que ce monastère recevait de la famille *Terrasson*, nous voyons qu'au Xᵉ siècle, sous le règne
de Lothaire, roi de France, il recevait, par testament de Duitran-du-Terral, l'église de Saint-
Pierre-de-Grèzes, dans la viguerie de Chavagnac,
à quelques lieues seulement de Terrasson (2),
et, vers la fin du XIIᵉ siècle, sous le règne de

(1) Voir le *Dictionnaire* de Feller, au mot *Terrasson*.
(2) Biblioth. imp., Mss. Lespine, vol. 77, fol. 50.

Philippe-Auguste, trois manses, situées à la Garrigue, dans la même viguerie de Chavagnac, avec toutes leurs dependances, que Geoffroi de Salagnac donnait pour le salut de son âme, de l'âme de son père et de l'âme de sa mère (1).

Il est bien probable que notre Abbaye avait sa part dans toutes ces donations que faisaient les seigneurs du voisinage au monastère de Vigeois ; mais les chroniques ne nous en ont pas conservé le souvenir. Du reste, ces mêmes chroniques, ainsi que nous l'avons remarqué, se taisent sur notre Abbaye pendant tout le xiᵉ siècle ; et jusqu'à la première année du xiiᵉ, elles ne nous donnent, après Adasius, que les noms de trois abbés : Adémard, Geraud de Mausac et Geraud de Courtallier. A ce dernier succéda Adémard de Saint-Rabier *(à sancto Riberio),* nommé en 1101.

A cette époque, la régularité de Cluny avait été introduite dans le monastère de Saint-Mar-

---

(1) Biblioth. imp., Mss Leydet dans le fonds Lespine, vol. 35, fol. 235. Gerald ou Geraud, abbé de Saint-Sour, est cité comme témoin dans l'acte qui établit cette donation.

tial de Limoges, et y florissait sous la conduite de l'abbé Aymard ou Adémard, qui avait apporté la réforme dans plusieurs monastères de la province.

La discipline monastique laissait encore beaucoup à désirer dans celui de Terrasson, lorsque Adémard de Saint-Rabier en prit le gouvernement. Mais cet abbé avait l'esprit de son état, et comprenait que la vie du cloître ne peut être la vie du monde, même le plus religieux; il entreprit de ranimer la ferveur des premières années parmi les disciples de saint Sour. Pour mieux atteindre ce but, il appela à son secours l'abbé de Saint-Martial, et lui fit soumission de sa personne et de son Abbaye, à lui et à ses successeurs, le priant d'y corriger ce qu'il y trouverait de défectueux. L'acte de soumission portait que les dignitaires de l'Abbaye de Terrasson, tels que le prieur, le sacristain, le cellérier, le maître d'école, seraient pris parmi les moines de Saint-Martial.

Il est dit que cette démarche d'Adémard de

Saint-Rabier fut *louée* par Raymond, vicomte de Turenne, *favorisée* par Gui de Lastour, qualifié, dans la chronique, du titre de *prince du château de Terrasson (princeps Terracinensis castri)*, et *confirmée* par Raymond, évêque de Périgueux (1).

Nous devons dire un mot, comme éclaircissement historique de ce fait, des personnages cités dans le texte de Geoffroi-de-Vigeois, que nous reproduisons en note (2).

Gui de Lastour, connu aussi sous le nom de Gouffier, était le troisième descendant direct de Gui ou Guidon de Lastour qui, en 1026, après s'être ligué avec Hélie II, comte de Périgord, et

(1) Chronique de Geoffroi-de-Vigeois, dans le P. Labbe.

(2) Anno 1101 Dominicæ Incarnationis, Ademarus de S. Riberio, Terrassonnensis abbas, qui duobus Geraldis de Mausaco et de Courtallie, abbatibus, successerat, sponte se ordinationemque sui monasterii Ademaro, abbatti s. Martialis ejusque successoribus tradidit, ut errata corrigeret, priorem, sacristam, cellerarium, magistrum scholæ ex monachis s. Martialis semper haberent. Acta sunt hœc, Raymundo de Turennâ vicecomite laudante, et Guidone de Turribus, Terrassonnensis castri principe, favente, Raymundo quoque proesule Petracorensi confirmante.

Ebles 1, vicomte de Turenne, ravagea les terres d'Adémard I, comte de Ségur, dépouilla ce comte du fief de Pompadour, et, pour se défendre de ses attaques, y fonda un château-fort qui fut appelé *castrum de Turribus, camp retranché des Lastour.*

Nous apprenons, par le même chroniqueur de Vigeois, que, dès l'année 1000, la *principauté* (principatum) des Lastour s'étendait sur Terrasson, Hautefort et tout le pays circonvoisin, excepté les églises et les municipes de ces pays ; mais nous ne savons comment ces seigneuries étaient passées en leur pouvoir. Quoi qu'il en soit, cette remarque nous explique l'intervention de Lastour dans l'acte qui nous occupe.

La suzeraineté des vicomtes de Turenne s'étendait jusque sur le territoire de Terrasson, qui ne fut réellement distrait de la vicomté qu'en 1251, par jugement de la reine Blanche de Castille. Mais cette suzeraineté avait dû faiblir beaucoup devant la puissance des Lastour ; aussi

Raymond de Turenne semble-t-il n'être nommé dans cet acte, que comme un honorable voisin dont on veut ménager la susceptibilité, mais dont on se contente de mériter la louange (*laudante*).

Quant à Raymond, évêque de Périgueux, qui vient confirmer la soumission d'Adémard de Saint-Rabier, il est cité, dans la *Gallia-Christiana*, comme ayant succédé, en 1101, à l'évêque Raymond de Thiviers. Il pouvait être de la famille des comtes de Périgord.

Le monastère de Terrasson n'avait pas été le seul à se soumettre au monastère de Saint-Martial; Uzerche et Vigeois avaient reçu dans leur sein des abbés choisis par le réformateur Adémard.

Mais nous voyons que les abbés de Saint-Martial exerçaient leur suprématie sur les abbés qui étaient dans leur dépendance, avec une autorité quelquefois peu tolérable. Geoffroi-de-Vigeois nous a conservé les détails d'une humiliation qu'eut à subir un abbé de Terrasson, en

l'année 1144. Bernard, surnommé Vicaire, avait
succédé à Adémard de Saint-Rabier. Il eut l'air
de méconnaître l'autorité d'Albert, abbé de Saint-
Martial; il ne tarda pas à s'en repentir. Albert
l'appela à Limoges. Là, en présence du Chapitre
assemblé, il ordonna à l'abbé insoumis de dépo-
ser la crosse abbatiale, et, le remettant au rang
des simples moines, il l'envoya s'asseoir avec
eux *du côté du midi.* De plus, il lui défendit de
dépasser la porte du cloître sans son expresse
permission. Bernard s'humilia et fit des excuses,
et Albert, ayant reçu la satisfaction qu'il désirait,
et cédant aux conseils de Pierre, abbé de Saint-
Augustin, aussi de Limoges, consentit à réinté-
grer Bernard dans sa première dignité. Il lui permit, après quelque temps de pénitence, de retourner à son monastère, lui rendant le prieur et
le cellérier, pris, selon l'usage, parmi les moines
de Saint-Martial (1).

---

(1) Chronique de Geoffroi-de-Vigeois, dans le P. Labbe. —
Le P. Bonaventure, *Hist. de Saint-Martial,* t. ii, p. 383. —
Claudius Estiennot. — *Gallia-Christiana.*

L'abbé Bernard avait supporté son humiliation sans se plaindre et avec toutes les marques d'un sincère repentir; mais il n'en fut pas ainsi des moines de Terrasson : ils se trouvèrent offensés dans la personne de leur supérieur, et le même Geoffroi nous apprend qu'après la mort de ce Bernard Vicaire, qui vivait encore en 1154, ils secouèrent le joug de l'abbaye de Saint-Martial et se déclarèrent indépendants. Le même écrivain ajoute que l'indépendance ne leur fut pas avantageuse, « car, dit-il, dès ce moment, ils man- » quèrent de tout, tandis que, auparavant, ils » étaient dans l'abondance de toutes choses. »

En effet, un grand prestige s'attachait à la dignité d'abbé de Saint-Martial, et les seigneurs féodaux, soit par respect, soit par crainte, n'osaient trop se risquer à entreprendre quelque acte de déprédation contre cet abbé ou ceux qui lui étaient soumis. Le chroniqueur de Vigeois a voulu dire, sans doute, que ces mêmes seigneurs, voyant les moines de Terrasson privés de cet appui, en furent plus hardis à les persécuter, à leur faire subir toutes sortes de vexations.

Quoique nos moines se fussent déclarés indépendants, ils ne cessèrent pas tout rapport avec le monastère de Saint-Martial; il est même permis de croire que des tentatives furent faites par Gérald, successeur médiat de Bernard, pour ramener les disciples de saint Sour sous l'obéissance des disciples de saint Martial. Cet abbé entretenait des relations d'intime confraternité avec Isembert, abbé de Limoges, et se considérait comme faisant partie des moines de Saint-Martial. En reconnaissance, Isembert voulut que Gérald pût participer au trentenaire de messes qu'Albert, le même dont nous venons de parler, avait institué pour tout religieux de Saint-Martial, en quelque lieu qu'il mourût (1). Voici, en effet, ce que nous lisons dans le nécrologe et le martyrologe de Saint-Martial : « Sachent tous » présents et à venir que Dom Isembert a, du

_____

(1) Le P. Bonaventure, *Hist. de Saint-Martial*, t. II, p. 395.

» consentement et de l'expresse volonté de tout
» le Chapitre, accordé à Dom Gérald, abbé de
» Saint-Sour-de-Terrasson, la faveur du trente-
» naire, et veut que, dès la première nouvelle
» qu'on aura de la mort de cet abbé, on inscrive
» son nom dans le martyrologe, parce qu'il fait
» partie des moines de Saint-Martial et a tou-
» jours été un fils dévoué de notre Institut (1). »

Nous n'avons point la date de cet arrêté d'I-
sembert, mais nous savons que cet abbé gouverna Saint-Martial depuis l'année 1177 jusqu'à
l'année 1198.

Avant de quitter ce douzième siècle, nous devons constater un fait qui résulte de l'aspect ar-
chéologique de notre église.

Nous avons dit que les comtes de Périgord
reconstruisirent, vers la fin du neuvième siècle,
le monastère de Terrasson. Il est probable qu'une
église, partie essentielle de tout monastère, fut

(1) Martyrologe et nécrologe de Saint-Martial à la Bibliothèque imp.

construite à la même époque. Elle devait avoir
le caractère des basiliques latines, et le bois
pouvait dominer dans sa construction. Mais cette
église, dont il n'existe aucun vestige, fut-elle
détruite par un incendie ou par le fait de la
propre volonté des moines, dans le but d'avoir
un édifice plus en rapport avec l'importance du
monastère? Nous l'ignorons. Toujours est-il que
les moines de Saint-Sour construisirent une
église, pour les besoins de leur monastère, vers
le milieu du douzième siècle. Cette église, romane de transition, fut détruite dans le quatorzième siècle, ainsi que nous aurons lieu de le
constater; mais il en existe quelques fragments
dans le pignon du transept sud de l'église actuelle. Ce qui en reste indique un large plan
avec des matériaux de mauvaise qualité; on y
voit les traces d'une parcimonie peu commune
aux constructions de cette époque. Elle s'explique : ce n'étaient plus le roi Gontran ou les
comtes de Périgord, mais les moines seuls, qui
faisaient les frais du nouvel édifice, et encore ne

purent-ils parachever leur œuvre sans se grever
de dettes considérables, et nous voyons que pour
les payer ils furent obligés de vendre, en 1178,
à l'abbaye de Dalon (1), *trois manses et deux
borderies* (2). Les cartulaires de Dalon nous ap-
prennent, en effet, que cette abbaye, ayant
Jean Ier pour abbé, fit l'acquisition de manses
et de borderies importantes, entre autres des
borderies de *Lasvignas*, aujourd'hui *Loubignac*,
qu'on doit supposer être celles que vendit
l'Abbaye de Terrasson (3).

III.

1201 — 1300.

En ouvrant cette période, nous assistons à la
lutte engagée par le Périgord et le Bas-Limousin

---

(1) Dalon, *Dalonium*, du nom d'un petit ruisseau qui coule
auprès, autrefois dans le diocèse de Limoges, mais aujour-
d'hui dans celui de Périgueux. Cette abbaye fut fondée, en
1114, par Geraud de Salles, gentilhomme du Périgord. Ce qui
reste des bâtiments prouve son importance.

(2) *Tres mansos et duas bordarias. Gallia-Christiana.*

(3) *Gallia-Christiana.*

contre les Albigeois; sainte croisade publiée par le pape Innocent III, et dont Simon, comte de Montfort, fut général. Si ces hérétiques, qui pillèrent et détruisirent dans notre pays tant d'églises et de monastères, portèrent leurs mains rapaces sur l'Abbaye de Terrasson, les chroniqueurs de l'époque n'ont pas cru devoir nous en parler. Nous voulons croire qu'elle se reposait dans les douceurs de la paix, et nous la voyons s'élever et grandir, aux yeux de l'Eglise, dans la personne de ses abbés, dont plusieurs reçurent des commissions spéciales et de haute confiance de la part du Saint-Siége. Les faits que nous allons raconter ne sont donc que des faits, pour ainsi dire d'intérieur, et auxquels les agitations du monde ne prirent aucune part.

Nous ne trouvons plus dans ce treizième siècle la puissance des Lastour, s'étendant jusque sur le territoire de Terrasson; mais, dès l'année 1224, nous voyons reparaître l'autorité des vicomtes de Turenne, et encore n'avait-elle pas des limites bien certaines, car quelques discussions s'élevè-

rent pour droits de suzeraineté entre Ramond,
abbé de Saint-Sour, et Raymond, vicomte de
Turenne. Un accord fut fait et signé au lieu de
Larche, et « le vicomte jura que par la suite il
» n'empêcherait l'abbé en aucune chose que ce
» fût, et que les moines, les bourgeois et les
» autres habitants de Terrasson seraient assurés
» en toute la terre de la vicomté (1). »

C'est à cette même époque, 1223, que Lespine (2) fixe la date, mais elle peut être contes-
tée, d'une charte mémorable pour l'histoire de
notre pays, et que l'on voit encore aux archives
de l'Empire, revêtue des sceaux des grands dignitaires ecclésiastiques du Périgord. Nous vou-

---

(1) Biblioth. imp., Mss Leydet dans le fonds Lespine, vol. 35,
fol. 237-254. — En 1771, Leydet, qui travaillait à une histoire du Périgord, visita les archives de notre Abbaye et dressa
un catalogue analytique de tous les papiers qui s'y trouvaient.
Ce catalogue et d'autres notes du même Leydet sur Terrasson
forment le 12ᵉ volume de la collection des manuscrits de Leydet, Prunis et Lespine. Lespine a transcrit littéralement les
notes de Leydet; sa copie forme le 35ᵉ volume de la collection.
C'est sur cette copie que nous prenons nos documents. Ils auront ainsi auprès de notre lecteur la double autorité de Leydet
et de Lespine.

(2) Fonds Lespine, vol. 27, fol. 196 et 200.

lons parler d'une supplique adressée par l'évêque et les abbés de la province au roi de France
pour lui demander l'envoi d'un sénéchal. L'abbé
de Terrasson figure le cinquième parmi les signataires. On y voit le sceau et le contre-scel de
cet abbé, qui devait être alors Ramond. Nous en
donnons le dessin et la description à la fin du
volume.

Nous arrivons à l'année 1236 et, pour la première fois, nous trouvons une autorité civile,
un consulat municipal à Terrasson. Une discussion s'élève entre les religieux de l'Abbaye et les
consuls et bourgeois de la ville, et nous voyons
intervenir par trois sentences, en faveur de ces
derniers, l'évêque de Périgueux et l'archevêque
de Bordeaux. Malheureusement, l'abbé Leydet,
en dressant le catalogue des archives de l'Abbaye, ne nous a laissé que l'indication des pièces
qui devaient nous donner sur cette importante
discussion des éclaircissements certains. Mais
cette indication nous dit que les trois sentences
de l'évêque de Périgueux et de l'archevêque de

Bordeaux furent *pour le regard et la conservation des consuls et autres officiers* (1). Ces quelques mots nous font présumer assez le sujet de la discussion; l'histoire et les coutumes féodales peuvent nous aider à l'expliquer.

Terrasson ne fut, primitivement et jusqu'au neuvième siècle, qu'une propriété ecclésiastique, formée par les travaux agricoles de saint Sour et de ses disciples. De grandes parts de ces terres, défrichées et assainies par les moines, avaient été sans doute délaissées au peuple, mais à charge de rentes et de redevances au profit de l'Abbaye. Terrasson devint donc un fief, lorsque, vers le neuvième siècle, toutes les terres, les villes et les bourgs furent régis par le droit féodal, et l'abbé et les religieux du monastère acquirent ainsi les droits et le rang de seigneurs féodaux de leurs domaines. Trois siècles après, arrivaient, sous l'impulsion de la monarchie, les affranchis-

(1) Biblioth. imp., Mss Leydet, fonds Lespine, vol. 33, fol. 257 et suiv.

19

sements des communes et les institutions des consulats municipaux. Mais il est bien avéré que tous les seigneurs des grands et des petits fiefs ne suivirent pas, au commencement du douzième siècle, l'exemple du pouvoir royal, ou ne subirent pas sa pression; quelques-uns n'affranchirent point leurs communes, ou ils ne leur octroyèrent leurs chartes de manumission que beaucoup plus tard, et souvent avec *certaines restrictions et réserves*, comme le remarquent les Bénédictins de Saint-Maur (1).

Mais au treizième siècle l'impulsion était générale, irrésistible; excitée, tantôt ouvertement, tantôt secrètement, par la reine Blanche de Castille, dont la politique tendait à la centralisation du pouvoir dans les mains royales, à l'anéantissement de la féodalité. Dès-lors, bien des villes et des bourgs, profitant de quelques déclarations ambiguës, souvent extorquées, de leurs seigneurs, s'érigèrent d'eux-mêmes en commune et

(1) *Art de vérifier les dates*, tome v, p. 548.

organisèrent leur consulat municipal. De là, entre les seigneurs et les tenanciers, de fréquentes discussions dont on trouve de nombreuses traces dans nos anciens chroniqueurs; et presque toujours l'autorité royale était là pour faire pencher la balance en faveur des communes. Bien des causes de ce genre furent même décidées ainsi sur des titres qui étaient l'œuvre d'habiles faussaires.

Dans la question qui nous occupe, nous voyons que le consulat municipal était déjà établi à Terrasson en 1236; mais il est probable qu'il avait été fondé à l'aide d'un des moyens que nous venons de signaler, et contrairement à la volonté ou sans l'initiative du seigneur féodal, abbé du monastère. Celui-ci dut maintenir ses droits, son autorité, ses priviléges, et demander à la commune en vertu de quelle charte d'affranchissement elle s'était constituée. Cette charte, si elle existait, dut être chaudement discutée; et les deux parties apportèrent une grande opiniâtreté à maintenir leurs droits respectifs, puisque *trois*

sentences des juges ecclésiastiques furent nécessaires pour terminer les débats. Mais, enfin, les
religieux se virent déboutés de leurs prétentions,
et la ville conserva son rang de commune, son
consulat municipal et *les autres officiers.*

On ne doit pas s'étonner de voir pour juges
de ce différend l'évêque du diocèse et le métropolitain. Il s'agissait, en effet, d'un fief ecclésiastique qui n'était pas de la mouvance directe
de la Couronne. Ces sortes de contestations, qui
intéressaient le domaine de l'Eglise, se décidaient
toujours devant les évêques et plus souvent
dans les conciles provinciaux, alors que les
parlements n'étaient pas encore organisés. « Il
» était même assez ordinaire à la piété de ce siè-
» cle, remarque le P. Dupuy, de déférer la dé-
» cision des affaires temporelles aux ecclésiasti-
» ques; » et il cite l'exemple d'Archambaud,
comte de Périgord, qui « ayant différent avec
» les magistrats de la nouvelle ville de Périgueux
» sur leurs jurisdictions nomment avec plein
» pouvoir décisif le Père Prieur des Jacobins et

» Estienne de Juvenals, » sans doute un autre religieux (1).

Quelques années après cet accord entre les religieux et les habitants de Terrasson, l'Abbaye voyait s'accroître son domaine; «l'abbé Hugues » de Laroche acquérait, en 1241, du sieur de » Saint-Geniès, nommé Aymar Doulfy, frère » de feue dame Grèze, une salle appelée Del- » Fraysse, cour, jardin, puits et ses apparte- » nances, situées aux appartenances de Laver- » nha, près Terrasson (2). »

Nous sommes en l'année 1251, et nous assistons au partage de la Vicomté de Turenne, fait par jugement de la reine Blanche de Castille.

Raymond IV, vicomte de Turenne, n'avait laissé en mourant qu'une fille, mariée à Hélie Rudel, seigneur de Bergerac. Aussi son frère, Raymond V, seigneur de Servières, s'était-il empressé de se mettre en possession de la Vicomté.

(1) *Estat de l'Eglise du Périgord*, tome II, p. 97.
(2) Biblioth. imp., Mss Leydet, fonds Lespine, vol. 55 ' fol. 257.

Mais Hélie Rudel fit valoir les droits de sa femme.

La contestation fut terminée par Blanche de Castille, qui divisa la Vicomté et adjugea à Hélie Rudel les seigneuries de Ribeyrac, d'Espéluchat, de Montfort, d'Alhiac, de Carlux, de Creisse, de Larche, de Terrasson, de Jayac, de Lacassagne, et les hommages que l'abbé de Sarlat rendait au vicomte de Turenne (1). On voit dans ce partage la politique, toujours la même, de la reine Blanche, tendant à l'extinction de la féodalité. Ne pouvant anéantir la puissance des Turenne, cette princesse fut heureuse de l'affaiblir en divisant la Vicomté.

Quoique la seigneurie de Terrasson fût adjugée au seigneur de Bergerac, l'Abbaye n'en resta pas moins sous la suzeraineté des vicomtes de Turenne quant au droit d'hommage, et nous verrons que cent ans encore plus

_____

(1) Biblioth. imp., Mss Leydet, fonds Lespine, vol. 55, fol. 257.

tard cet hommage leur était rendu par nos abbés (1).

Nous devons rapporter ici deux commissions
données à l'abbé de Terrasson par le Saint-
Siége, et qui nous prouvent bien de quelle considération cet abbé jouissait.

Hélie, abbé du monastère de Saint-Martin de

(1) Nos documents nous fournissent, à la suite de ce partage
et sous la date de 1252, un testament assez remarquable d'un
chapelain d'Auberoche. L'Abbaye de Terrasson y figure pour
un legs de II *sols* de la monnaie de cette époque. Comme ce
testament intéresse plusieurs localités du Périgord, nous en
citerons ici un extrait, tel que nous le trouvons dans les papiers de Leydet et Lespine :
« Testament d'un chapelain d'Auberoche, de l'an 1252, qui
donne x *sols* au pape *subsidio Terræ Sanctæ*, à l'archev. de
Bourges x *sols*, à l'archev. de Bordx. v *sols*, v *sols* à l'évêque
de Périgueux, xx *sols* au bienh. St-Etienne de Périgx, etc.
Dono et lego ad opus ecclesiæ Fratrum Prædicatorum Petrago-
rarum *centum solidos*, ad refectionem eorumdem xx *solidos*, et
ad opus ecclesiæ sancti Antonii xx *solidos*, ac ad opus ecclesiæ de Born xx *solidos*, et ad opus cujusdam calicis in eccle-
siâ de Blis xx *solidos*..... Abbatiis Tusturiacensi, Sarlatensi,
de Boschau, Brantolomensi, Terracinensi, Sancti-Amandi, Li-
guriensi, Albugensi, Fontisgolferii, Sancti-Asterii, Albaterræ,
Petrozæ, Cadunii, Dalonii, unicuique harum II *solidos*. Prio-
ratibus de Peirat, St-Cyprien, Larochebeaucourt, St-Jean-de-
Côle, de Guandalmai, ad oleum lampadarum Beatæ Catharinæ
de Cancellatâ IV *solidos*. (Acte passé *ante januam monasterii,
sancti Stephani, intùs clocharium*, à Périgueux. Cartul. Can-
cellat., fol. xv, verso). » —Mss Leydet, fonds Lespine, vol. 94,
fol. 141.

Tulle, « s'était plaint auprès du Saint-Siége que
» son monastère se trouvant au milieu d'un peuple
» turbulent et indomptable, il ne pouvait jamais y
» être en paix, ni se livrer aux paisibles études de
» son état, et avait témoigné le désir de se démet-
» tre de sa charge. » Le pape Innocent IV, par
une bulle du mois d'août 1253, chargea l'abbé de
Terrasson, alors Hugues Laroche, « de recevoir,
» au nom du Saint-Siége, la démission d'Hélie,
» lorsque cet abbé, désireux de jouir d'une vie
» paisible, voudrait, pour de justes raisons, aban-
» donner le gouvernement de son monastère. » La
bulle prescrivait aussi à l'abbé de Terrasson « de
» faire donner à Hélie, sur les revenus de Saint-
» Martin, une provision convenable, et d'enjoin-
» dre aux moines de procéder, selon les règles
» canoniques, à l'élection d'un autre abbé (1). »

La seconde commission était en faveur de Hugues Lassale, recteur de l'église de Saint-Hilaire,

(1) Archives du Vatican, regre coté Innocent IV, Bullar.,
an. xi, xii, tom. iii, fol. 2.

dans le diocèse de Limoges. Cet « honorable prê-
» tre, par ses vertus personnelles, son dévoue-
» ment, sa fidélité, sa soumission au Siége Aposto-
» lique, son affection pour la personne du Souve-
» rain Pontife, » avait mérité les faveurs de la cour
de Rome; Innocent IV voulut le récompenser. Une
bulle, donnée à Assise et portant la date du deuxième jour des kalendes d'octobre 1253, fut adressée à l'abbé de Terrasson ; elle lui ordonnait « de
» pourvoir Hugues Lassale d'une provision, dans
» toute église du diocèse de Périgueux ou du dio-
» cèse de Limoges, que ce prêtre voudrait accep-
» ter ; de l'y faire recevoir, en vertu de l'autorité
» du Saint-Siége, comme chanoine, et traiter
» comme frère, et de lui assigner ou faire assi-
» gner une prébende, dès qu'une vacance le
» permettrait (1). »

C'est ainsi que les souverains pontifes distinguaient et honoraient de leur confiance les abbés
de Saint-Sour.

(1) Archives du Vatican, regre coté Innocent IV, Bullar.,
an. xi, xii, tome iii, fol. 114.

Cet Hugues Laroche dont il est question dans ces deux bulles gouverna longtemps l'Abbaye de Terrasson; nous le trouvons depuis 1241 jusqu'en 1279. A cette dernière date, il figure dans une charte émanée de Guillaume, abbé de Dalon, et conservée aux archives de l'Empire. On voit sur cette charte le sceau et le contre-scel de l'abbé de Terrasson. Nous en donnons le dessin et la description à la fin du volume (1).

Ce même Hugues Laroche eut à soutenir, en 1276, les droits attaqués de son Abbaye. Raymond IV de Turenne, dont nous avons déjà parlé, avait constitué, en faveur de l'Abbaye de Terrasson, une rente annuelle de *six livres*. Cette rente devait, sans doute, affecter les héritiers directs de Raymond, car le droit en fut contesté par Marguerite de Turenne, petite-fille de Raymond, femme d'Alexandre de La Pébrée, seigneur de Bergerac. Les parties choisirent pour juge ou arbitre du différend Hélie Gauthier, cha-

(1) Archives de l'Empire (J, 397, n° 8).

noine de l'église cathédrale de Périgueux, qui
prononça en faveur de Marguerite de Turenne.
L'abbé et les religieux de Terrasson durent renoncer, à perpétuité, à cette rente. L'accord fut
fait à Terrasson, le 11 des kalendes de février
1276, et, pour en garantir l'exécution, les parties se donnèrent mutuellement des lettres scellées de leurs sceaux, des sceaux de l'évêque de
Périgueux, de l'évêque de Limoges, et des nobles hommes le vicomte de Turenne et le chevalier Hélie Rudel, celui-ci fils de Marguerite (1).

Mais, quelques années plus tard, l'Abbaye se
trouvait dédommagée de la perte de cette rente :
Archambaud III, comte de Périgord, lui léguait
une rente annuelle de *dix sols*, par son testament
daté du dimanche avant la fête de la Nativité de
la Sainte-Vierge, 1295 (2).

Nous avons parlé de Terrasson passé à l'état

---

(1) Justel, *Preuves du 1er livre de l'Histoire de la maison
de Turenne.*

(2) Archives de Pau, ch. xi, coté *Testament*, n° 3, *Invent.
de Montignac,* fol. 205.

de commune; nous devons dire un mot des établissements de bienfaisance que la ville possédait
au treizième siècle; nous les trouvons rappelés
dans un testament, de 1260, d'Hélène, veuve du
chevalier Viguier, testament recueilli par Leydet
dans la cassette des archives du château du
Fraysse (1).

Nous y voyons, en premier lieu, cet antique
hôpital, ou *Xenodochium*, fondé par le roi Gontran en reconnaissance de sa guérison miraculeuse. Hélène Viguier veut que le jour de sa
mort il soit distribué à chaque pauvre de cet hôpital une ration de pain et de vin.

La lèpre, maladie assez commune en France
dans les sixième et septième siècles, y reparut au
douzième par suite du contact des Croisés avec
les populations de l'Orient. A ce douzième siècle,
comme le remarque un auteur que nous aimons
à citer (2), « remonte la fondation de la plupart

---

(1) Voir ce testament à la fin du volume, note E.
(2) M. Phil. de Bosredon, *Note sur les biens des anciennes
Maladreries.*

» de ces établissements de bienfaisance, connus
» sous le nom de *Léproseries* ou *Maladreries,*
» créées par les rois, les seigneurs ou les com-
» munautés d'habitants, et que la piété des fi-
» dèles avait enrichies de dotations considéra-
» bles. »

La ville de Terrasson ne fut pas exempte de
la maladie commune; mais aussi elle eut son hôpital ou sa *Maladrerie* pour les lépreux. Hélène
Viguier veut que le jour de sa mort il soit distribué à chaque lépreux une ration de pain et de
vin.

Nous n'avons aucun indice qui nous fasse
soupçonner le lieu où fut cette *Maladrerie;* mais
il est probable qu'elle était un peu éloignée de
la ville et près de la Vézère. Le chemin qu'on
appelle encore aujourd'hui *Chemin de l'Hospita-
lière* pouvait peut-être y conduire.

Hélène Viguier ne bornait pas ses pieux dons
à ces deux établissements : l'évêque de Périgueux, les églises de Saint-Front et de Saint-
Etienne, les Frères-Mineurs de Montignac, les

Frères-Prêcheurs de Périgueux, les Frères de
Bonnefont, avaient part à ses libéralités. Elle
nommait pour exécuteurs testamentaires l'abbé
de Terrasson et Pierre Lacomba, chapelain du
même lieu, et leur donnait pour conseillers le
prieur des Frères-Prêcheurs de Périgueux et le
gardien des Frères-Mineurs de Montignac. Nous
trouvons au nombre des témoins le prieur des
Frères-Prêcheurs de Terrasson. Le mot *Terrasson*
doit être là sans doute par une erreur du copiste,
car nous n'avons pas d'autre indice, à aucune
époque, d'un établissement de *Frères-Prêcheurs*
à Terrasson.

Tels étaient, outre l'Abbaye, asile naturel de
tous les malheureux, les établissements de bienfaisance que possédait notre ville dans le treizième siècle. On le voit, la pratique des œuvres
de charité est ancienne chez nous.

Telles étaient aussi, à cette époque, les dispositions testamentaires de tout chrétien; jamais la
part de l'indigent n'y était oubliée. L'héritage
du père porte bonheur à l'enfant lorsqu'il lui

arrive béni par la prière et la reconnaissance du pauvre.

————————

IV.

1301 — 1401.

Nous ouvrons cette période par une visite pastorale que fit à l'Abbaye de Terrasson l'archevêque de Bordeaux, Bertrand de Gouth, qui fut pape sous le nom de Clément V, et qui, un an avant sa promotion au Souverain Pontificat, entreprit la visite générale de tous les diocèses de sa province ecclésiastique. Nous nous dispenserons d'apprécier les motifs de cette visite : ils ont été diversement interprétés. Quelques-uns n'ont vu dans la conduite du prélat que l'impulsion du zèle ; d'autres y ont trouvé des motifs de cupidité.

Bertrand de Gouth arriva à Terrasson le 8 octobre 1304, venant de visiter le monastère de Saint-Amand-de-Coly. Il fut reçu par les moines de l'Abbaye avec les honneurs dus à son caractère et à sa dignité. De Terrasson, il envoya des visiteurs au prieuré de Saint-Léonard et à la commanderie de Ladornac; mais ils n'y furent pas reçus. Il en fut ainsi dans beaucoup d'églises et de monastères, qui ne reconnaissaient point à l'archevêque ce droit de visite, et ne voulaient point s'assujétir aux charges qu'il imposait. Dans quelques lieux même, on alla jusqu'à maltraiter les délégués du métropolitain. Celui-ci s'en vengeait en lançant contre les réfractaires les censures de l'Eglise. Ainsi fut excommunié, avec ses complices, le prieur de Cénac « à cause de la » violence qu'il avait usé avec armes et violent » injure faits avec effusion de sang » à l'égard de M^c Hélie de Bosco, chapelain de l'archevêque (1).

Après cette visite, qui fut un événement aussi inattendu qu'inusité, non-seulement pour l'Abbaye de Terrasson et le diocèse de Périgueux,

(1) Archives de l'Archevêché de Bordeaux. — Livre-journal de Bertrand de Gouth.

mais pour tous les diocèses qui formaient la province ecclésiastique de Bordeaux, les chroniques ne nous ont rien conservé de remarquable au sujet de notre Abbaye dans les premières années du quatorzième siècle; et les documents que nous avons recueillis n'ont trait qu'à la succession des abbés et à des événements de peu d'importance. Toutefois, ces documents sont précieux à conserver, parce qu'ils composaient les archives de notre Abbaye; nous les rappellerons ici sommairement dans leur ordre chronologique.

Du 17 juillet 1318, bulle du pape Jean XXII, datée d'Avignon, portant *lettres de provision* pour Pierre I de Ferrières, moine de la Grande-Sauve, dans le diocèse de Bordeaux, et nommé à l'Abbaye de Terrasson, vacante par la mort d'Hélie, *de bonne mémoire*. La bulle était accompagnée de lettres de recommandation pour les moines de Saint-Sour et les vassaux du monastère (1).

(1) Archives du Vatican, A. B., registre n° 8 du pape Jean XXII, an 2, fol. 312.

Du 11 août 1318, reconnaissance de Dom Pierre, abbé de Terrasson, qui s'engage à payer au Saint-Siége, moitié à la fête de la Nativité et moitié à la fête de la Résurrection de N.-S., 300 florins d'or pour le service commun (la taxe ordinaire) de l'Abbaye (1).

Du 10 des kalendes de février 1319, bulle du pape Jean XXII, datée d'Avignon, portant collation de la prévôté de Saint-Julien de Terrasson, d'un revenu annuel de 35 livres tournois, en faveur de Guillaume Adémard, moine du monastère de Souillac, au diocèse de Cahors, et transféré pour cela au monastère de Terrasson. La bulle porte que la prévôté de Saint-Julien était gouvernée d'habitude et de droit par les moines de l'Abbaye de Saint-Sour, et se trouvait alors vacante, par suite de la promotion d'Adémard à l'abbaye de Mauriac, au diocèse de Saint-Flour (2).

(1) Archives du Vatican, vol. cot. Obligat., 1316-1344, m. b. (155), n° d'ordre 2189, fol. 15.
(2) Arch. du Vatican, table des registres du pape Jean XXII, tome x, fol. 424.

Du 7 des ides d'octobre 1334, bulle du pape Jean XXII, datée d'Avignon, prescrivant l'admission comme moine de Saint-Sour, de Bertrand Belhomme, clerc du diocèse de Sarlat, fils de Guillaume Belhomme de Souillac, damoiseau de Monmége, et d'Aloys de Saint-Exupéry, damoiselle (1).

Du 7 des kalendes de septembre 1340, bulle du pape Benoît XII, datée d'Avignon et adressée aux abbés de Terrasson et de Saint-Amand, pour la collation, en faveur de Raymond de Lacoste, de l'église paroissiale de Chavagnac, d'un revenu annuel n'excédant pas 35 livres tournois, et vacante par la mort de Geraud Mascalle, abréviateur de la cour romaine (2).

Du 2 des kalendes de février 1344, bulle du pape Clément VI, datée d'Avignon, prescrivant d'admettre comme moine et frère dans le mo-

---

(1) Arch. du Vat., table des registres du pape Jean XXII, tome XLV, fol. 120.

(2) *Ibidem*, table des registres du pape Benoît XII, an 6.

nastère de Terrasson, Belhomme, fils de Jacques
de Souillac (1).

Du... des kalendes de mars 1345, bulle du
pape Clément VI, datée d'Avignon, portant promotion de Bertrand, prêtre et prieur du monastère de Tulle, à l'Abbaye de Saint-Sour, vacante
par la mort de Pierre de Ferrières (2).

Du 5 des kalendes de novembre 1345, bulle
du pape Clément VI, portant promotion de
Pierre II de Ferrières à l'Abbaye de Terrasson (3).

Du 5 des kalendes de novembre 1345, bulle
du même pape, datée d'Avignon, permettant à
Pierre, promu par le Souverain Pontife à l'Abbaye de Terrasson, de se faire bénir par tout
évêque catholique de son choix (4).

Du 11 des kalendes d'octobre 1348, bulle du
même pape, datée d'Avignon, pour la collation,
en faveur de Hugues de Vieuxfour, de l'office de

---

(1) Archives du Vat., table des registres du pape Clément VI,
tome xviii, fol. 194.
(2) *Ibidem*, *ibidem*, tome xviii, fol. 548.
(3) *Ibidem*, *ibidem*, tome xxvi, fol. 510.
(4) *Ibidem*, *ibidem*, tome xxii, fol. 194.

camérier du monastère de Terrasson, cet office vacant par la mort de Raymond de Lascoutz (1).

Du 10 des kalendes de mars 1351, bulle du même pape, portant concession, en faveur de Hugues Laroche, aumônier (distributeur des aumônes) du monastère de Terrasson, afin qu'il puisse conserver toute sa vie, sans pouvoir en être révoqué, cet office d'aumônier, qui lui avait été conféré par ses supérieurs, quoique, au temps de sa promotion, la provision à cet office appartînt, par une réserve expresse, au Siége Apostolique (2).

Du... 1351, bulle du même pape, portant autorisation pour Pierre, abbé de Saint-Sour, de pouvoir, nonobstant la réserve faite par le Saint-Siége, unir et incorporer l'office de cellérier à la mense du monastère (3).

Du 5 des nones de mars 1351, bulle du même

---

(1) Archives du Vatican, table des registres du pape Clément VI, tome xxxviii, fol. 541.

(2) *Ibidem, ibidem*, tome lviii, fol. 318.

(3) *Ibid.*, tome lviii, fol. 903.

pape, portant collation, en faveur d'Aymeric
Chati ou Caty, moine du monastère de Terrasson, du prieuré de la Chapelle-de-Sainte-Marie-
de-Morès (1), gouverné d'habitude par les moines de Terrasson, et précédemment uni et incor-
poré à la mense du monastère par Pierre, abbé,
mais vacant par sa résignation (2).

Du 6 des kalendes de juillet 1352, bulle du
pape Innocent VI, portant collation du prieuré
de Saint-Julien-de Terrasson, vacant par cession
de Bernard Vassignac, nommé au prieuré de
Vault, dans le diocèse de Tulle. La collation est
en faveur de Gui de Bruzac, qui sera tenu de se
transférer du monastère de Tourtoirac à celui
de Terrasson (3).

Du 11 des kalendes d'août 1352, bulle du

(1) Chapelle-Mouret, dans la paroisse de Terrasson ; c'est la
première fois qu'il est fait mention de ce prieuré. L'église, qui
existe encore, remonte aux premières années du XIIIe siècle. Il
est probable qu'elle fut, à la même époque, érigée en prieuré,
dépendant du monastère.

(2) Archives du Vatican, table des registres du pape Clément VI, tome LIX, fol. 253.

(3) Ibid., table des registres du pape Innocent VI, tome VIII,
fol. 349.

même pape, portant collation de l'office de sacristain de l'Abbaye de Terrasson, vacant par la mort de Grimoard Laroche, en faveur de Bernard Lafordie, qui sera tenu de se transférer du monastère de Saint-Martial à celui de Terrasson (1).

Du 6 des ides de mars 1362, bulle du pape Urbain V, ordonnant la translation de Geraud Lastricias, sous-prieur de l'Abbaye de Terrasson, à l'église de Sarlat. Cette faveur est accordée à la demande du cardinal Pierre Itier, originaire du Périgord (2).

Du 12 des kalendes de juin 1362, bulle du même pape, permettant à Hugues, nommé à l'Abbaye de Terrasson, de se faire bénir par tout évêque catholique de son choix (3).

Du 6 des kalendes de novembre 1370, bulle du pape Grégoire XI pour la collation de l'Ab-

---

(1) Archives du Vatican, table des registres du pape Innocent VI, tome I, fol. 525.

(2) *Ibid.*, table des registres du pape Urbain V, t. v, fol. 498.

(3) *Ibid.*

baye de Saint-Sour, vacante par la mort de Hugues, en faveur d'Hélie, prieur de Saint-Privat,
de l'ordre de Saint-Benoît, dans le diocèse de
Périgueux (1).

Du 10 des kalendes de janvier 1371, bulle du
même pape, portant permission accordée à Hélie, abbé de Terrasson, de se faire bénir par tout
évêque catholique de son choix (2).

Du 7 des kalendes de février 1371, bulle du
même pape, faisant commandement à l'abbé de
Terrasson de réserver pour Hélie de Rougefosse,
clerc du diocèse de Sarlat, un bénéfice ecclésiastique ayant un revenu de 60 livres tournois avec
charge d'âmes, ou de 40 livres sans charge d'â-
mes, de la collation de l'évêque de Sarlat (3).

Ces diverses bulles et d'autres que nous omet-
tons pour ne pas fatiguer le lecteur, nous prouvent que la nomination à tous les offices et char-

(1) Archives du Vatican, table des registres du pape Grégoire XI, tome I, fol. 180.
(2) *Ibid.*, tome I, fol. 524.
(3) *Ibid.*, tome IX, fol. 360.

ges de l'Abbaye de Terrasson appartenait au
Saint-Siége, qui en disposait lui seul et pas
toujours, comme nous l'avons vu, en faveur des
moines de la même Abbaye. Les mêmes bulles
nous disent également que deux prieurés, celui
de Saint-Julien-de-Terrasson et celui de la Chapelle-Mouret, dépendaient de l'Abbaye, en ce
sens que le titulaire devait être un moine rési-
dant à Terrasson. Il est probable que le droit
de présentation à ces deux prieurés et aux
divers offices du monastère appartenait à l'abbé,
mais nos documents ne nous en parlent pas. La
dernière bulle que nous venons de citer, semble
dire que l'abbé avait ce droit pour des bénéfices
de la collation de l'évêque de Sarlat, et nous
voyons ailleurs qu'il présentait aussi à des bénéfices de la collation de l'évêque de Périgueux,
notamment à l'église de Sarliac. Leydet nous cite
une lettre pour la collation et provision de cette
église, « lettre par laquelle, dit-il, appert que
» la présentation appartient à l'abbé de Terrasson
» et la collation à l'évêque de Périgueux. »

Nous devons maintenant reprendre quelques faits que nous avons laissés pour ne pas interrompre l'ordre chronologique de ces bulles.

En remontant à l'année 1333, nous trouvons, sous la date du lundi après la fête de saint Barthélemy, Apôtre, un testament de Raymond du Fraysse ; nous devons en rappeler les principales clauses (1).

Après avoir recommandé son âme à Dieu, à la Sainte-Vierge, à saint Sour et à tous les saints de Dieu, et fait quelques legs aux moines de Terrasson, qui devront assister à son enterrement, Raymond donne à l'église de Saint-Julien *cinq sols* de la monnaie courante, une fois payés, et *cinq sols* au pont de Terrasson, également une fois payés.

Le texte du testament porte : *Ædificio ecclesiæ, ædificio pontis.* Par ces paroles, l'abbé Leydet a compris que ce legs était fait pour aider à construire le pont de Terrasson, et il donne à

(1) Voir le texte de ce testament à la fin du volume, note F.

SUR L'ABBAYE DE TERRASSON.** 315

cet édifice la date de ce testament, 1333. Mais, outre que dans ces mots rien n'indique une construction qu'il faudrait aussi entendre de l'église, le pont dont il est parlé remonte, en partie du moins, à une époque antérieure. Deux arches nous présentent le plein-cintre de l'architecture romane, et quatre sont de l'époque ogivale du XIIIe au XIVe siècle. Quant à l'église de Saint-Julien, elle existait déjà au VIe siècle. Il faut donc croire que le double legs de Raymond du Fraysse n'avait pour but que des réparations importantes qu'il s'agissait de faire à l'église et au pont, ou tout au plus la construction partielle de ces deux édifices, qui pouvaient avoir été détruits ou considérablement endommagés durant les guerres des siècles précédents. D'après les détails qui nous ont été donnés sur l'église de Saint-Julien, une partie, le sanctuaire, appartenait à l'architecture ogivale. C'était probablement la partie qu'on voulait reconstruire en 1333.

Après ce legs, Raymond constitue à sa fille Marie une dot de *soixante livres tournois*, une fois payées, et une rente de *vingt sols tournois*, dont quinze, après la mort de Marie, devront revenir à l'héritier universel de Raymond ; à Aymarde, sa seconde fille, une dot de *cinquante livres tournois* et une rente de *vingt sols tournois*, dont quinze devront, après sa mort, revenir aussi à l'héritier universel. Raymond veut et ordonne que ses deux filles entrent en religion. Il donne à Aymard, son fils cadet, une rente de *cent sols tournois*, la nourriture et le vêtement dans le château, sa vie durant ; et s'il arrive qu'Aymard entre en religion, la rente, après sa mort, devra revenir à l'héritier universel, le fils aîné de Raymond.

Raymond n'oublie pas le legs, assez commun alors, en faveur de la Terre-Sainte ; il donne pour le *passage transmarin cinq sols* de la monnaie courante, une fois payés.

Nous voyons par ce même testament qu'il existait à Terrasson une *Confrérie* dite de Saint-Sour ; Raymond lui lègue un sétier de froment.

Nous n'avons trouvé aucune trace des statuts

de cette Confrérie, rien qui nous indiquât sur quelles bases elle était assise; mais il est facile d'en présumer le but par la nature du legs de Raymond : elle était fondée en faveur des pauvres ou de ce qu'on appelle aujourd'hui la classe ouvrière.

Nous avons déjà émis la pensée de rétablir cette *Confrérie :* ne voulant rien négliger, sans faire d'innovation, de ce qui peut être avantageux à cette partie si intéressante de notre troupeau, la plus chère à notre cœur. Toutes les fois que nous trouverons dans le passé une leçon utile, nous serons heureux de la recueillir et de la communiquer à notre peuple; nous serons heureux de pouvoir lui dire, en rétablissant la Confrérie de Saint-Sour sur ses bases primitives : « Nous avons interrogé vos anciens, et il nous ont » appris. » En effet, les anciens s'entendaient mieux que nous à soulager les pauvres; leurs associations de bienfaisance s'inspiraient aux sources toujours pures de la foi et de la charité. Les anciens étaient *charitables,* nous ne sommes que *philanthropes*. En les consultant, nous apprendrons à aimer l'homme sans le détacher de Dieu, son principe et sa fin. C'est l'athéisme qui a introduit dans notre langue le mot *philanthropie;* gardons le mot *charité,* venu du ciel : il sera toujours plus fécond en inspirations heureuses pour le bien de nos semblables.

Nous rentrons dans notre sujet.

Une bulle du Pape Innocent VI, du mois de janvier 1352 (1), portant dispense d'une irrégularité pour la réception des saints ordres, nous révèle un fait qui nous donne un aperçu des vexations auxquelles étaient en butte les moines de notre Abbaye de la part des petits seigneurs.

La maison de Souillac, que nous voyons plus tard se confondre dans la maison de Monmége, avait pour rivale la maison du Luc (2). Les deux

(1) Archives du Vatican, table des registres du pape Innocent VI, t. i, fol. 391. — Mss Leydet, fonds Lespine, vol. 56, fol. 446.

(2) Les du Luc avaient leur château au Luc, près d'Issandon; ils étaient seigneurs du Luc et de Transalva, et co-seigneurs de Mansac. Cette famille tomba en quenouille et passa

maisons ne cessaient de se vexer mutuellement par de fréquentes excursions sur les terres l'une de l'autre, et souvent elles en venaient aux mains.

Dans une de ces rencontres, le chevalier Bertrand du Luc avait pris et emmené prisonnier le fils de Raymond de Souillac, damoiseau. Pierre de Souillac, frère du prisonnier, et âgé seulement de dix-sept ans; mais animé de toute la fougue naturelle à cet âge, voulut user de représailles et venger l'honneur de sa famille. Un frère de Bertrand du Luc, nommé Jaubert, était moine de l'Abbaye de Terrasson. Pierre, aidé de quelques complices, pénétra de force dans le cloître, se saisit de Jaubert du Luc, l'arracha de sa cellule et l'entraîna avec lui, au grand scandale des moines, trop faibles ou trop timides pour essayer de défendre leur frère.

avec son nom, le 15 février 1510, dans la famille des du Saillant, par le mariage de Catherine du Luc avec Jeaniquot du Saillant, seigneur de Flaumont. C'est aujourd'hui la famille du Saillant-du-Luc, qui habite les Forges, près de Lougnac, diocèse de Tulle.

Il est dit que le moine Jaubert fut gardé quelque temps prisonnier; sans doute jusqu'à ce que
Bertrand eut donné la liberté au frère de Pierre
de Souillac.

Quelques années plus tard, le même Pierre
de Souïllac, probablement pour expier le crime
qu'il avait commis en forçant l'entrée du cloître
et en portant une main sacrilége sur un oint
du Seigneur, prit lui-même l'habit monastique,
dans l'abbaye de Saint-Amand. Ignorait-il l'irrégularité dont il était frappé, ou ne voulut-il pas
l'avouer? Nous ne le savons pas. Toujours est-il
que, sans en être relevé, Pierre de Souillac fut
pourvu du titre monacal d'une chapelle, dépen-
dante du monastère, et, plus tard, du titre de
l'église paroissiale de Saint-Geniès, laquelle,
d'habitude, était administrée par les moines de
Saint-Amand; reçut, sous ce titre, les ordres
sacrés de sous-diaconat et de diaconat, et perçut
les revenus de cette église. Il n'osa, quoiqu'il en
eût l'âge, recevoir l'ordre de prêtrise; soit que,
plus instruit du droit ecclésiastique, il eût ac-

quis la connaissance de son irrégularité, soit pour tout autre motif. Mais, enfin, revenu à de meilleurs sentiments, il fit la restitution des fruits injustement perçus de la chapellenie du monastère et de l'église de Saint-Geniès, se démit de son bénéfice, fit réparation à l'abbé et aux moines de Terrasson de l'injure qu'il leur avait faite, demanda humblement pardon au moine Jaubert du Luc, et adressa une supplique au Pape, aux fins d'obtenir l'absolution de son péché et de l'excommunication qu'il avait encourue. Le cardinal de Taleyrand, qui jouissait à bon droit des faveurs d'Innocent VI, présenta lui-même et appuya la requête de Pierre de Souillac, et le Pape, par la bulle dont nous avons parlé, donna commission à l'Official du diocèse de Sarlat d'absoudre le moine repentant de toute irrégularité et inhabileté, et de le pourvoir de nouveau du bénéfice de l'église de Saint-Geniès; le déclarant habile à être promu au sacerdoce, à recevoir et à garder, soit comme administrateur, soit comme simple dignitaire,

tout bénéfice qui lui serait canoniquement conféré.

A la suite de ce fait, il se présente naturellement une réflexion qui ressort aussi du testament
de Raymond du Fraysse, dont nous avons parlé.
Le moyen-âge nous offre sans doute de grands et
beaux exemples de piété, de zèle pour la prospérité de l'Eglise, et ce n'est pas nous qui jette-
rons le blâme sur les sociétés monastiques de
cette époque. Mais, nous devons le dire, la porte
des cloîtres fut trop facilement ouverte aux ca-
dets des grandes familles; l'histoire religieuse
doit flétrir ce droit d'aînesse, aussi injuste que
ridicule, qui faisait qu'un père, s'arrogeant une
autorité que la nature et Dieu lui refusent, imposait en souverain, à ses fils plus jeunes le choix
entre la robe et l'épée, à ses filles l'obligation
de se renfermer dans un cloître. Presque tous
les abus dont la religion eut à gémir dans les
monastères, prirent leur source dans ce prétendu
droit. Ce n'était point l'Esprit de Dieu qui conduisait ces hommes dans la solitude, il était dif-

ficile qu'ils s'y montrassent toujours les fidèles
observateurs des saintes règles.

C'est, sans nul doute, à cette cause que nous
devons attribuer l'esprit d'insubordination qui
s'était introduit, en 1395, dans le monastère de
Saint-Sour, et dont l'abbé Gui des Motes se plaignait au vicaire-général de Sarlat. Il lui expo-
sait, dans une lettre, qu'il avait des moines
vicieux, incorrigibles qui, plusieurs fois, lui
avaient résisté ouvertement, avaient même at-
tenté à sa vie, et il priait le vicaire-général d'y apporter un prompt remède (1). Saint Bernard, lui-
même, se plaignait de quelque chose qui res-
semble beaucoup aux faits allégués par l'abbé des
Motes.

Nous avons parlé de la suzeraineté des vicomtes de Turenne sur l'Abbaye de Terrasson; nos
lecteurs nous sauront gré de trouver ici l'hommage que l'abbé faisait au vicomte en 1363.

(1) Biblioth. imp., Mss. Prunis, dans le fonds Lespine, vol. 58,
fol. 251.

« Le mercredi, veille de la Chaire de Saint-
» Pierre, de l'an du Seigneur 1363, dans le châ-
» teau abbatial de Terrasson, en présence du
» chevalier Raymond de Souillac et de noble
» Adémard du Fraysse, témoins; révérend père
» en Jésus-Christ, Dom Hugues de Laroche, par
» la permission divine abbé du monastère de
» Terrasson, de l'ordre de Saint-Benoît, dans le
» diocèse de Sarlat, a fait hommage, tant pour
» lui que pour son monastère, à illustre et puis-
» sant homme Renauld, sire de Pons, vicomte
» de Carlats et de Turenne, et a reconnu tenir
» du dit vicomte le domaine, la juridiction et
» toute justice, haute et basse, et l'exercice de
» cette justice sur les hommes ou habitants des
» manses et borderies du dit seigneur abbé, éz
» paroisses de Pazayac, Lafeuillade, Grèzes,
» Chartrier, Ferrières, Nadaillac, Chavagnac,
» Ladornac, Chapelle-Morés, Condat et ailleurs,
» et devoir, par le fait de son élection, au dit vi-
» comte, une paire d'éperons, dorés en-dessus.

» Acte retenu par Duchesne, notaire de la vi-
» comté (1). »

Nos lecteurs remarqueront comme nous ce
tribut d'*une paire d'éperons*, *dorés en-dessus*, que
tout abbé du monastère de Terrasson, nouvelle-
ment élu, devait payer au vicomte de Turenne.
D'après les coutumes féodales, le signe de l'hommage se rapportait, non à la qualité du vassal,
mais à la qualité du suzerain. L'abbé de Terrasson donnait à son suzerain une partie de l'équi-
pement qu'il fallait à un homme de guerre.

Un an plus tard, ainsi que nous l'apprenons
par un Bref d'Urbain V, daté d'Avignon le 7
décembre 1364, ce même Hugues de Laroche
reçut, conjointement avec l'abbé de Saint-Amand
et le doyen du monastère de Souillac, en Quercy,
une mission toute de confiance, de la part du
Saint-Siège. Il est dit dans le Bref pontifical,
qu'il « est arrivé à la connaissance du Saint-Père

_____

(1) Biblioth. imp., Mss. Leydet dans le fonds Lespine, vol. IX,
fol. 18.

» que les revenus du prieuré de Montignac, de
» l'ordre de Saint-Benoît et dépendant de l'église
» de Sarlat, ont été considérablement diminués
» par la peste qui a causé une grande mortalité
» sur les bestiaux, et par les guerres dont ce pays
» a été le théâtre; que, néanmoins, le Prieur, qui
» n'est que pour un temps, doit payer à l'évêque
» de Sarlat le subside convenu pour ses visites
» pastorales, fournir à chacun des membres du
» chapitre et à ses confrères les moines, deux fois
» par an, le pain et le vin nécessaires, et sup-
» porter les autres charges inséparables de sa di-
» gnité. Ce qui fait que ce même Prieur, quoiqu'il
» reçoive, comme les autres moines, sa portion
» entière des revenus de l'église de Sarlat, où il
» ne réside cependant que deux jours de la se-
» maine, ne peut, avec cette portion et les reve-
» nus de son prieuré, vivre convenablement. C'est
» pourquoi, le Souverain Pontife, n'ayant pas de
» cet état de choses une connaissance suffisante, a
» recours à des hommes en qui il a une confiance
» absolue, et, par le Bref apostolique, sa Sainteté

» enjoint à l'abbé de Terrasson, à celui de Saint-
» Amand et au doyen de Souillac, ou à l'un des
» trois, à défaut des deux autres, de prendre des
» informations certaines sur toutes ces choses,
» sans bruit ni sans aucune forme de jugement,
» et d'en instruire le Saint-Siége par lettres-pa-
» tentes scellées de leurs sceaux, ou bien par un
» acte public dans lequel sera rapporté le Bref
» apostolique (1). »

Les documents nous manquent pour dire quel
fut le résultat de l'enquête des trois commissaires, et quelles mesures furent prises par le
Saint-Siége pour améliorer la position du Prieur
de Montignac.

Les guerres dont il est question dans le Bref
pontifical désolèrent non-seulement le pays de
Montignac, mais le Périgord tout entier. Il
s'agit de la longue lutte engagée, dans l'A-
quitaine et au sujet de cette province, entre les
Anglais et les Français, et qui occupa une

---

(1) Arch. du Vatican, reg. coté Urbain V, tom. x, fol. 280.

grande partie du xive siècle. Elle se fit rudement sentir à Terrasson et dans toute la partie du Bas-Limousin qui nous avoisine. Notre Abbaye fut de nouveau pillée et détruite; il ne resta plus rien de ses remparts, de ses tours, de son mur d'enceinte, et la magnifique église, bâtie au xiie siècle, disparut sous la main des démolisseurs. Les chroniques ne nous ont pas laissé la date précise de ces derniers désastres; mais ils n'eurent lieu probablement que vers la fin du xive siècle. Enfin, l'orage s'étant un peu apaisé, les moines revinrent se loger comme ils purent sous les débris de leur monastère, qui ne fut rebâti, nous le constaterons bientôt, que dans la deuxième moitié du siècle suivant.

On le comprend; tant de malheurs n'arrivaient point à l'Abbaye de Terrasson, qui était le fort, la citadelle de la ville, sans que les habitants de celle-ci n'en ressentissent fortement les contrecoups. Ils voyaient alors leurs maisons pillées et détruites, leurs campagnes ravagées; ils subissaient tous les maux que la guerre traîne ordi-

nairement après elle. Il fallait ensuite qu'ils se
dépouillassent du peu qui leur restait pour payer
les frais de ces guerres incessantes. C'est ainsi
qu'en 1348, plusieurs communes du Périgord
et du Bas-Limousin furent taxées à de fortes
sommes par le duc de Normandie pour payer les
frais de la guerre de Gascogne. La ville de Terrasson fut imposée pour sa part à trente-quatre
livres ; somme considérable à cette époque (1).
D'ailleurs, la ville était loin d'avoir l'importance
qu'elle a aujourd'hui. D'après l'*Etat des châtellenies et paroisses du Périgord* (2), dressé en
1365, la paroisse de Terrasson n'avait que 150
feux, et la paroisse de Lavilledieu, qui lui était
annexée, n'en avait que 15. Ce qui donnait, en
comptant huit personnes par feu, 1,200 âmes
pour la paroisse de Terrasson, et 120 pour celle
de Lavilledieu. Aujourd'hui, d'après le dernier
recensement, le chiffre total des habitants des

---

(1) Compte des domaines du Périgord et du Quercy, année
1348.

(2) Conservé dans les papiers Lespine, vol. 38, fol. 92.

deux paroisses réunies, est 4,061. On peut juger par là des progrès qu'a faits notre population dans l'espace de 500 ans.

V.

1401 — 1580.

Nous n'avons pas, au commencement de cette période, le nom de l'abbé qui gouvernait l'Abbaye, à moins que ce ne fût ce même Gui des Motes dont nous avons précédemment rapporté les plaintes au grand-vicaire de Sarlat. Sans doute qu'à l'aide de l'intervention épiscopale, et aussi par sa patience, sa douceur, son zèle, sa piété, il parvint à faire rentrer dans le devoir ces moines *vicieux* et *incorrigibles*, qui durent cesser d'attenter à sa vie ; car, s'il n'y a point de lacune dans notre catalogue, le gouvernement de cet abbé fut de plus d'un demi-siècle, de 1385 à 1437, où nous trouvons Hugues de Brosse, de la noble famille des seigneurs de

Sainte-Sévère, descendants des vicomtes de Limoges (1).

Sous ce dernier abbé, il s'éleva une contestation entre lui, d'une part, et Jean de Bretagne,
comte de Périgord, noble Gui de Roffignac,
seigneur de Chavagnac, Joubert de Condat, seigneur de Peyraux, Bertrand de Souillac, sieur
de Monmége, Marie de Boisseuil, veuve de Philippe de Verneuil, d'autre part, « au sujet de la
» justice et juridiction du village de Nursas (2),
» assis ez paroisses de Terrasson et Condat, avec
» ses appartenances et dépendances ». Par sentence arbitrale que nous voyons signée *de Bro-*
lio, notaire d'Alassac, « le comte fut maintenu,
» ensemble lesdits nobles, en la possession et
» jouissance desdites justice et juridiction, cens
» et rentes, respectivement (3). »

A la suite de cet Hugues de Brosse, le catalo-

(1) *Gallia-Christiana.*
(2) Probablement le village appelé aujourd'hui *Bouillac.*
(5) Biblioth. imp., Mss. Leydet dans le fonds Lespine, vol.
55, fol. 252.

gue de nos abbés nous présente les noms des plus illustres familles du Périgord et du Limousin, les Pompadour, les Roffignac, les Lafaye, les Lespinay-de-Saint-Luc, les Monmége.

S'il fallait en croire Claudius Estiennot et les auteurs de la *Gallia-Christiana*, ce serait sous le gouvernement de Bertrand de Roffignac que le château abbatial, le monastère et l'église, détruits dans le temps des guerres des Anglais en Aquitaine, auraient été reconstruits. Cet abbé, issu d'une illustre famille du Limousin (1), aurait usé de l'influence que lui donnait son nom, et de sa fortune personnelle, qui était considérable, pour relever encore une fois notre Abbaye de ses ruines et lui rendre quelque chose de son ancienne splendeur. Il est vrai que les auteurs de la *Gallia-Christiana* et Claudius Estiennot, en

(1) Roffignac, noble famille gallo-romaine, la première que saint Martial convertit à la foi, lors de son apostolat dans le Limousin. Aussi les seigneurs de Roffignac prenaient-ils le titre de *Premiers Chrétiens* du Limousin. Leur château était situé dans la ville même d'Alassac. (Le P. Bonav., Hist. de Saint-Martial).

faisant cet honneur à Bertrand de Roffignac, ne
disent point à quelle époque cet abbé gouvernait l'Abbaye de Terrasson. Mais, par les *Extraits*
que Leydet a faits de nos archives, nous ne
voyons apparaître Bertrand de Roffignac sur le
siége abbatial que vers la fin du xvᵉ siècle et
au commencement du xvᵢᵉ. Nous le trouvons
pour la première fois avec le titre d'abbé, dans
le testament, daté du 23 juillet 1491, de *noble
et puissant homme* Jean de Roffignac, seigneur
de Chavagnac; il y est désigné comme exécuteur
testamentaire avec *noble homme* Jean de Souillac, seigneur de Monmége. Le 23 mars 1494, il
présidait à Terrasson une assemblée conventuelle
dans l'église abbatiale, et nous le voyons encore
dans des actes de 1500 et 1504 (1). Or, il n'est
pas probable que les moines de Terrasson et le
peuple lui-même, si intéressé à la prospérité du
monastère, aient attendu à le reconstruire jusqu'au temps de l'abbé de Roffignac.

(1) Mss. Leydet, dans le fonds Lespine, vol. 55, fol. 255.

Malheureusement (car les ravages de la guerre contre les Anglais ne furent pas le dernier de nos maux), il ne nous reste que très-peu de chose du monastère construit à cette époque. La science ne peut donc que très-vaguement appliquer ici ses inductions pour en fixer la date précise. Une porte à ogive dans les caves, et un portail extérieur que nous avons récemment découvert sous une maçonnerie moderne, accusent les constructions de la première moitié du xv⁵ siècle.

Mais nous avons, en partie du moins, l'église qui remplaça alors le monument du xii⁵ siècle, et encore le caractère architectonique de cette église est-il vague, indécis, et serait-il difficile de désigner par le seul aspect l'époque positive de sa construction. Le plan est pris sur la forme d'une croix latine, et l'architecture du xv⁵ siècle s'y confond avec l'architecture du xiv⁵ et du xiii⁵. Les voûtes en arête, à nervure diagonale, à grande dimension, sont d'une hardiesse extrême, mais plates et lourdes comme toutes cel-

les du xvᵉ siècle. La partie de ce monument la
plus remarquable par son ornementation, est le
portail de la façade, caché aujourd'hui par le
presbytère. On y voit les guirlandes à jour, les
feuilles, les fleurs, les fruits, les choux frisés
que prodiguaient partout les architectes du xvᵉ
siècle.

Toutefois, si Bertrand de Roffignac ne commença point la restauration du monastère et de
l'église, il en trouva les constructions, celles de
l'église du moins, inachevées, lorsqu'il fut élevé
sur le siége abbatial, et il les continua active-
ment. Ses armes, qui étaient d'or, au lion de
gueules, se voient sur chaque pilier du chevet
et tout autour et dans le couronnement; ce qui
nous explique pourquoi Claudius Estiennot et
les auteurs de la *Gallia-Christiana* lui ont attri-
bué la construction ou du moins la restauration
de cet édifice. Il ne put cependant terminer cette
œuvre; la gloire en était réservée à son successeur médiat, Bertrand de Lafaye, qui gouvernait l'Abbaye en 1513. Les armes de ce dernier

abbé (d'azur à la bande d'or, accompagnée de deux fleurs de lis de même) se voient sur la clef des voûtes de l'église.

Quant à la partie qui formait le château abbatial et seigneurial, on avait négligé de la réparer; Leydet cite un *Mémoire* des premières années du xvi⁰ siècle, contre Odet d'Aydie, seigneur de Larche, dans lequel on lit que « le » château de Terrasson est ruiné depuis cent » ans, sans fossés, portes ni fenêtres (1), » et dans un *Mémoire sur l'état, la population et l'étendue des terres de la maison d'Albret en Périgord,* vers l'an 1502, nous lisons : « Dans la » châtellenie de Larche et Terrasson, primò y » est le château de Terrasson détruit et tombé » et n'y a nulle habitation. Ledit châtel de » grande renommée, mais de peu de valeur, » assis en la paroisse de Terrasson, où est l'Ab- » baye belle et notable, mille à douze cents li-

(1) Biblioth. imp., Mss Leydet dans le fonds Lespine, vol. 9, fol. 104.

» vres de revenus et les justices par tous les fiefs,
» lieux et villages en toute la paroisse de Ter-
» rasson et en toute la justice de Larche (1). »

Ces derniers documents nous prouvent que les
abbés seigneuriaux, qui s'étaient succédés depuis
les désastres du xiv⁰ siècle, s'oubliant eux-mêmes, avaient négligé leur propre habitation pour
ne s'occuper que du bien-être de leurs religieux
et de la beauté de la maison du Seigneur. L'Abbaye était *belle et notable*, et le château abbatial
ne présentait qu'un amas de ruines. Ce qui nous
prouve encore que les moines de Terrasson n'é-
taient pas restés oisifs, jusqu'au temps de l'abbé
de Roffignac, devant les ruines de leur monastère et de leur église. Cependant, des réparations se firent plus tard au château abbatial;
nous aurons lieu de les constater.

Le seizième siècle dans lequel nous sommes
entrés, nous présente de graves évènements;

---

(1) Biblioth. imp., Mss. Leydet dans le fonds Lespine, vol. 83,
fol. 588.

notre Abbaye eut sa part des maux que semè-
rent dans la France les guerres civiles dites *de
religion*, mais auxquelles la politique ne fut pas
étrangère. Avant de raconter ces derniers malheurs, nous devons donner place à quelques
faits, de peu d'importance, il est vrai, mais qui
nous disent mieux la marche de notre Abbaye
dans le repos que Dieu lui avait fait, et dans lequel elle devait se retremper et acquérir de nouvelles forces, pour soutenir de nouveaux combats, passer par de nouvelles épreuves, essuyer
de nouveaux malheurs.

A Bertrand de Roffignac avait succédé Antoine Brigon. Ce dernier abbé appartenait au
diocèse de Carcassonne, et ne vint jamais probablement s'asseoir sur le siége abbatial. Il avait
envoyé comme procurateur, honorable homme
François Avril, prêtre et recteur de l'église de
Castaneys, au diocèse aussi de Carcassonne (1).

(1) Biblioth. imp., Mss. Leydet dans le fonds Lespine, vol.
55, fol. 242.

Antoine Brigon dut mourir ou se démettre vers la fin de l'année 1512, car, dès le 2 mai 1513, nous lui trouvons pour successeur et sous le titre d'abbé commandataire, Bertrand de Lafaye dont nous avons déjà parlé. Celui-ci, de la noble famille des Lafaye, seigneurs d'Auriac (1), assistait, le 5 juin de la même année, avec les évêques de Tulle, de Sarlat, d'Aix, l'abbé de Châtres et autres dignitaires ecclésiastiques, à la première entrée à Périgueux de Gui de Castelnau, évêque de cette ville (2).

Bertrand de Lafaye posséda peu de temps l'Abbaye. Il eut pour successeur, dès les premiers jours de l'année 1514, Hugues de Roffignac, de la même famille que Bertrand de Roffignac dont il vient d'être parlé, peut-être même était-il son frère. Voici comment il est qualifié dans un acte retenu par Malcione, notaire public, et trouvé par Leydet dans les archives de

(1) Biblioth. imp., Mss. Leydet dans le fonds Lespine, vol. 55, fol. 242.
(2) Biblioth. imp., Mss. Lespine, vol. 32, fol. 69.

Belvès : « Révérend Père en Jésus-Christ, sei-
» gneur Hugues de Roffignac, licencié, recteur
» de l'église paroissiale de Saint-Pantaléon de
» Chavagnac, dans le diocèse de Sarlat, abbé
» commandataire du monastère et de l'Abbaye
» de Saint-Sour-de-Terrasson, et protonotaire
» apostolique (1). »

Hugues fut, comme Bertrand, le bienfaiteur
du monastère, et notre ville lui doit, sinon la
création, du moins le développement de son
commerce, qui fait aujourd'hui sa richesse. Terrasson n'avait eu jusqu'alors, comme but de réunion offert aux peuplades voisines, que trois solennités annuelles, moitié religieuses, moitié
commerciales : la Saint-Sour, la Saint-Julien, la
Saint-Martin. Hugues de Roffignac sollicita et
obtint de François Ier la création d'un marché
par semaine et de quatre foires dans l'année. Il
avait exposé dans sa requête que l'Abbaye était

(1) Biblioth. imp., Mss. Leydet, fonds Lespine, vol. 55, fol.
256.

ancienne, de fondation royale et assise en un lieu
très-fertile. Le décret de création est du mois de
mars 1514 (1).

C'est de Bertrand ou de Hugues de Roffignac
que doit être la statue sépulcrale que des fouilles nous ont fait découvrir dans les décombres
de la nef de l'église. L'abbé y était représenté
en habits sacerdotaux, tenant d'une main la
crosse abbatiale et de l'autre un livre ; on voit
encore aux pieds le lion des Roffignac. Cette
statue, qui devait reposer sur un tombeau élevé
au-dessus du sol de l'église, fut-elle l'œuvre de
la ville reconnaissante ? Nous aimons à le penser.

Du reste, le tombeau des Roffignac n'était
pas le seul qu'on voyait dans l'église du monastère de Terrasson ; il y en avait plusieurs autres,
et notamment ceux des seigneurs de Monmége,
de Souillac, de Saint-Chamant-du-Pesché. Mais

(1) Biblioth. imp., Mss. Leydet dans le fonds Lespine, vol.
55, fol. 240.

tous ces monuments furent renversés et brisés
par les Novateurs (1).

Hugues de Roffignac posséda l'Abbaye jusqu'en 1517. Il eut pour successeur Antoine de
Mosnar. Trois ans plus tard, en 1520, celui-ci
était remplacé par Bertrand de Lafaye, de la
même famille (peut-être le même, dit Lespine)
que celui dont il a été déjà parlé.

Ce Bertrand de Lafaye nous apparaît, dès les
premières années, honoré du titre de protonotaire
du Saint-Siége, et possédant la confiance du roi
de Navarre, Henri, comte de Périgord. Par une
commission, donnée à Pau le 13 décembre 1522,
« ce prince le charge, conjointement avec Me Puy-
» lard, licentié ez droits, seigneur de Chambon
» et juge d'Appaulx en la vicomté de Limoges,
» Hélie André aussi licentié ez droits, juge-
» général en ladite vicomté et aussi juge d'Ap-
» paulx en la comté de Périgord, et Pierre

---

(1) Bibliothèque imp., Mss. de Claudius-Estiennot. *Gallia-*
Christiana.

» Mosnier, seigneur de Plancauls, ex-auditeur
» des comtes, de recevoir les hommages des ac-
» quéreurs des fiefs, places, seigneuries, rentes
» et autres pièces nobles en quelque qualité
» qu'elles soient tenues de lui (du roy), et inves-
» tir tous et recevoir à reconnaissance en son
» nom tous acquéreurs de pièces et possessions
» non nobles et roturières aux droits, devoirs et
» charges qui pour ce sont et peuvent être
» deus.... Appelé et assistant avec lesdits pro-
» cureurs et commissaires, ou ceux d'entre eux
» qui y vaqueront, l'un des secrétaires ou com-
» mis, pour retenir les instruments desdits hom-
» mages et investitures, avec commission de le-
» ver les lots et rentes et acaptes qui lui sont
» dus dans les châtellenies de Montignac-le-
» Comte, Montpaon, le Pariage Saint-Front,
» Saint-Astier, Larche, Terrasson, Ségur, Pay-
» zac, Nontron, Auberoche, Excideuil, Génitz,
» Meruscles et Masseré (1). »

(1) Biblioth. imp., Mss. Leydet dans le fonds Lespine, vol. 9, fol. 22.

Nous avons une autre preuve de la confiance
dont jouissait Bertrand de Lafaye ; nous devons
la rapporter ici. Un différend s'était élevé, au
sujet du droit de visite, entre Jean de Plas, évêque de Périgueux, et François de Chaumont,
abbé de l'église collégiale et séculière de Saint-
Astier, et ses chanoines. Les parties choisirent
pour juges l'abbé de Terrasson et André Macé,
théologal de la cathédrale de Périgueux. Une
transaction eut lieu dans le château de Montancé
le 9 du mois d'août 1529. Il fut réglé « que l'é-
» vêque de Périgueux n'aurait sur le chapitre
» de Saint-Astier de juridiction que comme il en
» avait sur celui de la cathédrale, avec cette mo-
» dification que cette exemption ne pourrait
» avoir lieu que pour le nombre de trente-six
» personnes, abbé, chanoines et habitués du
» chœur de l'église de Saint-Astier ; que l'évê-
» que pourrait faire la visite de l'église de Saint-
» Astier et de celles qui lui étaient unies (1). »

(1) Biblioth. imp., Mss. Leydet dans le fonds Lespine, vol.
32, fol. 89.

Bertrand de Lafaye était encore abbé de Terrasson en l'année 1541, et faisait hommage au comte de Périgord (1). Il se démit, en cette même année, en faveur de Pierre de Lafaye, son neveu, en se réservant une pension, comme on le voit par son testament du 20 juin 1547. Il y déclare « avoir fait étudier Pierre de Lafaye, » son neveu, en l'université de Paris, et lui avoir » donné son Abbaye de Terrasson (2). » L'investiture de celui-ci est datée de la première année du pape Paul III, 23 mai 1541 (3). Il fit procuration le 1er août suivant, pour prendre les fruits de l'Abbaye, à Jean de Lafaye, peut-être son frère, à Pierre et Raymond Lambert (4).

Tous les abbés que nous venons de nommer et les autres qui possédèrent l'Abbaye, depuis le milieu du siècle précédent, furent *com-*

(1) Archives de Pau.
(2) Biblioth. imp., Mss. Leydet dans le fonds Lespine, vol. 55, fol. 258.
(3) Archives du Vatican, bulletins du cardinal Garampi.
(4) Biblioth. imp., Mss. Leydet dans le fonds Lespine, vol. 55, fol. 257.

mandataires, recevant leur nomination et leur investiture directement du Saint-Siége. Mais, en 1559, par une concession qui ne fut pas sans produire de graves abus, le Saint-Siége se démit de son droit et plaça notre Abbaye, comme tant d'autres monastères de France, en *commande*, à la nomination du roi (1). Quatre ans plus tard, le 8 janvier 1564, cédant à la prière du roi Charles IX, Eustache ou Charles de Lespinay, abbé commandataire, aliéna le temporel de l'Abbaye pour la somme de 1,335 livres (2).

Ce fut à cette époque ou un peu plus tard, disent les auteurs de la *Gallia-Christiana*, que l'Abbaye, ayant été détruite par les protestants, tomba au pouvoir des laïques, qui s'en attribuèrent les revenus et y mirent des gardiens connus sous le nom d'abbés *confidentiaires*. Nous voyons, en effet, que Charles IX voulant récompenser les

(1) Archives du Vatican, *Acta Consistorialia*, ab ann. 1550 ad 1559, vol. 3, fol 237.

(2) Biblioth. imp., Mss. Leydet dans le fonds Lespine, vol. 55, fol. 237.

services que Jean de Losse, capitaine de ses
gardes, lui avait rendus dans le temps des guerres de religion, lui fit donation de notre Abbaye.
Nous reproduisons la lettre que ce monarque
écrivait à cette occasion à son favori : « M. de
» Losses, afin que vous voyez comme nous avons
» bonne souvenance de vous, je vous veulx bien
» advertir comme je vous ay accordé la capitay-
» nerie du Louvre qu'avoit Genlys, et sembla-
» blement vous ay donné une Abbaye de la va-
» leur de cinq mil livres de rente, comme vous
» sçaurez ci-après plus amplement. M'assurant
» que tout cela ne vous sçauroit augmenter l'af-
» fection que vous avez toujours eue de me faire
» service, mais bien vous faira connoistre que je
» n'oublie point mes bons serviteurs, tels comme
» je vous estime et vous répute. Priant sur ce le
» Créateur vous avoir, M. de Losses, en sa sainte
» et digne garde. D'Orléans, ce xv° jour de no-
» vembre 1568. Charles. » Plus bas, « Noblet. »
Au dos : « A M. de Losses, chevalier de mon
» ordre et capitayne de mes gardes. » Le brevet

de donation de l'Abbaye de Saint-Sour en Périgord, accompagnait cette lettre (1).

Nous ne pouvons donner la date précise de la
destruction de notre monastère par les protestants ; mais on sait les ravages que ces préten-
dus réformés exercèrent dans le Périgord, aux
environs de Sarlat, et dans le Limousin, aux environs de Brives. S'étant rendus maîtres de Terrasson, ils s'occupèrent immédiatement à détruire les murs du monastère et les voûtes de la
nef de l'église. Ils en étaient à ce dernier point
de leur vandalisme, lorsque les catholiques re-
prirent vigoureusement l'offensive, chassèrent

(1) Jean de Losse était seigneur de Losse, de Thonac, Saint-
Léon, Thenon, Peyrignac, Gaubert, Saint-Rabier, Bannes.
L'Abbaye de Terrasson n'était point la seule qu'il eût reçue de
Charles IX. Nous voyons dans une lettre du 3 mars 1573 que
ce monarque lui dit « qu'ayant entendu que l'abbé de Saint-
» Maurin, dans le diocèse d'Agen, est malade à l'extrémité et
» qu'il n'y a aucun doute que cette maladie ne l'emporte, il
» lui accorde cette Abbaye. » Nous avons sous les yeux d'autres lettres adressées à Jean de Losse par Charles IX, Catherine de Médicis, Henri de Navarre et la reine Marguerite de
Navarre. Elles nous prouvent combien ce Jean de Losse était
un personnage important, et nous fournissent des particulari-
tés curieuses sur une des époques les plus dramatiques de
notre histoire.

Vue de l'Église de Terrasson.

l'ennemi de sa position, et sauvèrent ainsi l'autre partie de l'église.

Ces derniers malheurs causèrent à notre Abbaye des pertes immenses qui ne furent jamais bien réparées. Les abbés qui se succédèrent jusqu'en 1789, trop pauvres, peut-être aussi trop peu zélés (ils furent presque tous commandataires ou confidentiaires), pour rendre au monument son ancienne splendeur, se bornèrent à relever quelques pans de mur tombés sous la main des démolisseurs du seizième siècle.

Quant à l'église, on n'entreprit point d'en reconstruire la nef. Les protestants n'avaient pu démolir le sanctuaire, l'abside et le transept. On se contenta d'élever un mur de séparation entre la partie conservée et la nef, et d'établir sur le mur de façade, pour remplacer le clocher, un mur arcade qui existe encore et soutient quatre cloches.

Notre Abbaye en était réduite à cet état, lorsqu'arriva en France la réforme ordonnée dans les monastères par le Concile de Trente. Le saint

Concile avait prescrit que « tous les monastères
» qui n'étaient point soumis à des Chapitres-gé-
» né ux et qui n'avaient point leurs visiteurs-
» eguliers ordinaires, mais qui avaient accou-
» tumé d'être sous la conduite et sous la protec-
» tion immédiate du Siége-Apostolique, seraient
» tenus de se réduire en congrégation (1). » En
exécution de ce décret et par suite de l'ordonnance de Blois, sous Henri III, il se forma en
France, en 1580, des diverses branches de l'Ordre de Saint-Benoît, la congrégation des Bénédictins-Exempts, c'est-à-dire exempts de la juridiction de l'évêque diocésain et relevant immédiatement du Saint-Siége. L'Abbaye de Terrasson en fit partie et fut comprise, par l'Ordre, dans
la province de Guienne. Elle y occupa un rang
distingué et offrit, à diverses époques, des sujets
que surent apprécier les différentes communautés de la Congrégation. Ainsi, en 1686, un
moine de notre Abbaye, du nom de Dom Jean

_____

(1) Concile de Trente, ss. 25, ch. 8.

Valronne, avait le titre de *Définiteur* de la province de Guienne, venant immédiatement après le provincial et l'aidant dans l'administration des affaires spirituelles et temporelles de la province; un autre, en 1731, appelé Dom Louis de Carbonnière-de-Jayac, fut élevé à la dignité de *Provincial*, un troisième, enfin, en 1769, Dom d'Archignac, fut élu *Général* de l'Ordre.

VI.
1581 — 1657.

Les premières années de cette période nous présentent un étrange spectacle. Notre Abbaye, tombée au pouvoir des seigneurs laïques, est devenue l'objet des convoitises de plusieurs abbés confidentiaires, qui se la disputent assez long-temps, chacun faisant valoir ses droits devant le Grand-Conseil, qui devra intervenir par plusieurs arrêts.

Nous avons vu que l'abbé Eustache de Lespinay possédait l'Abbaye et qu'il en aliénait le temporel en 1564. Conserva-t-il encore longtemps le titre d'abbé? nous l'ignorons; mais il ne mourut qu'en 1591, étant évêque de Dol, et, dès l'année 1576, nous lui trouvons pour successeur, avec le titre d'abbé commandataire, Jean de Villepreux. La bulle de provision de celui-ci, donnée à Rome le 7 novembre 1576, ne fut fulminée par l'Official de Sarlat que le 1ᵉʳ janvier 1579, et le titulaire prit possession le 8 du même mois (1).

Deux ans s'étaient à peine écoulés que ce même Jean de Villepreux résignait en faveur de Pierre de Froidefond, qui recevait ses bulles le 7 des kalendes de février 1581, et prenait possession le 4 juin de la même année (2). Mais il paraît que la démission de Jean de Villepreux ne fut pas entièrement volontaire, car, le 30 mai 1582, il présentait à la cour du Parlement de Bordeaux

---

(1) Archives de Bordeaux, *arrêt* du Parlement du 4 avril 1591.

(2) *Ibid.* — Voir cet *arrêt* à la fin du volume, note C.

une requête dans le but de recouvrer l'Abbaye.
La requête disait que Pierre de Froidefond appuyait ses droits sur *une prétendue résignation qu'il avait fait extorquer dudit Villepreux par force et violence* (1).

Les poursuites commencées à cette époque se continuaient encore en l'année 1591. Mais, Pierre de Froidefond étant mort dans les premiers jours de cette année, Jean de Villepreux présenta, dès le 16 de février, une nouvelle requête au Parlement, dans laquelle il demandait « qu'il lui fût octroyé main-levée de ladite
» Abbaye (elle avait été mise en séquestre), avec
» restitutions des fruits et tous autres dépens,
» dommages et intérêts, et autres frais, et partant qu'il fût maintenu définitivement en la
» possession et jouissance de ladite Abbaye (2). »
Le 4 avril 1591, le Parlement rendit, en faveur de Jean de Villepreux, un arrêt par lequel

(1) Archives de Bordeaux, *arrêt* du Parlement du 4 avril 1591. Voir la note G.
(2) Dans le même *arrêt.*

« main-levée fut octroyée avec inhibitions et dé-
» fenses à tous qu'il appartiendrait de troubler
» et empêcher icelui Villepreux en la possession
» et jouissance de ladite Abbaye et fruits d'icelle
» sur peine de dix mille écus et autre plus grande
» peine que de droit et raison (1). »

Mais cet arrêt ne mit point fin aux dissensions
et aux scandales dans notre Abbaye; la guerre
se déclara entre des personnages autres que de
simples abbés, et qui n'eurent pas recours à des
arrêts du Grand-Conseil ou des Parlements pour
maintenir leurs droits. En la même année 1591,
avant ou après la mort de Pierre de Froidefond,
Henri IV donna l'Abbaye à Jean de Souillac,
sieur de Monmége, *pour en faire jouir personne
capable.* Celui-ci présenta à la nomination du roi
Antoine Le-Sage, mais qui ne put entrer immédiatement en possession, Jean de Villepreux soutenant toujours ses droits, appuyé par le capi-

(1) Archives de Bordeaux, *arrêt* du Parlement du 4 avril
1591.

taine Jean de Losse, à qui déjà, comme nous
l'avons vu, l'Abbaye avait été donnée par Charles IX.

La guerre se trouvait donc entre la maison de
Monmége et la maison de Losse; il pouvait en
résulter de graves malheurs. Des amis communs
des deux seigneurs intervinrent, et, par accord
du mois d'août 1591, Jean de Souillac consentit
à ce que Jean de Losse levât les fruits de l'Abbaye pour les conserver, à la charge de les rendre à celui auquel l'Abbaye serait adjugée (1).

Cet accord pacifia pour quelque temps les deux
seigneurs, mais ne rendit pas Jean de Villepreux
paisible possesseur de l'Abbaye. La veille des
kalendes de février 1593, la cour de Rome, qui
regardait l'Abbaye comme vacante depuis la
mort de Pierre de Froidefond, délivrait à Pierre
de Maux des lettres de provision de cette Abbaye. Le nouvel abbé prit possession le 3 avril

(1) Biblioth. imp., Mss. Leydet, fonds Lespine, vol. 55,
p. 237 et suiv.

de l'année suivante et, Jean de Villepreux ne
voulant pas se désister, il lui intenta à ce sujet
une action devant le Grand-Conseil, le 4 avril
1595 (1). Mais si Jean de Villepreux ne voulut
pas céder à son compétiteur, il craignit toutefois d'encourir les censures du Saint-Siége en
méconnaissant les bulles délivrées à Pierre de
Maux. C'est pourquoi il fit procuration, le 1er
mai suivant, pour résigner en cour de Rome
l'Abbaye de Saint-Sour en faveur de Bernard
Gueyraud.

Cependant Antoine Le-Sage, qui avait été pré-
senté à la nomination royale, en 1591, par Jean
de Souillac, mais qui s'était tenu à l'écart par
suite de l'accord fait entre ce seigneur et Jean
de Losse, crut le moment favorable pour aller
s'asseoir sur le siége abbatial. Il obtint, le 4 mai
1595, c'est-à-dire quatre jours après la procuration de Jean de Villepreux, un brevet de no-

(1) Archives de l'Empire, minutes du Grand-Conseil, V. 2556,
arrêt du 4 avril 1595.

mination royale ; et voyant que le roi Henri IV,
encore protestant, avait défendu de recourir à
Rome pour la collation des bénéfices, il présenta
une requête au Grand-Conseil dans le but d'être
autorisé à prendre possession de l'Abbaye. Le
Grand-Conseil fit droit à sa demande : par un
arrêt du 9 mai, il déclara « que la dicte prise
» de possession serait de pareille force et vertu
» à la conservation des droictz du dict Le-Sage
» en la dicte Abbaye que si elle avait été faicte
» en vertu de bulles expédiées en cour de Rome,
» à la charge d'icelles obtenir quand il lui serait
» permis par le roy (1). »

Qu'arriva-t-il après cet *arrêt* du Grand-Conseil ?
Nous l'ignorons ; mais, sept jours seulement plus
tard, un nouveau compétiteur, du nom de Barthélemy Montagne, recevait aussi, peut-être sur
la présentation de Jean de Losse, une nomination royale, par brevet du 16 mai 1595, et, le

(1) Archives de l'Empire, minutes du Grand-Conseil, **V. 2346,**
arrêt du 9 mai 1575.

6 juin suivant, le Grand-Conseil, « attendu les
» défenses faictes par le roy d'aller en court de
» Rome, permettait au dict Montagne, prestre,
» de prendre possession de la dicte Abbaye de
» Saint-Sour en Terrasson, diocèse de Sarlat, en
» l'une des chapelles de l'église de Notre-Dame
» de Paris; ordonnant que la dicte prinse de
» possession serait de pareille force et valleur
» comme si elle avait été faicte en vertu de bul-
» les expédiées en court de Rome, pour la con-
» servation des droictz du dict Montagne, à la
» charge d'obtenir icelles en la dicte court de
» Rome quand il lui serait permis par le roy, et
» de prendre possession sur les lieux quand
» commodément faire ce pourrait (1). »

Nous avons parlé de Bernard Gueyraud, en
faveur duquel Jean de Villepreux avait résigné.
Il dut, sans doute, se fatiguer d'attendre de la
cour de Rome ses bulles de provision, et s'adres-

_____

(1) Archives de l'Empire, minutes du Grand-Conseil, V. 2536,
arrêt du 6 juin 1595.

ser à l'autorité royale, car nous voyons qu'un brevet du roi, en date du 10 mai 1596, le nommait à l'Abbaye, vacante, était-il dit, par la démission de Jean de Villepreux (1).

Le scandale de cette guerre entre ces divers compétiteurs dura encore une année; le Grand-Conseil y mit fin par un arrêt du 1er avril 1597, en faveur d'Antoine Le-Sage : le déclarant unique possesseur de l'Abbaye de Terrasson, et faisant « défense à Pierre de Maux, à Bernard Gueyraud » et à tous autres de l'empêcher en la jouissance » d'icelle Abbaye, à la charge d'obtenir par le » dict Le-Sage bulles de provision de la dicte » Abbaye en cour de Rome dans six mois (2). »

Le triomphe d'Antoine Le-Sage était le triomphe de Jean de Souillac, sieur de Monmége, et l'humiliation de Jean de Losse. Celui-ci ne se crut pas vaincu par un arrêt du Grand-Conseil,

_____

(1) Archives de l'Empire, minutes du Grand-Conseil, V. 5095, arrêt du 1er avril 1597.

(2) *Ibid.*, dans le même arrêt. — Voir cet arrêt à la fin du volume, note H.

et encore moins lié par l'accord qu'il avait consenti en 1591 : il voulut avoir de force l'Abbaye. « Il vint l'attaquer, dit Leydet, avec du
» canon qu'il fit conduire par la Vézère, et avec
» lequel il ruina les bâtiments et y mit le feu (1). »
Il n'éprouva qu'une faible résistance de la part
de Jean de Souillac; aussi lui fut-il facile d'entrer dans l'Abbaye et d'y établir ses soldats (2).

Le Grand-Conseil eut à se mêler encore de cet
incident d'un nouveau genre, et à soutenir Antoine Le-Sage qu'il avait mis en possession de
l'Abbaye par arrêt du 1er avril 1597. Sur la requête qui lui fut présentée par Antoine Le-Sage,
et « après charges et informations faites pour
» raison de forces et violences commises en la
» dicte Abbaye, il ordonna par un autre arrêt du

(1) Biblioth. imp., Mss. Leydet, fonds Lespine, vol. 35,
fol. 257 et suiv.

(2) Nous devons dire ici, pour la gloire d'un nom qui, aujourd'hui encore, est honorablement porté, que Jean de Losse
ne se montra pas toujours tel. Il combattit vaillamment pour
la cause catholique et fut généreux envers les monastères, qu'il
préserva plus d'une fois du pillage des huguenots. Voir à la fin
du volume la note I.

» 27 septembre 1597 que le dict Sage serait mis
» en possession des maisons de la dicte Abbaye,
» et enjoignit aux gouverneurs, baillifs, séné-
» chaulx, lieutenants du roy en la province de
» Périgord de tenir et prêter la main-forte pour
» la dicte exécution, mesmement mener le canon
» si besoin était et faire en sorte que la force
» restât au roy et la justice fût obéye (1). »

Par le même arrêt, le Grand-Conseil ordonnait
« que le sieur de Bannes, les nommez de Tayac
» et Belcayre de Puymartin, et le capitaine La-
» Golse (les complices de Jean de Losse), se-
» raient adjournés à comparoir en personne au
» dict Conseil pour répondre à telles fins et con-
» clusions que le procureur-général du roy au
» dict Conseil voudrait contre eux prendre et
» eslire. »

Nous voyons ici intervenir le maréchal de Biron et les sieurs de Thémines et Biron, « qui

(1) Archives de l'Emp., minutes du Grand-Conseil, V. 2,546,
arrêt du 27 septembre 1597.
Voir cet arrêt à la note J.

» pensant mettre les partis hors de tous diffé-
» rents, auraient, le 20 octobre 1597, donné
» certain advis par lequel il est dit, entre autres
» choses, que Jean de Losse et le sieur de Ban-
» nes (son fils), rendraient au dict Le-Sage tous
» les papiers, titres et enseignements concer-
» nant la dicte Abbaye, et qu'ils bailleraient
» dans huitaine un état des fruicts par eux per-
» çus, pour par le dict Le-Sage poursuivre le re-
» couvrement de ce qui restait encore ; et quant
» à ceux qui lors avaient été actuellement reçus
» par les dicts sieurs de Losse père et fils, qu'ils
» n'en pourraient être recherchez ; que l'adjour-
» nement personnel donné par le Grand-Conseil
» contre le dict sieur de Bannes et ses complices
» cesseraient ensemble les procédures criminel-
» les contre lui faictes (1). »

Jean de Losse ne voulut point accepter ce
moyen d'arrangement. Le-Sage demanda alors

(1) Dans un arrêt de Henri IV, Mss. Leydet et Lespine,
vol. 35.

l'exécution de l'arrêt du Grand-Conseil, et le Sénéchal de Périgord ne tarda pas à remplir la mission que cet arrêt lui confiait. Il réunit quelques troupes, se pourvut de canons et d'autres munitions de guerre, bien résolu de n'user d'aucun ménagement. Mais Jean de Losse jugea prudent de ne pas l'attendre; il se hâta de retirer ses soldats et d'abandonner l'Abbaye (1).

Dès ce moment, Antoine Le-Sage fut paisible possesseur de son bénéfice. Mais Jean de Losse, en se retirant, avait emporté tous *les papiers, titres et enseignements* concernant l'Abbaye. Antoine Le-Sage plaida pour se les faire remettre, de même que les fruits perçus par les de Losse depuis l'*advis du 20 octobre 1597*, demanda l'exécution de la dernière clause de l'arrêt du 27 septembre, et, Jean de Losse étant mort, il poursuivit contre Jean de Losse, fils, et ses complices l'action criminelle, à cause des *excès et violences par eux commis*.

(1) Dans le même arrêt de Henri IV. Voir la note K.

L'héritier du capitaine de Losse n'osa point se risquer à courir les chances de cette action; nous voyons par un acte du 11 novembre 1602, que « je trouve, dit Leydet, entre les mains de
» M. Bouquier, avocat à Terrasson, qu'il offrit
» au sieur Le-Sage, sous valable acquit et dé-
» charge, tous les titres et documents concernant
» l'Abbaye, qu'il avait pu recouvrer de divers
» endroits et non des papiers de feu son père où
» il proteste qu'il n'en a point trouvé. C'est ce
» qu'il déclara avec serment et par procureur,
» devant Mᵉ Dumas, lieutenant-général en la
» sénéchaussée et siége présidial du Bas-Limou-
» sin, établis en la ville de Brive (1). »

Le-Sage ne dut pas se contenter de cette offre; il dut persister dans sa demande de resti-tution des fruits, car, le 31 juillet 1609, sur une requête de Jean de Souillac, sieur de Monmége, Henri IV, par un arrêt longuement motivé, or-

(1) Biblioth. imp., Mss. Leydet, fonds Lespine, vol. 55, fol. 257.

donna au Grand-Conseil de mettre fin à ces débats et « faire droits aux parties ainsi qu'ils ver-
» raient être à faire (1). »

Cette discussion dura encore quelques années et finit à l'avantage de Jean de Souillac et d'Antoine Le-Sage ; le 15 juillet 1614, celui-ci donnait récépissé au sieur de Losse des papiers de l'Abbaye, à l'exception de trois actes qui manquaient (2).

Nous n'avons pu interrompre le récit des évènements que nous venons de raconter, pour mentionner en son lieu et en l'année 1598, un fait mémorable dont il a été parlé ailleurs : le solennel pèlerinage à Notre-Dame-de-Roc-Amadour, touchant spectacle, édifiant tableau qu'offrirent alors nos moines et le peuple avec eux ! Ils allaient, pieux et reconnaissants, remercier Marie de les avoir délivrés de deux fléaux également cruels : la peste qui avait causé une

(1) Voir cet arrêt à la fin du volume, note K.
(2) Mss. Leydet, fonds Lespine, vol. 35, fol. 237 et suiv.

grande mortalité sur les bestiaux, la sécheresse qui avait fait pressentir à toute la contrée les horreurs de la famine. Qu'ils étaient beaux les pieds de ces pèlerins! qu'elles étaient gracieuses les ondulations de la pieuse caravane, gravissant les montagnes, descendant les collines, se développant dans la profondeur des vallées pour se rendre au sanctuaire miraculeux de Marie! Oh! sans doute, prosternés aux pieds de la Mère des miséricordes, après avoir épanché les sentiments de leur reconnaissance, les pieux disciples de Saint-Sour se souvinrent des malheurs qui avaient affligé l'enceinte de leur cloître! Ils en gémirent et conjurèrent Marie de ne pas en permettre le retour.

Après la lecture de ces scènes de désolation, on est heureux de reposer son regard sur le gracieux contraste que présentent nos moines prosternés devant la madone de Roc-Amadour.

Nous rentrons dans notre sujet.

Paisible possesseur de l'Abbaye de Terrasson, Antoine Le-Sage dut s'appliquer à y faire refleurir la discipline monastique considérablement affaiblie, sans doute, par suite de toutes ces querelles d'abbés. Il avait fait, en 1610, un arrangement avec les religieux pour leurs pensions respectives. « Dans l'énoncé, dit Leydet, » paraît d'abord Jean de Souillac, sieur de Monmége, possesseur de l'Abbaye, puis Antoine » Le-Sage, abbé commandataire. L'abbé y dit » que les bâtiments et l'église ont été ruinés » dans les derniers troubles, qu'il a refait la » voûte de l'église, etc. (1). » Nous regrettons que Leydet ne nous ait pas transcrit cette pièce en son entier. Mais nous présumons qu'il ne s'agissait que d'une réparation à la voûte de l'église et dans la partie qui existe encore, la voûte de la nef n'ayant pas été refaite, comme d'autres documents nous l'indiquent.

Quant aux pensions des religieux, le règlement adopté alors dut être le même qu'un règle-

(1) Biblioth. imp., Mss. Leydet dans le fonds Lespine, vol. 55, fol. 257.

ment en vigueur en 1770 et qui fixe pour chaque
religieux 19 charges de blé, seigle ou froment,
19 charges de vin, 12 quartons de graine de
lin et de chanvre, 20 livres de chanvre en rame.
Ce qui pouvait représenter, année ordinaire, en
valeur de notre monnaie, 550 francs.

Chaque religieux fournissait pour la manse
commune 4 charges de froment, 3 charges de
seigle, 7 charges de vin, le huitième de 6 quartons de graine de lin, autant de graine de chan-
vre, 7 livres 1|2 de chanvre en rame et 25 livres
d'argent (1).

L'abbé, commandataire ou titulaire, n'était
pas le moins bien partagé; l'Abbaye lui *valait,*
pour nous servir de l'expression consacrée : en
1502, 1,200 livres; en 1728, 3,500 livres; en
1765, 7,400 livres; en 1783 et 1789, 8,000
livres (2). C'étaient les deux tiers des revenus

---

(1) Archives de l'église de Terrasson.
(2) Voir l'Almanach royal, correspondant à ces années.

de l'Abbaye ; l'autre tiers formait la pension des religieux.

La taxe pour la cour de Rome (de 300 florins) et les réparations des bâtiments étaient à la charge de l'abbé.

Après ce règlement, nous ne connaissons plus aucun acte de l'abbé Le-Sage, nous n'avons même pas la date de sa mort. « On dit, a écrit » Leydet sans indiquer d'époque, on dit que » Antoine Le-Sage ayant été à Paris pour se » démettre entre les mains du roi et se faire » nommer de nouveau à l'Abbaye et en conser- » ver tous les revenus, il disparut et on n'en » entendit plus parler (1). » Cette note nous fait présumer que Le-Sage eût été bien aise de se débarrasser de Jean de Souillac, comme il s'était débarrassé de Jean de Losse. C'eût été, du reste, un grand service rendu à l'Abbaye, car Jean de Souillac s'appliqua moins à y favoriser la dis-

(1) Biblioth. imp., Mss. Leydet dans le fonds Lespine, vol. 35, fol. 257.

cipline monastique qu'à s'enrichir des revenus qu'elle lui apportait. Nous en jugeons par son testament « dans lequel il est dit, a écrit en-
» core Leydet, que, ayant joui de l'Abbaye
» de Terrasson pendant plusieurs années et pour
» réparer le tort qu'il fit, il a été engagé par un
» P. Jésuite qu'il nomme à faire un don à...
» etc. (1). »

Cette note, rapprochée de la précédente dans le manuscrit de Leydet, ferait croire que cet écrivain soupçonnait Jean de Souillac de n'avoir pas été étranger au mystère qui couvrit les derniers jours et la mort de l'abbé Antoine Le-Sage.

Jean de Souillac conserva ses droits sur l'Abbaye de Terrasson et fit donner pour successeur à Antoine Le-Sage, Jean de Lacroix, dont nous ne connaissons d'autre acte que celui de sa résignation, mentionnée dans le brevet de nomination de son successeur, Jean Grangier. Ainsi,

(1) Biblioth. imp., Mss. Leydet dans le fonds Lespine, vol. 55, fol. 237.

Jean de Lacroix ne fut, comme ses prédécesseurs depuis 1591, que confidentiaire. Il se démit purement et simplement, nous ne savons pour quel motif. Jean de Souillac profita de cette démission, que peut être il avait provoquée, pour se dessaisir de ses droits sur l'Abbaye, en faveur de son fils, Jean de Souillac, plus connu sous le nom de Jean de Reillac de Monmége, qui était alors simple clerc, attaché à l'église de Sarlat. En effet, le brevet de Louis XIV, du 15 janvier 1649, pour la nomination de Jean Grangier, porte réserve de 2,000 livres de rente, en faveur du clerc Jean de Souillac (1).

Jean Grangier fut intronisé par Bulle d'Innocent X, donnée le 5 des kalendes de juin 1649. Il ne posséda l'Abbaye que cinq ans, s'étant démis en février 1654, *sous le bon plaisir du roi,* est-il dit, avec réserve d'une pension de 600 livres. Jean de Reillac fut nommé alors abbé

(1) Biblioth. imp., Mss. Leydet dans le fonds Lespine, vol. 35, fol. 237.

commandataire par brevet du même jour, et
intronisé par Bulle d'Alexandre VII, donnée à
Rome la veille des nones de juin 1655. Toutefois,
il ne prit possession que deux ans plus tard, le
1ᵉʳ juin 1657, par procuration faite à François
de Vins, prêtre et prévôt de la cathédrale de
Sarlat (1). Mais Jean Grangier ne tarda pas à se
repentir de sa complaisance; il voulut rentrer en
possession de l'Abbaye et réclama contre sa résignation. Il y eut procès devant le Grand-Conseil, qui prononça, le 20 octobre 1657, en faveur de Jean Reillac de Monmége.

Nous devons terminer ici cette période, mais
auparavant nous noterons, sans entrer dans aucun détail, quelques évènements dont Terrasson
fut le théâtre et auxquels l'Abbaye ne dut pas
rester étrangère.

C'est d'abord, en 1589, la désolation apportée
dans nos campagnes par l'armée des Ligueurs.

_____

(1) Biblioth. imp., Mss. Leydet dans le fonds Lespine, vol.
55, fol. 257 et suiv.

Le Périgord appartenait au roi de Navarre, il n'eut pas de peine à le reconnaître pour roi de France. Mais quelques détachements de Ligueurs qui obéissaient au duc de Mayenne, conduits par un chef nommé de Loin, par Rastignac et par plusieurs gentilshommes du Périgord, formèrent le projet d'aller s'emparer de la ville de Brive, qui s'était déclarée pour Henri IV, presqu'aussitôt après la mort de Henri III. Ce projet nous fut funeste. Les troupes des Ligueurs ravagèrent toutes les campagnes et pillèrent toutes les maisons dans les environs de notre ville, surtout les maisons et les propriétés des bourgeois, car alors la noblesse commençait à comprendre que la bourgeoisie se tournait contre elle pour la dominer un jour (1).

Les autres évènements eurent lieu du temps des troubles de la Fronde, dont le Périgord et le Bas-Limousin furent les principaux théâtres.

(1) Marvaud, hist. du Bas-Limousin, tom. 2, p. 566. — Leymonerie, hist. de Brive-la-Gaillarde, page 122.

Après l'arrestation du prince de Condé (18 janvier 1650), le château de Turenne, où s'était retirée la princesse Marie-Clémence de Mailhé, qui fut l'héroïne de cette guerre ridicule, était devenu le rendez-vous général des Frondeurs. Les vues de la princesse étaient de se porter de là sur Bordeaux en passant par la maison de Coutras. Terrasson devenait pour cela une place importante par son pont sur la Vézère; aussi trouvons-nous dans les Mémoires de Lénet, qui accompagnait la princesse, que cette ville fut successivement occupée par les armées royales et par les révoltés, que l'une et l'autre armée s'y retrancha plusieurs fois et y laissa des troupes considérables. Il y eut même sous les murs de cette ville un combat sanglant qui nous est ainsi raconté par Gaspard, comte de Chavagnac, l'un des chefs de l'armée royale :

« J'établis mon quartier d'hiver tranquille-
» ment dans le Périgord. J'eus avis que les trou-
» pes de M. le Prince, qui étaient sous le com-
» mandement de mon frère, s'assemblaient du

» côté de Terrasson. A l'instant je mandai à Fol-
» leville, maréchal de camp, de me venir join-
» dre. Nous apprîmes que d'Aubeterre aurait
» assiégé le château de Déborie, dont la perte
» nous aurait fait un préjudice considérable pour
» nos quartiers, ce qui me fit faire onze lieues
» de traite jusqu'à Issandon. Comme les enne-
» mis ne s'attendaient pas que j'arriverais du
» côté de Terrasson, ils en prirent l'alarme et
» montèrent à cheval. Je leur détachai quelques
» escarmoucheurs, tandis que je me mettais en
» bataille.... Je ne fus pas plus tôt à la tête de
» ma ligne que j'attaquai les ennemis et les rom-
» pis. Ils perdirent 2,000 hommes et quantité
» d'honnêtes gens dont Feuquières et Vauldy
» étaient du nombre. Nous leur prîmes 300 che-
» vaux, les poussant jusqu'à Périgueux. Aube-
» terre en fut quitte pour sa perruque qu'il
» laissa entre les mains de Cantonnet qui croyait
» l'arrêter par les cheveux. J'envoyai Pamme-
» reux à la poursuite de l'infanterie dont il en
» tua 150 et en prit deux cents, et le reste s'é-

» tant noyé dans la rivière. Je ne perdis que 200
» hommes en tout dans cette action dont j'en-
» voyai porter la nouvelle en cour par Lasserre-
» Chabot (1). »

Il peut y avoir de l'exagération dans ce récit
de Gaspard de Chavagnac. Ce fait d'armes est
appelé dans ses mémoires *Combat de Terrasson.*

VII.

1657 — 1793.

Nous avons laissé l'abbé Jean de Reillac de
Monmége prenant possession de l'Abbaye. « Lors-
» qu'il y entra, a écrit Leydet, l'abbatiale était
» ruinée de fond en comble et réduite en ma-
» zure, et l'église dans un misérable état, la nef
» sans voûte et presque sans charpente et sans
» couverture (2). »

---

(1) *Mémoires* de Gaspard comte de Chavagnac. — Amsterdam, 1711. — 3e édition.
(2) Biblioth. imp., Mss. Leydet dans le fonds Lespine, vol.
35, fol. 255 et suiv.

Nous devons des éloges à cet abbé. Il s'appliqua à faire oublier les torts que son père, Jean de Souillac, avait eus envers l'Abbaye. Il reconstruisit les cellules des moines et le château abbatial, tels qu'ils sont aujourd'hui. On voit sur la porte principale de l'Abbaye la date 1657, preuve évidente que l'abbé de Monmége ne tarda pas longtemps, après sa prise de possession, à mettre la main à l'œuvre (1). Mais il n'entreprit point la reconstruction de la nef de l'église; nous la voyons aujourd'hui telle qu'elle devait être alors, moins, toutefois, ce reste de charpente et de couverture dont parle Leydet, moins aussi la hauteur des murs latéraux, dont plusieurs mètres furent démolis, il n'y a qu'une trentaine d'années, par les caprices d'une bizarre et trop libre excentricité.

(1) Les armes de cet abbé, trois épées, les pointes en bas, posées en pal, se voient au-dessus d'une fenêtre du corps de bâtiment qu'on appelait *Infirmerie*.

L'exemple de l'abbé de Monmége eut une heureuse influence sur les habitants de Terrasson. Tous mirent la main à l'œuvre pour réparer leurs habitations ou en construire de nouvelles. Beaucoup de maisons de la ville datent de cette époque.

L'abbé de Monmége favorisa aussi la réforme des moines et contribua à les faire revenir aux observances religieuses.

Bien des abus, conséquence presque inévitable des évènements que nous venons de raconter, s'étaient introduits dans le monastère. L'office canonial ne s'y faisait plus ou ne s'y faisait que bien négligemment; privés de leurs cellules ou logés comme ils avaient pu sous leurs débris, les religieux ne suivaient plus les règles de la vie commune et monastique, mais chacun restait et vivait en son particulier.

Par un acte capitulaire du 5 décembre 1657, il fut arrêté qu'on mettrait fin à ces abus. De sages prescriptions furent adoptées alors, et, quelques mois plus tard, une circonstance heureuse, la visite du Général de l'Ordre, vint en favoriser l'exécution. Nous allons transcrire un acte capitulaire du 6 avril 1658 :

« Aujourd'hui sixiesme du mois d'avril mil » six cent cinquante et huict dans le chapitre » du monastere de Terrasson ordre de Saint-

» Benoist les religieux capitulans, ayant este ap-
» peles par le son de la grand cloche capitulayre
» et estant assembles et faict horaysons et prie-
» res acoustumees leur auroit este represante par
» frere Anthoine Bouquier prieur de ladicte
» Abbaye qu'il auroit rescu une lettre en dacte
» du premier avril de monsieur leur general et
» signee de Bomard prieur de Guistres (1), par
» laquelle lettre il leur mande de se tenir prests
» a le rescevoir dans leur monastere pour y faire
» sa visite comme ses predecesseurs avoint acous-
» tume de faire et preparer toutes choses a ces
» fins requises, laquelle lettre leur auroit este
» lue dun bout a lautre laquelle finie tous dune
» commune voix auroint respondu quil y a
» long temps quils attendoint avoir ce bon heur
» et quils feroint leur possible a luy rendre leurs
» debvoirs et soubsmissions religieuses et le res-
» cevoir pour leur superieur et general de lordre,

(1) Guistres ou Guîtres, dans le diocèse de Bordeaux. Il y avait une Abbaye de Bénédictins, d'un revenu de 3,500 livres.

» De plus et a linstant leur auroit este repre-
» sante que des le cinquiesme decembre mil six
» cent cinquante et sept il auroit este arreste par
» acte capitulayre signe des susdicts capitulans
» que les offices se feroint regulierement ou tous
» les religieux assisteroint sauf excuse legitime
» en observant comme est dict par ledict acte
» les points et flexions, quon observeroit le vœu
» dobediance quon porteroit la couronne rase et
» a la coustumee, lesquelles en partie ayant este
» negligees il (le prieur) les exorte de tout son
» pouvoir de les vouloir observer sur paine di-
» nobediance, et pour le regard de loffice divin
» a este arreste que matines et laudes se diroint
» a lheure de cinq heures du matin et le reste
» des heures a la coustumee vespres a trois heu-
» res et complies a cinq ou tous les religieux as-
» sisteront sauf excuse legitime et pour ce qui
» regarde les grand messes convantuelles et cel-
» les ou lon faict diacre et soubsdiacre lon se
» rengera par la table que lon faict reguliere-
» ment toutes les seupmaines que lon lira dans

» la sacristie, lesquelles choses nous prions les
» freres religieux de vouloir faire a la plus grand
» gloyre de Dieu et esdification du prochain. »

Cet acte capitulaire porte les signatures de
« Bouquier prieur, Vidal sacristain, Bouquier
» prevost de Saint-Julien, Jaylle chantre, Laro-
» que clerc (1). »

Dès ce moment, la réforme fut introduite
dans le monastère, et le Général, lorsqu'il arriva
pour faire sa visite, n'eut besoin que d'exhorter
les moines à persévérer dans l'observance des
saintes règles.

L'abbé de Monmége, qui avait, ainsi que
nous l'avons dit, favorisé cette réforme, possédait encore l'Abbaye en 1719. Il se démit alors
purement et simplement sans aucune réserve de
pension. La mort de ses deux frères l'avait rendu
propriétaire et seigneur de la terre de Monmége; une sœur devint son héritière et porta
cette terre à Dubernard, capitaine de dragons,

(1) Archives de l'église de Terrasson.

chevalier de Saint-Louis et seigneur de Pel-
vezy (1).

L'abbé de Monmége eut pour successeur Jean
Jacques Dussault, nommé par brevet du roi le
17 juillet 1719 et intronisé par Bulle donnée à
Rome le 9 des kalendes de septembre de la
même année. Mais cette Bulle n'ayant été fulminée par l'Official de Sarlat que le 22 avril de
l'année suivante, Dussault ne prit possession que
le 30 de ce même mois (2). Il n'était alors que
simple clerc tonsuré ; plus tard il fut prêtre,
prieur de Nailhac et vicaire-général de l'évêque
de Sarlat. Par procuration du 9 juin 1720, procuration pleine et entière, *non sujette à surran-
nation mais valable pour toujours,* il avait chargé
son prédécesseur, Jean de Reillac, de percevoir
les fruits de l'Abbaye (3).

L'almanach royal nous donne le nom de cet

(1) Biblioth. imp., Mss. Leydet dans le fonds Lespine, vol.
55, fol. 255 et suiv.
(2) Biblioth. imp., Mss. Leydet dans le fonds Lespine, vol.
55, fol. 257 et suiv.
(3) Archives de l'église de Terrasson.

abbé jusqu'en 1780. Dussault fut donc abbé commandataire pendant soixante ans. Il habita peu Terrasson. On lui doit la construction de la partie de l'Abbaye qui sert aujourd'hui de presbytère.

Après l'abbé Dussault, l'almanach royal porte pour abbé commandataire, jusqu'en 1789, Joseph-Anne-Luc-de-Ponte-d'Albaret, évêque de Sarlat.

Ce fut sous l'abbé Dussault que la Congrégation des Bénédictins-Exempts se trouva dissoute par le fait des réformes que le roi Louis XV voulut apporter dans les monastères. Par son édit du mois de mars 1768 (1), ce monarque avait prescrit, entre autres choses, « que tous les monas- » tères d'hommes, non réunis en congrégation, » seraient composés du nombre de quinze reli- » gieux au moins, non compris le supérieur, » et les monastères réunis en congrégation, du

_____

(1) *Recueil général des anciennes lois françaises*, par MM. Isambert, de Cruzy et Taillandier, tom. 22, page 476.

» nombre de huit religieux au moins, sans
» compter le supérieur. »

La disposition de cet article frappait au cœur
la congrégation des Bénédictins-Exempts. Un
Chapitre général de l'ordre fut tenu au Maz-d'A-
zil, le 6 mars 1769 ; on y reconnut l'impossibilité
d'observer les prescriptions du roi, attendu qu'il
n'y avait pas dans toute la congrégation plus de
soixante religieux, et il fut arrêté qu'on en de-
manderait la dispense. En effet, par lettres-patentes du 25 mars 1770, le roi voulut bien dis-
penser la congrégation des Bénédictins-Exempts
des prescriptions dont nous venons de parler, et
qui étaient comprises dans les articles 5, 7 et 10
de l'édit de 1768.

Mais ces mêmes lettres-patentes, en accordant
la dispense demandée, défendaient de recevoir,
à l'avenir, dans les monastères de la congrégation, aucun nouveau sujet au noviciat ou à la
profession religieuse, et ordonnaient qu'en exécution de l'édit de 1768, et conformément au
désir exprimé par le Chapitre général, « tous et

» un chacun des monastères de ladite congréga-
» tion demeureraient soumis immédiatement à
» la juridiction des archevêques et évêques dio-
» césains; autorisaient les archevêques et évê-
» ques dans les diocèses desquels étaient situés
» les monastères de ladite congrégation, à pro-
» céder immédiatement, suivant les formes pres-
» crites par les saints canons et les ordonnances
» du royaume, à l'extinction, suppression et
» union des menses conventuelles desdits monas-
» tères et offices claustraux en dépendant, pour
» en être les revenus appliqués à tels établisse-
» ments ecclésiastiques qu'ils jugeraient conve-
» nables (1). »

En vertu de ces lettres-patentes, l'Abbaye de
Terrasson releva immédiatement de l'évêque de
Sarlat, qui la réunit au collége de sa ville épiscopale. D'autres lettres-patentes du roi vinrent
confirmer l'ordonnance de l'évêque; elles portaient que les religieux seraient libres de vivre

_____

(1) Biblioth. du Louvre, *Recueil des ordonnances*, B. 585.

en communauté ou d'aller vivre ailleurs, mais
que, dans l'un et l'autre cas, ils jouiraient jusqu'à leur mort des revenus attachés à l'office
claustral dont ils étaient titulaires ; ces revenus
ne devant faire retour au collége de Sarlat que
par le décès de chaque religieux.

A l'époque où s'opéra cette réunion, les moines de notre Abbaye étaient au nombre de sept.
L'un d'entre eux, Dom Pierre Poncelet, ne rési-
dait pas depuis quelques années. Ses frères lui
avaient retenu les fruits de sa prébende pour
l'obliger à la résidence ; un procès s'en était
suivi et était pendant encore devant le lieutenant
du Sénéchal du Périgord, au siége de Sarlat.
Dom Poncelet opposa à ses confrères la liberté
que lui donnaient les lettres-patentes du roi, et
la sentence du juge fut en sa faveur.

Ce Dom Poncelet avait été précédemment Récollet à Sarlat. Ayant usé sa santé dans les travaux de la prédication, il avait obtenu du Saint-
Siége l'autorisation d'entrer dans un ordre moins
austère. On a de lui les ouvrages suivants : *La*

chimie du Goût, 1 vol. in-8°. — *Traité sur l'éducation de la Noblesse française*, 1 vol. in-8°. — *Traité sur l'électricité du tonnerre*, 1 vol. in-8°.

Par suite du jugement en faveur de Pierre Poncelet, il ne resta plus dans notre Abbaye que six religieux, qui continuèrent à y vivre en communauté jusqu'en 1789, époque de la suppression générale des Ordres religieux par la Constituante. Nous conserverons ici les noms de ces nobles débris d'un monastère qui eut douze siècles d'existence : Dom François Mayaudon, prieur claustral et prévôt de Saint-Julien ; Dom Valen, sous-prieur ; Dom Nicolas, chantre ; Dom Lapeyre, infirmier et syndic (il mourut en 1781) ; Dom Valen, clerc ; Dom Delbos. L'orage révolutionnaire les dispersa, mais aucun d'eux ne prêta le serment à la Constitution civile du clergé. Ils conservèrent intacts, jusqu'à leur dernier soupir, et leur foi de chrétien et l'honneur de leur saint Institut.

A cette époque, le château abbatial et la demeure des moines avec les biens qui en dépendaient furent confisqués au profit de la Nation et vendus à vil prix. L'église abbatiale elle-même devait être démolie, et, déjà, les ouvriers étaient gagés pour cette dernière œuvre de vandalisme ; mais il fallait une salle pour les assemblées du club et le culte ridicule du décadi, et le monument fut conservé. C'est aujourd'hui l'église paroissiale de Terrasson, attendant qu'une main heureuse vienne rétablir les voûtes de sa nef et lui rendre sa riche façade qui dominait la ville et montrait au loin, au voyageur, l'entrée de la maison de Dieu.

Le château abbatial et les cellules des moines, après avoir été, pendant soixante ans, la demeure de plusieurs petits ménages, viennent, tout récemment, par une inspiration heureuse, d'être rachetés en partie et rendus, en quelque sorte, à leur première destination. Notre antique Abbaye n'est plus occupée par les doctes enfants de Saint-Benoît, mais par les humbles disciples de l'abbé Champagnat, les *Petits-*

Frères-de-Marie, modestes religieux dont les fonctions, pour être plus simples, n'en sont pas moins utiles, et qui vont renouer parmi nous la chaîne des traditions religieuses, interrompues pendant soixante ans. Dans ces vastes cours où l'on voyait autrefois les moines aux têtes chauves ou blanchies par les veilles plus que par les années, folâtre aujourd'hui une troupe bruyante de petits enfants, heureux, sous l'œil de leurs *Chers-Frères,* de se livrer aux jeux et aux courses de leur âge ; génération insouciante qui foule d'un pied léger une terre arrosée autrefois par les larmes de la pénitence et les sueurs du travail.

Si maintenant nous jetons un regard rétrospectif et d'ensemble sur ces douze siècles que nous venons de parcourir avec toute la rapidité d'un simple chroniqueur, si nous embrassons d'un coup-d'œil tous les malheurs de cette Abbaye de Saint-Sour, nous aurons lieu de nous étonner qu'elle ait pu avoir douze siècles d'existence. La vie religieuse devait être profondément enracinée dans notre sol; il ne fallait pas moins que l'orage de la fin du dernier siècle pour l'en arracher.

VIII.

CATALOGUE DES ABBÉS QUI ONT GOUVERNÉ L'ABBAYE DE TERRASSON (1).

I. — *Saint Sour*, fondateur de l'Abbaye, né en Auvergne en 501 et mort en 580, le 1er février, jour auquel l'Eglise a toujours célébré sa fête.

II. — *Saint Aredius*, ou *Yrier*. Il fut l'ami de saint Sour et son successeur dans le gouvernement de l'Abbaye de Terrasson, qu'il soumit

---

(1) Dom Claudius Estiennot et les auteurs de la *Gallia Christiana* nous ont laissé un catalogue des abbés de Terrasson, mais incomplet. Il ne contient que quinze noms. Leydet et Lespine en ont laissé un plus complet; nos recherches nous ont permis d'y ajouter quelques noms et de le continuer jusqu'en 1789.

à celle de Saint-Michel-de-Pistorie. Il mourut à Athane en l'année 595.

III. — *Saint Astidius,* ou *Astié.* Il était neveu de saint Yrier, il lui succéda dans le gouvernement des Abbayes d'Athane et de Terrasson. Il mourut à Vigeois, vers l'année 616.

Nous perdons ici la suite des abbés jusqu'à l'année 940.

IV. — *Adazius,* ou *Adacius.* Il était abbé du monastère de Saint-Martin de Tulle, lorsque, en 940 ou 945, il reçut de Bernard, comte de Périgord, l'Abbaye de Terrasson, pour la gouverner selon la règle de Saint-Benoît. Il mourut peu d'années après. Nous ne connaissons pas son successeur immédiat.

V. — *Adémard.* La *Gallia-Christiana,* qui nous donne le nom de cet abbé, ne cite aucun de ses actes, mais le place immédiatement après saint Astié et en l'année 1001. Peut-être, dit Lespine, est-ce le même qu'Adémard de Saint-Rabier; mais Lespine ne parle point des deux abbés intermédiaires.

VI. — *Geraud de Mausac*. Il est cité dans la chronique de Geoffroi-de-Vigeois en l'année 1068, et en l'année 1074 dans Justel *(preuves de l'histoire de la maison de Turenne)*.

VII. — *Geraud de Courtallié*. Il est cité dans la chronique de Geoffroi-de-Vigeois comme ayant été le prédécesseur immédiat du suivant. Nous ne connaissons aucun de ses actes.

VIII. — *Adémard de Saint-Rabier (à Sancto-Riberio)*. Il fut élu en 1101, et soumit l'Abbaye au monastère de Saint-Martial de Limoges. Nous le trouvons, en 1114, à l'élection de Bernard, abbé de Saint-Martial ; il y assiste avec Raymond, abbé de Vigeois, Etienne, abbé de Saint-Augustin de Limoges, Eldebert, doyen de Limoges, sous l'épiscopat d'Eustorge.

IX. — *Bernard*, surnommé *Vicaire* ou *Viguier*, sans doute parce qu'il gouvernait sous l'autorité de l'abbé de Saint-Martial. Il fut humilié devant le chapitre de Saint-Martial par Albert, abbé de ce monastère. Nous le trouvons, sous la date de 1145, dans la chronique de Geoffroi-de-

Vigeois, et, en l'année 1154, dans un manuscrit de l'église de Cadouin ; il assista à la consécration de cette église avec les abbés de Moissac, de Condom, de Sept-Fons, de Ferrières, de Fond-Guilhem, de la Celle, d'Orléans, de la Sauve et de Faize, et les évêques de Périgueux, d'Agen et d'Angoulême.

X. — *Raymond.* Nous trouvons le nom de cet abbé dans la *Gallia-Christiana* et dans une charte de l'abbaye de Dalon, de l'année 1178. Nous avons parlé de la vente qu'il fit à cette abbaye de *trois manses* et de *deux borderies.*

XI. — *Gerald* ou *Geraud.* La *Gallia-Christiana* nous donne le nom de cet abbé, d'après le cartulaire de l'abbaye de Dalon et sous les dates de 1186 et 1188. Nous avons rapporté plusieurs de ses actes.

XII. — *Hélie* de *Ceyrac.* On ignore entièrement à quelle époque vivait cet abbé. Nous lui conservons dans ce catalogue le rang qui lui est donné par Claudius Estiennot et les auteurs de la *Gallia-Christiana.* Il était moine du monastère de Solignac (1) lorsqu'il fut nommé à l'Abbaye de Terrasson.

XIII. — *Raymond*. Nous avons parlé des actes de cet abbé sous les dates de 1220, 1223, 1224. Nous ignorons l'époque de sa mort, mais, probablement, il vivait encore en 1236 et soutint les droits de l'Abbaye contre les consuls et les bourgeois de Terrasson. Nous reproduisons à la troisième lithographie le sceau et le contre-scel de cet abbé.

XIV. — *Guillaume*. Leydet et Lespine nous donnent le nom de cet abbé, d'après les archives de l'évêché de Périgueux, et le placent aux nones de septembre 1239. Sous cette date, on le voit comme témoin avec Jean, abbé de Châtre,

---

(1) Solignac, *Solemniacum*, à trois lieues de Limoges. Cette abbaye fut fondée en 631 par saint Eloi. — « Un jour Eloi, » abordant le roi Dagobert, lui dit : Mon Prince, je viens vous » demander une grâce. Donnez-moi la terre de Solignac, afin » que j'en fasse une échelle, par laquelle vous et moi nous » méritions de monter au ciel. Et le roi ne résista pas à un » motif si pressant, et lui donna volontiers cette terre, située » près de Limoges. Eloi y fit aussitôt bâtir un monastère, où » il établit la règle de Saint-Colomban et celle de Saint- » Benoît. » (*Hist. de l'Eglise Gallicane*, tome 5, p. 431).

dans un traité fait dans la commanderie de Condat (*in hospitali de Condato*), entre Pierre, évêque de Périgueux, et Guillaume de Salanhiac, archidiacre du diocèse. On n'a point la date de sa mort.

XV. — *Hugues Laroche*. Nous avons rapporté divers actes de cet abbé sous les dates de 1241, 1253, 1279. Nous reproduisons à la troisième lithographie son sceau et son contre-scel, pris sur une charte de l'abbaye de Dalon.

XVI. — *Gerald*. La *Gallia-Christiana* ne nous donne que la première lettre du nom de cet abbé. Elle le trouve, sous la date de 1306, dans le cartulaire des évêques de Paris. Nous ne connaissons aucun de ses actes.

XVII. — *Hélie*. C'est par les archives du Vatican que nous connaissons le nom de cet abbé; il mourut avant le 17 juillet 1318, date de la nomination de son successeur.

XVIII. — *Pierre Ier de Ferrières*. Sa provision à l'Abbaye de Saint-Sour, vacante par la mort d'Hélie, fut donnée à Avignon le 17 juillet 1318.

Il fut témoin, en 1320, d'un acte passé à Terrasson le lundi après la fête de Saint-Julien, « par lequel acte Belhomme de Souillac, damoi- » seau de Monmége, promit de payer à Ray- » mond du Fraysse *(de Fraxinu)*, damoiseau » de Terrasson, la somme de 4,000 sols, mon- » naie de Périgord, qui restaient à payer de la » dot de Raymonde de Souillac, sa fille, femme » dudit Raymond du Fraysse. » (Mss. Leydet). On trouve le même abbé dans des actes de 1321 et 1322. Lorsqu'il fut nommé à l'Abbaye de Terrasson, il était moine de l'abbaye de la Grande-Sauve, de l'ordre de Saint-Benoît, fondée en 1077, dans le diocèse de Bordeaux.

XIX. — *Bertrand*. Il fut pourvu le 1er mars 1344 et béni le 31 mai suivant. Il était, lors de sa nomination, prieur du monastère de Saint-Martin de Tulle. Il mourut avant le 3 septembre de la même année, date de la nomination de son successeur (Mss. Leydet).

XX. — *Pierre II*. Il fut promu le 3 septembre 1344, l'Abbaye étant vacante par la mort de Bertrand, et béni le 8 octobre suivant. Il était déjà moine de Terrasson avec le titre de prieur de Lachapelle-Mouret. Il était encore abbé en 1354 (*Gall.-Christ.*, Mss. Leydet).

XXI. — *Hugues* de *Laroche (de Ruppe)*. Il était prieur de Saint-Privat, de l'ordre de Saint-Benoît, dans le diocèse de Périgueux, lorsqu'il fut nommé à l'Abbaye de Terrasson le 17 septembre 1362; il mourut en 1370. Nous avons rapporté ses actes.

XXII. — *Hélie*. Il fut nommé par bulle du 6 des kalendes de novembre 1370; il était, comme son prédécesseur, prieur de Saint-Privat. Il est fait mention de cet abbé, sous la date du 15 décembre 1372, dans le registre coté *obligationes servitiorum*, fol. 345, des archives du Vatican (Mss. Leydet).

XXIII. — *Guillaume*. Nous n'avons pas la date de son élection, mais nous voyons qu'il se démit en 1382, entre les mains de Thomas, archevêque de Naples, nonce du Saint-Siége, délégué à cette fin par Bref daté d'Avignon le 6 des ides d'octobre 1382 (Mss. Leydet).

XXIV. — *Hélie*. Il succéda à Guillaume en 1382. Le Bref adressé à Thomas, archevêque de Naples, nonce du Saint-Siége, porte que l'abbé Hélie, avant de prendre possession de l'administration des biens de son Abbaye, prêtera le serment accoutumé, qui sera reçu par le nonce au nom de la sainte Eglise Romaine et selon la formule envoyée. Nous ne connaissons, du reste, aucun des actes de cet abbé. Il était, précédemment, abbé du monastère des SS. Serge-et-Bache, près d'Angers (Mss. Leydet).

XXV. — *Guy des Motes*. Nous avons rapporté les actes de cet abbé sous ces dates : 26 novembre 1385, 9 août 1393, 18 juillet 1395, 3 octobre 1396, 25 décembre 1397. Nous n'avons point la date de sa mort (Mss. Leydet).

XXVI. — *Hugues de Brosse*. Il était de la famille des seigneurs de Sainte-Sévère, descendants des vicomtes de Limoges *(Gall.-Christ.)*. Il fut abbé de Terrasson de 1439 à 1461 (Mss. Leydet). Nous avons rapporté ses actes.

XXVII. — *Robert de Pompadour,* licencié ès-lois, archidiacre et chanoine de Briançay, doyen d'Angoulême, abbé commandataire ou administrateur perpétuel des abbayes de Terrasson et d'Aubeterre *(Gall.-Christ.,* Mss. Leydet). On le trouve abbé de Terrasson depuis le 13 mars 1479 jusqu'au 2 août 1487. Nous ne connaissons point ses actes.

XXVIII. — *Bertrand de Labrousse.* Leydet nous donne le nom de cet abbé d'après une charte de l'Abbaye, sous la date du 31 juillet 1489. Mais Leydet ne rapporte aucun de ses actes.

XXIX. — *Bertrand de Roffignac,* abbé commandataire. Il dut succéder au précédent. Il était encore abbé en 1505 et peut-être plusieurs années après *(Gall.-Christ.,* Mss. Leydet). Nous avons raconté ses actes.

XXX. — *Robert de Pompadour.* Les catalogues de Claudius Estiennot, de la *Gallia-Chris-*

tiana, de Leydet, ne donnent qu'un abbé de ce nom, celui que nous avons déjà classé. Nous en trouvons deux dans le P. Bonaventure *(Annales du Lim.*, p. 464), et dans Marvaud *(Hist. du Bas-Lim.*, t. 2, p. 255). Ces auteurs placent celui-ci sous le règne de Louis XII. Il était en même temps doyen de Limoges et archidiacre de Poitiers ; Marvaud dit même qu'il fut évêque de Poitiers. Nous ne connaissons, du reste, aucun de ses actes.

XXXI. — *Antoine Brigon.* Leydet et Lespine nous donnent le nom de cet abbé sous les dates des 13 janvier, 29 janvier et 4 février 1512. Nous avons eu lieu d'en parler.

XXXII. — *Bertrand de Lafaye,* abbé commandataire. Nous trouvons le nom de cet abbé dans un acte du 2 mai 1513 (Mss. Leydet). Nous avons rapporté ses actes.

XXXIII. — *Hugues de Roffignac,* de la même famille que Bertrand de Roffignac. Nous le trouvons sous la date de mars 1514 ; il était licencié, protonotaire apostolique et recteur de l'é-

glise paroissiale de Saint-Pantaléon de Chavagnac. Nous avons raconté ses actes.

XXXIV. — *Antoine de Mosuar*, peut-être *de
Mosnar*. Son investiture porte la date du 18
mars 1517. Il fut en possession de l'Abbaye pendant trois ans (Mss. Leydet).

XXXV. — *Bertrand de Lafaye*. Il fut abbé
commandataire depuis le 14 mars 1520 jusqu'à
l'année 1541, avec le titre de protonotaire du
Saint-Siége. Il se démit en faveur de son neveu,
sous réserve d'une pension (Mss. Leydet). Nous
avons rapporté ses actes.

XXXVI. — *Pierre de Lafaye*, neveu du précédent. Son investiture est datée de la 7ᵉ année
du Pape Paul III, 23 mai 1541 (Mss. Leydet).
Nous n'avons pas la date de sa mort.

XXXVII. — *Adrien*. Le nom de cet abbé
nous est fourni par les archives du Vatican.
Dans l'acte consistorial du 15 mars 1559, qui met
notre Abbaye en commande, à la nomination du
roi, il est dit qu'elle était vacante *par la mort
d'Adrien*. Lespine pense que cet abbé était, lors

de sa nomination, recteur de Glanvilla, dans le diocèse de Lisieux. M. de Courcelles le fait prieur de Beaulieu (1). Il était de la famille des Lespinay-Saint-Luc et frère du suivant.

XXXVIII. — *Eustache* ou *Charles de Lespinay*, dit *de Saint-Luc*, appelé *Eustache des Haies* par Claudius Estiennot et la *Gallia-Christiana*, frère du précédent. Nous n'avons pas la date de sa nomination, mais nous le trouvons en 1564. Il mourut en 1591, évêque de Dol. Nous avons rapporté ses actes (2).

XXXIX. — *Jean de Villepreux*. Sa Bulle de provision, donnée à Rome le 7 novembre 1576, ne fut fulminée par l'official de Sarlat que le 1er janvier 1579. Cet abbé ne fut point paisible possesseur de son Abbaye. Nous avons rapporté ses actes.

XL. — *Pierre de Froidefond*. Nommé par

(1) *Histoire généalogique et héraldique des pairs de France*, t. xi, art. d'Espinay-Saint-Luc.

(2) Les armes des Lespinay étaient : d'argent, au chevron d'azur chargé de onze besants d'or.

Bulle du 7 des kalendes de février 1581, il prit possession le 4 juin de la même année. En 1583, il fit hommage, pour la temporalité de l'Abbaye, au roi de Navarre, comte de Périgord. Il mourut dans les premiers jours de l'année 1591. Nous avons rapporté ses actes.

XLI. — *Pierre de Maux.* Nommé par le Saint-Siége la veille des kalendes de février 1593, il prit possession le 3 avril 1594.

XLII. — *Antoine Le-Sage.* Il fut nommé par brevet du roi Henri IV, le 4 mai 1595, et autorisé par le Grand-Conseil à prendre possession.

XLIII. — *Barthélemy Montagne.* Il fut nommé par brevet du roi Henri IV, le 16 mai 1595, et autorisé le 6 juin suivant, par le Grand-Conseil, à prendre possession en l'une des chapelles de l'église de Notre-Dame de Paris.

XLIV. — *Bernard Gueyraud.* Il fut nommé par brevet du roi, le 10 mai 1596.

Ces quatre derniers abbés se disputèrent long-temps l'Abbaye. Elle fut adjugée, par arrêt du

Grand-Conseil (1er avril 1597), à Antoine Le-Sage, qui la possédait encore en 1614.

XLV. — *Jean de Lacroix,* et peut-être *de Lanoix.* Nous n'avons point la date de la nomination de cet abbé. Il se démit le 15 janvier 1649.

XLVI. — *Jean Grangier.* Il fut nommé par brevet de Louis XIV, le 15 janvier 1649, et intronisé par Bulle du Souverain Pontife, le 5 des kalendes de juin de la même année. Il se démit, *sous le bon plaisir du roi,* dans le mois de février 1654, avec réserve d'une pension de 600 livres. Nous avons rapporté ses actes.

XLVII. — *Jean-Reillac-de-Monmége.* Il fut nommé par brevet du roi, dans le mois de février 1654, et intronisé par Bulle du Souverain Pontife, la veille des nones de juin 1655. Il ne prit possession que le 1er juin 1657, et se démit le 17 juillet 1719. Nous avons rapporté ses actes. Sous cet abbé le prieur claustral était, de 1686 à 1701, Jean de Calvimond. Nous avons aussi les noms de quelques religieux de la même époque : F. J. Bouquier, prévôt de Saint-Julien ;

N.° 1.

N.° 1 bis.

N.° 2.

N.° 2 bis.

N.° 3.

N.° 4.

Imp. Auguste Bry, à Paris.

Sceaux de quelques abbés et de l'Abbaye de Terrasson.

Dom Bouquier; Dom C. de Vomelle; Dom Jean de Valronne, infirmier et définiteur de la province de Guienne.

XLVIII. — *Jean-Jacques Dussault.* Il fut nommé par brevet du roi, le 17 juillet 1719, et intronisé par Bulle donnée à Rome le 9 des kalendes de septembre de la même année et fulminée par l'Official de Sarlat le 22 avril 1720. Il posséda l'Abbaye jusqu'en 1780. Nous avons rapporté ses actes.

XLIX. — *Joseph-Anne-Luc de Ponte-d'Albaret,* évêque de Sarlat ; abbé commandataire de Terrasson de 1780 à 1789, d'après l'almanach royal. Le prieur claustral, avec le titre de prévôt de Saint-Julien, était, de 1770 à 1789, François Mayaudon-Prayssac, originaire de Terrasson.

IX.

SIGILLOGRAPHIE.

Nous terminerons cette Notice par la reproduction des sceaux de quelques abbés et du sceau

de l'Abbaye en 1686. La sigillographie n'est pas
la partie la moins intéressante de l'histoire des
Ordres religieux :

N° 1. — Sceau de Ramond, abbé de 1220 à
1236. Ce sceau a été fait d'après l'empreinte
apposée sur la charte que l'évêque de Périgueux
et les abbés du Périgord adressèrent en 1223 au
roi Louis VIII, pour lui demander un sénéchal (1).

L'empreinte du sceau de l'abbé de Terrasson
est en cire jaune, pendante et attachée à la
charte par une bande de parchemin. L'abbé y
est représenté tenant de la main droite une
crosse ; la main gauche, tenant sans doute un
livre, semble reposer sur la poitrine. Malheureusement, l'empreinte est brisée à la hauteur
de la tête et sur les bords ; il n'y reste qu'un
fragment illisible de légende. Mais l'attribution
de ce sceau à l'abbé de Terrasson n'en est pas
moins certaine, tous les sceaux de la charte étant

(1) Archives de l'Empire, J. 292, n° 1.

rangés suivant l'ordre où sont énumérées les autorités en tête du texte.

Le n° 1 *bis* est le contre-scel du même abbé, apposé sur la même charte. Il représente le buste d'un abbé tenant une crosse ; on y lit : † *Secretum,* sceau *secret, particulier.*

N° 2. — Sceau de Hugues Laroche, abbé de . 1241 à 1279. Ce sceau a été dessiné d'après l'empreinte apposée sur une charte de Guillaume, abbé de Dalon, et dans laquelle l'abbé Hugues figure comme témoin. L'empreinte est en cire verte, pendante et attachée à la charte par un lacs de soie. On y voit un abbé tenant de la main droite une crosse, et de la main gauche un livre reposant sur la poitrine. On y lit : *Hugodis Abbatis Terracinencis.*

Le N° 2 *bis* est le contre-scel du même abbé, apposé sur la même charte. On y lit pour légende : † *Secretum.* Lespine pense que la figure du milieu est une mitre abbatiale. Peut-être est-ce tout simplement le signe héraldique appelé *Roc* d'échiquier. Il était, d'ailleurs, assez d'usage de mettre sur les contre-scels des figures arbitraires qui ne rappelaient ni le nom de l'abbé, ni le nom de l'Abbaye, rien, en un mot, de la dignité ou de la qualité du personnage.

N° 3. — Sceau de l'Abbaye en 1686. Il a été dessiné d'après une empreinte apposée sur la lettre des religieux de Terrasson, envoyant aux Ermites de Sainte-Quitterie de Cahors, les reliques de saint Sour, de saint Antoine et de saint Jean-le-Silencieux. L'empreinte est en cire rouge, parfaitement conservée. On y voit un abbé coiffé d'une mitre, tenant une crosse de la main droite, et de la main gauche deux clefs en sautoir. Il y a pour toute légende S. B., que nous traduisons par *sanctus Benedictus*, saint Benoît, patron et fondateur des Bénédictins. Nous ne saurions point que c'est le sceau de l'Abbaye de Terrasson, si le prieur, Jean de Calvimond, et les religieux, signataires de la lettre où se trouve l'empreinte, n'avaient dit : « En foi de quoi nous » avons signé le présent certificat et *mis le sceau* » *de ladite Abbaye.* »

N° 4. — Sceau trouvé dans des fouilles sous le rocher de Saint-Sour, et qui nous paraît avoir appartenu à un personnage de l'Abbaye de Terrasson.

Le sceau est en argent massif, se terminant par un manche conique et hexagone, au sommet duquel se trouvait un anneau qui a été cassé. L'écusson est suspendu par une courroie entre les deux rameaux d'un arbre posé en cimier et qui nous paraît être un chêne ; on voit sur l'écusson deux clefs en sautoir ; la légende porte : *Sigillum Johis Uet* ou *Vet.*

La date de ce sceau ne peut être portée au-delà du milieu du xive siècle. En effet, tous les mots de la légende sont gravés en lettres molles, liées et arrondies : caractère de l'écriture gothique déjà avancée dans ses progrès de perfectionnements artistiques. Ce ne sont plus les lettres raides, anguleuses et confuses du gothique primitif, et que l'on retrouve parfois dans l'écriture du xve siècle. De plus, le trait du dessin des emblèmes et du chêne en cimier est correct, moel-

leux et même élégant ; pas une ligne, de l'exer-
gue ou du dessin, qui indique l'enfance de l'art ;
tout, au contraire, y est très-net et bien prononcé. Enfin, on voit après chaque mot deux
points, c'est-à-dire un indice incontestable de
ponctuation ; or, la ponctuation est absolument
étrangère aux inscriptions du gothique primitif ;
une telle amélioration dans la calligraphie ne se
trouve que dans la seconde moitié du xive siècle.

La forme circulaire du sceau ne peut, non plus,
lui faire assigner une date antérieure ou posté-
rieure au règne ogival ; cette forme se voyait encore, rarement il est vrai, dans le xiiie et dans
le xive siècle ; elle fut même généralement la
forme unique des contre-scels.

Ce sceau nous paraît, disons-nous, avoir appartenu à un personnage de l'Abbaye de Terrasson. Nous en jugeons par les deux clefs en sautoir qui sont absolument les mêmes que celles
que tient l'abbé dans le sceau de l'Abbaye. Il
est évident que cette identité d'emblèmes accuse
ici la même origine.

L'œil un peu exercé sera surpris de la forme de ces clefs. Elle présente, en effet, un caractère particulier qu'on ne trouve pas ailleurs et qui peut nous servir à expliquer le mutisme du sceau de l'Abbaye, ou plutôt l'absence de la légende obligée : *Sigillum Abbatiæ Terracinensis.*

Observons d'abord que la forme de ces clefs était la même au xviie siècle (date du sceau de l'Abbaye) qu'elle avait été au xive (date du sceau n° 4). Nous pouvons en conclure qu'elle était au xive siècle ce qu'elle avait été dans les siècles antérieurs, dans le temps même où, pour la première fois, deux clefs vinrent orner l'écusson de l'Abbaye.

On sait que l'emblème des clefs est très-répandu dans le blason des communautés, soit ecclésiastiques, soit municipales, et que, dans l'une et l'autre juridiction, il a le même sens, l'autorité. Les monastères appartenant à l'ordre de saint Benoît l'avaient plus particulièrement adopté. Mais l'histoire héraldique nous présente de nombreuses modifications dans la forme de

ces clefs. Leur nombre ne fut pas non plus toujours le même. Les armes de l'abbaye de Cluny,
par exemple, furent d'abord à une seule clef,
puis à deux et, enfin, à trois, et dans une forme
et une disposition différentes. Les clefs papales
subirent aussi les mêmes modifications. Nous
avons sous nos yeux les dessins des clefs avant
Boniface VIII, des clefs de Sixte IV, d'Eugène IV,
de Jean XXIII, de Clément VIII; elles ont toutes
une forme différente. Rien de semblable ne se
voit dans les clefs de l'Abbaye de Terrasson;
leur forme si simple, trois pointes ou plutôt trois
crochets partant directement du canon, reste
toujours la même, ne subit jamais la moindre
modification. C'est là un fait unique, peut-être.
Aussi n'hésitons-nous pas à dire que la forme de
ces clefs doit être considérée comme le type primitivement mis en usage, lorsque cet instrument
entra dans le blason comme symbole de l'autorité.

Ce type, étant toujours le même dans les armes de notre Abbaye, alors qu'il subissait par-

tout de nombreux changements, apportait avec lui un caractère particulier, distinctif. Dès lors, il n'était point nécessaire d'entourer le sceau de cette légende : *Sigillum Abbatiæ Terracinencis*, sceau de l'Abbaye de Terrasson. La simple vue du sceau faisait que personne ne pouvait s'y méprendre, et la légende n'eût été qu'une répétition, qu'un pléonasme inutile.

Mais à quel personnage appartenait le sceau n° 4, que la forme des clefs rattache à l'Abbaye de Terrasson? A un dignitaire peut-être, peut-être aussi à un simple moine; car, comme le remarque de Wailly (1), on voit, dès le commencement du xive siècle, les simples moines avoir leur sceau particulier. Toute la difficulté se trouve dans les derniers mots de la légende, Johis Uet.

On doit voir dans ces deux mots l'abréviation du nom commun et du nom propre. C'était, du reste, la coutume générale dans le xive siècle,

(1) *Éléments de paléographie*, tom. 2, p. 251 et suiv.

encore plus que dans les siècles précédents, d'é-
lider une partie des lettres qui composaient un
mot. *Johis* est donc là pour *Johannis*, Jean. Les
trois dernières lettres sont celles-ci : *Uet* ou *Vet*
qui, peut-être, complètent le nom propre, peut-
être aussi n'en sont qu'une abréviation. Dans ce
dernier cas, il faut convenir qu'il serait difficile
de le compléter.

Nous devons donc nous borner à traduire
ainsi cette légende : *Sceau de Jean Uet* ou *Vet*,
ne voyant pas la possibilité d'y trouver autre
chose que le sceau d'un particulier, dignitaire
ou simple moine.

Mais pourquoi le chêne en cimier soutenant
l'écusson? On peut supposer que cet emblème
se trouvait déjà dans les armes de la famille du
moine Jean *Vet*, qui fut bien aise, comme cela
se pratiquait, de les unir sur un même sceau
aux armes du monastère dans lequel il s'était
consacré à Dieu.

FIN DE LA NOTICE HISTORIQUE.

NOTES

ET

PIÈCES JUSTIFICATIVES.

Note A, pages 128 et 241.

*Copie d'une attestation d'authenticité de reliques, trouvée
dans l'église d'Estivalz, diocèse de Tulle.*

« Je frère Joseph Blanc, hermite de Terrasson, en Périgord, déclare à tous ceux qu'il appartiendra avoir donné une
petite partie d'ossement du bras droit du vénérable père et
patriarche saint Anthoine, à M. E. Gabriel de Montmeau, à
présent curé de Saint–Barthélemy d'Estivalz, vicomté de Turenne ; déclare de plus avoir tiré les susdites reliques du trésor de l'Abbaye Saint-Sour de Terrasson et m'avoir été données par Dom Jean de Calvimont, prieur de ladite Abbaye,
protestant moi susdit frère le tout ci-dessus contenir vérité.
En foi de quoi me suis signé, dans mon hermitage Saint-Sour
de Terrasson, ce troisième janvier mil six cent huitante
neuf.

» Frère Joseph Blanc, hermite attestant. »

Note B, page 157.

Légende de saint Julien.

« Saint Julien souffrit le martyre vers la fin du IIIe siècle,
sous les empereurs Dioclétien et Maximinien. Il était officier

de l'armée romaine et l'ami intime de saint Ferréol, tribun militaire. La même profession, la même foi et surtout la même piété avaient formé entre eux une étroite amitié. Ils étaient tous les deux à Vienne dont saint Julien était originaire, lorsque le proconsulaire Crispin, voulant plaire à Maximinien, récemment arrivé à Marseille, déclara une rude guerre aux Chrétiens. Ferréol voyant l'orage prêt à éclater, ne craignit que pour son ami, et il le pressa de se soustraire à la persécution. Julien se retira en Auvergne, où le proconsulaire Crispin le fit suivre par ses émissaires. Julien l'ayant su, se cacha d'abord dans la maison d'une veuve, proche de Brioude ; mais son courage et le désir du martyre ne lui permirent pas de demeurer longtemps dans cette retraite. Il alla se découvrir aux persécuteurs en leur disant : Je ne veux plus rester sur la terre, parce que je désire de m'unir à Jésus-Christ. On lui coupa la tête sur-le-champ et on l'apporta à Vienne, à Crispin, qui l'envoya à Ferréol pour l'intimider. Deux vieillards enterrèrent son corps à Brioude, proche du lieu où il avait souffert le martyre, et son tombeau fut renommé dans toute la Gaule par un prodigieux nombre de miracles. Sa tête fut enterrée à Vienne dans le même cercueil que le corps de saint Ferréol, qui avait aussi souffert le martyre. »

(*Hist. de l'Eglise Gallic.*, t. 1, p. 125).

Note C, page 234.

Copie de pièces authentiques trouvées dans l'église de Salignac, diocèse de Périgueux.

1° Lettre des religieux de Sainte-Quitterie de Cahors aux religieux de l'Abbaye de Terrasson :

« A vous messieurs les prieur et religieux de l'Abbaye de Saint-Sour de Terrasson.

» Supplient très-humblement les pauvres Religieux-Ermites de sainte Quiterie ez la ville de Caors ; qu'estant informéz de certaine science que vous, messieurs, pocédiez un trésor dans vos archives de trèz saintes et précieuses reliques, tant de saint Sour qu'une partie du bras de saint Anthoine abbé, et plusieurs autres. A cette cause les suppliants prient trèz instament vos dignitéz qu'il plaise à vos grâces leur accorder charitablement quelque petite parcelle des dites reliques et notâment de saint Anthoine comme estant leur patron et autres telles qu'il vous plaira, qu'on tiendra avec toute la décence et vénération possibles. Vous supplient de mesme nous donner une attestation des dites reliques signée d'un notaire et quelques uns de vos messieurs ainsi que vous jugerez à propos, afin que nous les puissions faire approuver à Monseigneur nostre évesque. Ce faisant les suppliants prieront incessement pour vos prosperitéz comme estant vos trez redebvables et serviteurs en Jésus-Christ.

» Frère Joseph, supérieur, suppliant; F. Paul Vilhard, prêtre suppliant; frère Pacôme, suppliant; frère A. Théodore, Erm. ind. suppliant; frère Anthoine, suppliant; frère Alexis, suppliant. »

2° Au verso de la même feuille : Attestation des religieux de Saint-Sour.

« Nous Dom Jean Calvimond, prétre et prieur de Terrasson en Périgord et autres religieux de ladite Abbaye, certifions à quy appartiendra avoir donné à la supplication et requeste de frère Joseph Blanc, hermite de l'hermitage dudit Terrasson, des ossements et reliques de saint Anthoine, saint Sour, saint Jean l'hermite, les reliques desquels susdits saints sont dans le trésor de ladite Abbaye. En foi de quoi nous avons signé le présent certificat et mis le sceau de ladite Abbaye, ce dix-septième octobre mil six cent quatre-vingt-six.

> L. S.

» Dom F. J. Bouquier, prévost de Saint-Julien; Bouquier, attestant; Dom C. de Vomelle, religieux attestant ; Dom Jean Valrone, infirmier et définiteur de la province de Guienne ; Calvimond, prieur, pour avoir délivré les susdites reliques ; frère Joseph Blanc, h. ind. suppliant et attestant. »

3° Sur le recto du second feuillet on lit :

« Ayant égard à la présente, veu le verbal y attaché, nous avons permis et permettons aux frères hermites suppliants, d'exposer les reliques énoncées dans ledit verbal à la vénération du peuple. Donné à Caors, le 22ᵉ novembre 1686.

> » Henry G., év. de Caors.

» Par mandement de Monseigneur,

> » Touron, secrétaire. »

4° Vient ensuite une affiche imprimée, collée au verso du second feuillet et ainsi conçue :

« Messieurs, vous serez avertis que vendredy prochain dix septième janvier on fera l'exposition des reliques des saints Antoine, Sour et Jean l'hermite, dans la chapelle Nôtre Dame des Affligez à l'hermitage sainte Quiterie et ce pour la première fois, vous êtes invitez à honorer ces nouveaux protecteurs de vôtre ville et de tout ce pays. »

5° Les mêmes Religieux-Ermites demandèrent à l'évêché

de Sarlat l'office de saint Sour, afin de le chanter dans leur église. Nous transcrivons la réponse qui leur fut adressée par le chanoine Gerard, et qui se trouve attachée à la même feuille :

« A Sarlat, le 29 janvier 1687.

» Mon Révérend Père,

» L'honneur que vous voulez rendre à notre saint Sour et à ses reliques m'oblige à vous en témoigner ma reconnaissance et à vous envoyer notre *Propre* où vous trouverez son office, afin d'y contribuer de mon côté. Vous remarquerez dans sa légende que saint Sour, saint Amand et saint Cyprien, trois saints solitaires sortant du monastère de Genouillac, en Quercy, se retirèrent en Périgord pour y mener une vie solitaire. Saint Sour fut le fondateur de l'Abbaye de Terrasson, de l'ordre de saint Benoît ; saint Amand, de celle de Saint-Amand, de l'ordre des chanoines réguliers de saint Augustin, et saint Cyprien, de l'abbaye de Saint-Cyprien, qui a été ensuite un prieuré conventuel des susdits chanoines réguliers, dépendant maintenant de Chancelade, et ce sont les trois abbayes du diocèse de Sarlat. Pour l'office de saint Antoine, je ne sache pas d'autres que celui qui est dans le romain le 17 janvier. Mais pour saint Jean le *Silentier*, je n'ai pas encore vu son office ; mais seulement sa vie dans l'ouvrage du P. Simon-Martin Minime, intitulé : *Les Vies des saints qui ont aimé la solitude*, en 2 vol. *in folio*. Cet auteur a fait encore les *Vies des Saints* en autres deux volumes *in-folio*. Je me recommande à vos prières et vous prie de me croire très-sincèrement,

» Mon Révérend Père,

» Votre très-humble et très-obéissant serviteur.

» GÉRARD, chanoine. »

Note D, page 269.

Texte latin de la charte de Bernard, comte de Périgord.

« Conditor atque dispositor cunctarum rerum mirificus Deus, qui, ut scriptum est, hunc humiliat et hunc exaltat. Certum est quia multos quos modò exaltat, in futuro sœculo humiliabit, illos, scilicet, qui nunc de donis ejus superbientes, sub potenti manu ejus humiliari dedignantur. Quapropter, justum est ut homo subditus sit Deo, ut de bonis quœ ab ipso percipit et Deo placere studeat. Quod ego Bernardus, gratiâ Dei comes, attendens, monasterium sancti Suris, vocabulo *Geredia,* quod modò minimè sub regulari disciplinâ manet, sub potestate meâ retinere pertimui. Undè notum sit omnibus fidelibus, tàm prœsentibus quàm futuris, quòd ego, consentiente uxore meâ Bertâ, et filiis meis, Guillelmo, videlicet, atque Gausberto, seu Arnaldo et Bernardo, pariter faventibus, hortante etiam atque supplicante quodam fideli meo, nomine Frotario, prædictum locum, cum omni Abbatiâ ipsi adhœrente, in potestate Dei et sancti Suris de meâ dominatione transfero; trado etiam in prœsenti hunc dictum locum domino Adasio Abbati et monachis, quibus regulariter vivere inibi sub ejus potestate placuerit, ut tàm cœnobium quàm omnem Abbatiam teneant et possideant sine ullâ contradictione; et post obitum Domini Adasii, Abbatis, qualem voluerint secundum regulam sancti Benedicti Abbatem sibi eligant. In tali autem conventu prædictum locum pro amore Dei teneant, ut ibi servire Deo et sancto Soro studeant, et suis orationibus animam meam pariter et uxoris meœ, seu animas filiorum meorum Deo commendare satagant. Habeant etiam et remuneratorem Deum omnes qui prœdictum locum aut habitatores ejus defenderint. Sint igitur monachi in subjectione Regis ad locum salvum faciendum non autem ad aliquid per-

NOTES ET PIÈCES JUSTIFICATIVES. 421

solvendum. Cœterum contestor et adjuro omnes propinquos atque successores nostros, cunctosque istius Cœnobii tàm præsentes quàm futuros per tremendum Sanctæ Trinitatis Nomen ut meritum Beati Suris cujus corpus in præfato loco requiescit, ut nullus monachos vel quaslibet res eorum inquietare aut in potestate regulari ullomodo redigere præsumat. Quod si aliquis contrà voluntatem Dei hæreditatem ejus invadere tentaverit, maledicatur per orbem universum; insuper et iram Dei incurrat et cædat. Deus meus, pone illos ut rotam, ut confundantur in sœculum sœculi; nec sit cohæres Dei, nisi resipuerit ab hâc prœsumptione, sed sit similis Pharaoni qui ait : Dominum nescio et Israel non dimittam. Ego comes Bernardus hanc cartam, ut firmiorque sit veriorque credatur, manu propriâ, manibus filiorum et fidelium meorum roborari decrevi. Signum Bernardi comitis et uxoris suæ qui hanc cartam, hortante Frotario, Fideli suo, fieri et affirmari rogârunt; Signum Remnopsi episcopi; Signum Guillermi; Signum Gausberti; Signum Frotarii; Signum Abbacherii; Signum Heliæ; Signum Ibid.; Signum Heliæ; Signum Hæbraldi; Signum Stephani; Si num etc. »

(*Biblioth. imp., Mss. de Cl. Estiennot*, tom. 2, page 420).

—

Note E, page 300.

Testament d'Hélène, veuve du chevalier Viguier.

« In nomine, etc. Anno Dni 1260, mense septembr's, ego Helena quondam Uxor R. Vigerii militis bonæ memoriæ, existens in meâ sanâ memoria, de rebus meis ordino in hunc modum et meam ultimam voluntatem condo. In primis eligo sepulturam meam cum viro meo in Claustro monast. Terracin., si contingat me mori infrà unam leucam dictæ villæ ; et lego monasterio prædicto duo sextar. frum. et X solidos lem. mo-

netæ, quæ habeo in meâ... Et volo quod in die obitûs mei fa-
ciant mihi anniversarium pro me et parentibus meis annua-
tim... Item volo quod per annum fiat oblatio pro animâ meâ
quotidiè in monast. Terracin., si sepeliar ibidem. Item lego
omnibus monachis Terracin. unicuique XII den. Item omnibus capellanis qui interfuerint sepulturæ meæ, unicuique
XII den., diaconibus VI den, subdiaconibus iiij den., aliis
clericis I den.; Item omnibus pauperibus hospitali Terracin.
panem et vinum in die obitûs mei; Item leprosis ejusdem
villæ (1) panem et vinum in die obitus mei; templo et hospitali ultramarinis unicuique V solidos (2). Dno Episcopo Petragor. V sol., operibus sancti Frontonis et sancti Stephani
unicuique XII denar., Fratribus Minor. de Montignaco.... (?)
Solid., fratribus Prœdicatoribus Petragor. X sol., Fratribus de
Bonafonte XII denar. Item lego nepti meæ, filiæ Willelmi
Faidit, X libras ad maritandam eam.... Item lego.... Execu-
tores verò hujus meæ ultimæ voluntatis constituo dnûm Abbatem Terracinensem et dnûm Capellanum ejusdem villæ, et
volo quòd omnia compleant cum consilio et consensu Prioris
Fratrum Prædicatorum Petragor, et guardiani Fratrum Mino-
rum de Montiniaco, et habeant plenariam potestatem omnium
rerum mearum mobilium et immobilium.... Et volo ut hæc
ultima mea voluntas valeat eo modo quòd valere potest vel
jure testamenti perfecti vel imperfecti, in scriptis vel sine
scriptis, vel jure codicillorum vel saltem jure cujuslibet alte-
rius voluntatis. Huic meæ voluntati testes vocavi Bertrandum
Vigerii, priorem Fratrum Prædicatorum Terracin., Hél. Defas
et B. Delluc, monachos ejusdem Villæ.... Et rogavi frem G.
de Nozareda priorem Fratrum Prædicatorum Figiacen et Bertrandum Vigerii, priorem supradictum et Petrum Lacomba,

(1) Léproserie de Terrasson. (*Note de Leydet.*)
(2) Don aux Templiers. (*Note de Leydet.*)

Capellan. Terracin., ut istam meam ultimam disposit. Sigillis suis Sigillarent quod et fecerunt. »

(Trouvé dans les archives du château du Fraysse et copié par Leydet le 23 février 1771).

—

Note F, page 314.

Testament de Raymond de Fraysse.

Nous n'avons pas le texte complet de ce testament; nous ne pouvons rapporter ici que la note de Leydet, qui s'est contenté d'en écrire les principales dispositions.

« Testament de Raymond de Fraysse, 1333. Die lunæ post festum sancti Bartholomei apostoli. Il recommande son âme à Dieu, à la Sainte-Vierge, à sancto Soro et omnibus sanctis Dei.... Lego.... 2 sols à tous les moines de Terrasson qui assist. à son enterrement.... ædificio ecclesiæ sancti Juliani (paroisse de Terrasson) V solid. semel; ædificio Pontis de Terrassonio (1) quinque solidos monetæ currentis, semel solvendos; Epô Sarlatensi unum Turonensem album semel; Passagio ultramarino quinque solidos monetæ currentis semel solvendos.... Confratribus confratriæ Beati Sori unum sextar. frumenti, etc.... Item lego Mariæ filiæ quam volo ingredi in ordine, sexaginta libr. turon. semel solvend., lectum et raubam competentes et amplius vigenti solidos turonenses renduales in vitam suam duntaxat, itaque de quinqne solidis rendualibus pro salute animæ suæ valeat ordinare, et residui quindecim solidi post mortem ejusdem ad hæredem meum infrà scriptum liberè revertantur. Item lego Aimardæ filiæ meæ quam etiam volo intrare Religionem quinquaginta libras turon.

---

(1) Pont de Terrasson bâti en 1333. (*Note de Leydet.*)

semel solvendas, lectum, raubas et vigenti solidos turon. renduales ad vitam suam duntaxat, ità quòd de quinque solidis
rendual. ipsa possit ordinare pro salute et remedio animæ
suæ, et quòd residui quindecim solidi renduales ad hæredem
meum.... liberè revertantur. Item lego Ademaro, filio meo
centum solidos monetæ currentis renduales, et in hospitio
meo victum pariter et vestitum; et volo et jubeo et ordino
quòd si contingat ipsum intrare Religionem, quòd illo casu
legata hujusmodi ad hæredem meum liberè revertantur, salvis
decem solidis rendualibus de quibus possit ordinare pro salute
et remedio animæ suæ. etc., etc. »

L'héritier universel devait être le fils aîné de Raymond.

—

Note G, pages 352 et suiv.

Arrêt du parlement de Bordeaux, du 4 avril 1591.

« Vu par la cour la requête à elle présentée le seizième février dernier passé, par Me Johan de Villepreux, abbé commandataire de l'Abbaye de Terrasson, en Périgord, contenant
que icelui, il soit le vrai titulaire de ladite Abbaye, néanmoins,
Me Froidefont s'efforçait de la lui rendre contentieuse, sous
prétexte d'une prétendue résignation qu'il avait fait extorquer dudit Villepreux par force et violence, et pour raison de
ce y avait procès pendant en la cour, lequel Froidefont était
décédé puis quelques jours, au moyen de quoi le dit Villepreux, requiert par sa dite requête lui être octroyé main levée de ladite Abbaye, avec restitution des fruits et tous autres dépens, dommages et intérêts et autres frais, permettre à
icelui Villepreux, faire attestation du décès dudit Froidefont
par devant le premier juge royal, provision sur ce expédiée
de l'ordonnance de ladite cour, en date du dit jour seizième

février dernier, procès-verbal de Mᵉ Jean de Chenaille, lieutenant général en la sénéchaussée du Bas-Limousin, au siége du
Duché, contenant l'attestation du décès dudit Froidefont, datée en première date du seizième mars an présent, autre requête présentée en la cour par ledit Villepreux le vingt-
sixième du mois de mars dernier, aux fins, attendu la vérification dudit décès et vu ses titres et rapportés, entériner la
susdite requête, et ce faisant, lui octroyer ladite main levée
et partant que besoin voir le maintenir définitivement en la
possession et jouissance de ladite Abbaye de Terrasson, avec
restitution de fruits, réponse faite par le procureur général du
roi à la signification de ladite requête, par laquelle il déclare
que la susdite vérification du décès dudit Froidefont, ensemble les Bulles de provision de ladite Abbaye et autres titres et
rapportés dudit Villepreux, il ne veut empêcher main levée
être faite à icelui Villepreux des fruits et revenus temporels
d'icelle Abbaye par faulte de partie, Vu aussi la Bulle contenant la provision dudit Villepreux de ladite Abbaye de Terrasson, *datum Romæ apud sanctum Petrum anno Incarnationis Domini millesimo quinquagesimo septuagesimo sexto, septimo novembris*, insinuée au greffe des insinuations au diocèse
de Sarlat le dernier d'avril mil cinq cent septante neuf, forme
de jurement avec la pièce fulminée sur ce par l'évêque de Sarlat ou son official et vicaire général du premier de janvier audit an mil cinq cent septante neuf, aussi insinué audit Sarlat
ledit jour dernier d'avril an suivant, acte de prise de possession du huitième janvier au dit an, lettres d'investition dudit
sieur de Villepreux, datée du vingtième octobre mil cinq cent
septente huit, insinuée audit greffe des insinuations à Sarlat
ledit jour dernier d'avril mil cinq cent septante neuf et autres
titres et rapportés dudit Villepreux, requête par icelui Villepreux, présentée à la cour contre ledit Froidefont datée du
trentième de mars mil cinq cent quatre vingt deux, provision
et exploit dudit jour seizième mars et dix huitième dudit mois

mil cinq cent quatre vingt trois, lettres royaux et exploit du roy du vingtième d'avril mil cinq cent quatre vingt six, Instructions sommaires du second d'août audit an et trois de décembre mil cinq cent quatre vingt neuf, second de février mil cinq cent quatre vingt dix et huitième janvier mil cinq cent quatre-vingt onze, et autre procédure faite entre lesdits Villepreux et Froidefont, le tout mis devant la cour par icelui Villepreux;

Il sera dit, entérinant ladite requête quant à ce, que la cour a fait et octroyé main levée audit Villepreux des fruits, profits et émoluments de ladite abbaye de Terrasson, avec inhibitions et défenses à tous qu'il appartiendra, de troubler et empêcher icelui Villepreux en la possession et jouissance de ladite Abbaye et fruits d'icelle sur peine de dix mille écus et autre plus grande peine que de droit et raison. »

———

Note H, pages 358 et suiv.

Arrêt du Grand-Conseil, du 1er avril 1597.

« Entre Me Anthoine Le Saige opposant à la complainte pour raison du possessoire de l'Abbaye de Terrasson en Périgord d'une part, et Me Bernard Gueyraud aussy opposant à la dicte complainte d'autre, et lesdits Le Saige et Gueyraud réservant le proffit de ladicte complainte, allencontre de Me Pierre de Meaux, demandeur et complaignant pour réception du possessoire de ladicte Abbaye et deffaillant. Vu par le Conseil les escriptures desdicts Le Saige et Gueyraud, demandeurs, sur ladicte complainte, du 24 juillet 1596; lettres de nomination faite par le roy de la personne dudict Le Saige en ladicte Abbaye, vacante par le décès de feu Me Pierre de Froidefont du 4 mai 1595; arrest du Conseil du 9 mai audit an par lequel pour les deffenses de se pourvoir en Cour de

Rome, aurait esté permis audict Le Saige prendre possession
de la dicte Abbaye; procuration de Me Johan de Villepreux
pour résigner la dicte Abbaye en Cour de Rome en faveur
dudict Gueyraud, du premier de mai 1595, lettres de nomination faicte par le roy dudict Gueyraud à la dicte Abbaye
par la résignation dudict de Villepreux du dixième may
1596; Bulle de provision de ladicte Abbaye audict de Froidefont par la résignation dudict de Villepreux en datte *anno
millesimo quingentesimo octuagesimo primo, septimo Kalendas februarii, anno* nono; prise de possession de ladicte
Abbaye par ledict Froidefont du quatre juin audict an; autres Bulles de provision de ladicte Abbaye pour ledict de
Meaux par le décès dudict Froidefont en datte *anno millesimo
nonagesimo tertio, pridie Kalendas februarii anno secundo,*
prise de possession par ledict de Meaux du 3e avril 1594;
arrest de la cour de parlement de Bordeaux du 4e avril 1591
par lequel malverse aurait été faicte audict de Villepreux
des fruictz de ladicte Abbaye; arrest de rétention de ladicte
cause du 4e avril 1595; autres arrests du Conseil des 4e, 10e
et 12e juillet 1593, requeste dudict Le Saige du 12 juillet audit an, contenant déclaration que pour tous contredicts, il
emploie le contenu en ladicte requeste. Autre requeste dudict Gueyraud desdicts jours et an contenant sa déclaration
que pour tous contredicts il employe ce qu'il a escript et
produit audict procès; exploits, prise de possession dudict
Le Saige; veu titres et rapports desdicts Saige, Gueyraud et
tout ce que par iceuls autres mis et produit par devant ledict
Conseil, dict a esté que la dicte complainte a été bien et due-
ment obtenue pour la grosse duquel et pour faire droict sur
ladicte complainte, ledict Conseil a ordonné et ordonne que
ledict Le Saige jouyra de ladicte Abbaye de Terrasson, fruitz,
proffitz, revenus et émolumentz d'icelle, veu et esté veu et es-
tre au profit dudit Le Saige la main du roy et tous empesche-
mients mis et apportez sur, et fait deffenses ausdicts de Meaux,

Gueyraud et tous austres de l'empescher en la jouissance d'i-
celle Abbaye, à la charge d'obtenir par ledict Le Saige Bulles
de provision de ladicte Abbaye en Cour de Rome dans six
mois, et a condamné et condamne lesdicts de Meaux, Gueyraud es despens, dommages et interrests, et taxation desdicts
despens adjugez audict Conseil réservée. Lequel arrest est
mis au Greffe du Conseil et prononcé aux provisions desdictes
parties. A Paris, le premier jour d'avril mil cinq cent quatre
vingt sept.

(Archives de l'Empire, Registres du Grand-Conseil,
V. 3093)

Note I, page 360.

Fondation d'un obit fait par Jean de Losse aux Cordeliers de Montignac.

« Fait au couvent des Cordeliers de la ville de Montignac,
le treizième jour d'aoust 1568.... personnellement constitué
haut et puissant Sgr messire Jean de Losse, Sgr dud. lieu,
Peyrignac, St-Rabier, Laroche St-Sour (c'est-à-dire Gaubert),
chevalier de l'ordre du roi, 1er capitaine de ses gardes et
lieutenant pour S. M. à Verdun, pour luy et les siens d'une
part, et Frères Bernard Costes, Vincent Verlhiac, gardien et
4 autres Cordeliers, d'autre. Comme soit ainsi que les siens
prédécesseurs dud. Sgr de Losse heussent baillé trois quartons de cègle de rente..... et davantage parce que aux troubles qui sont advenus au présent royaume de France en l'an
1564 par ceux de la religion appelée réformée, aultrement
Huguenots qui avoyent ruyné, saccagé et pillé les églises,
prins les cloches, entr'autres avoyent prins la cloche qui estoit dans led. couvent; et voyant led. Sgr qu'aud. couvent il
n'y avoit aucune cloche et qu'il y en avoit heu une belle qui

avoit été donnée par le feu Sgr d'Albret; et voulant iceluy Sgr imiter et ensuivre les pieuses et bonnes coutumes des grands Sgrs et que le divin service ne cesse ains soit fait; ne voulant laisser led. couvent sans y avoir une cloche, il y en avait fait faire une autre en 1566, si belle que celle qui y estoit ou du poids de sept quintaux, à laquelle sont ses armoiries..... Et voyant qu'ils estaient denués de chasubles... ny aussi de pulpitre parce qu'il avoit été rompu par lesd. Huguenots, auroit iceluy fait apporter du pays de Champaigne une belle aigle de léton blanc, assize sur une colonne aussi d'airain blanc ayant le pied en fasson de lions ou griffes, le tout d'airain blanc du poids de six quintaux où sont aussi les armoiries dud. Sgr. Aussi on auroit fait apporter une chapelle garnie de trippes de velours, garnie de deux chappes, deux courtibaults et chappe pour dire la messe etc. a charge que lesd. Cordeliers..... seront tenus à perpétuité..... dire une messe en notte toutes les semaines et au jour du jeudi du corps de Dieu, et ensemble tous les ans le jour de St-Barnabé, une messe en notte dud. jour, parce que tel jour led. sieur estant lieutenant pour le roy à Thérouanne feust prins d'assaut : et oultre seront tenus lesd. Cordeliers, le jour de la Feste-Dieu à la grand'messe de le mettre en leur memento, et dire etc. »

Cette note a été prise, le 16 février 1774, par M. Leydet, aux archives du château de Losse.

(Biblioth. imp., Mss. Leydet dans le fonds Lespine, vol. 12, fol. 422.)

Note J, page 361.

Arrêt du Grand-Conseil du 27 septembre 1597.

« Sur la requeste présentée au conseil par Me Anthoine Sage, abbé de l'abbaye de Saint-Sour de Terrasson en Péri-

gord, tendant affin que commission lui soit délivrée, adres
sante aux baillifs et séneschaulx de ladicte province de Périgord, pour mettre ledict Sage en la possession réelle et actuelle
de ladicte abbaye suivant l'arrest du 1.er avril 1597 et contraindre les soldats estant en icelle d'en sortir, mesme enjoindre
au gouverneur du pays de tenir la main à l'exécution du dit
arrest et si besoing est mener le canon pour en jeter hors les
soldatz qui occupent ladicte Abbaye et faire en sorte que la
force en demeure au roy et à la justice.

» Veu par le conseil ladicte requeste, ledict arrest par lequel aurait esté ordonné que ledict Sage jouyrait de ladicte
Abbaye de Terrasson, fruictz, prosfitz, revenuz et émoluments
d'icelle, procès verbal du commissaire depputé par le conseil
pour l'exécution dudict arrest du dix septième des dicts mois
et an, charges et informations faites pour raison des forces et
viollences commises en ladicte Abbaye allencontre des sieurs
Bannes et aultres du 25 juing et 16 juillet 1597, conclusions
du procureur général du roy.

» Le conseil a ordonné et ordonne que ledict arrest sera
exécuté et ce faisant ledict Sage mis en possession des maisons de ladicte Abbaye et enjoint aux gouverneur, baillifs,
séneschaulx, lieutenans du roy en la province de Périgord de
tenir et prester la main forte pour ladicte exécution mesmement mener le canon si besoing est et faire en sorte que la
force reste au roy et la justice soit obéye, et a ordonné que
le sieur de Bannes et les nommez de Tayac et Belcayre de
Puymartin et le cappitaine La Golse seront adjournéz à comparoir en personne audict conseil pour répondre à telles fins
et conclusions que le procureur général du roy audict conseil
vouldra contre eulx prendre et eslire et audit Sage affin civile
seulement.

» A. Le Camus et Desfriches. »

(Archives de l'Empire, minutes du Grand-Conseil,
v. 2346.)

Note K, page 365.

Arrêt de Henri IV du 31 juillet 1609.

« Henry par la grâce de Dieu roy de France et de Navarre, à nos amés et féaux les gens tenant notre grand-conseil, salut. La partie de notre amé et féal chevalier de notre ordre, Mre Jehan de Souillac, sieur de Monmège, nous a exposé que l'an 1591, il nous aurait pleu lui faire don de l'Abbaye de Terrasson en Périgord pour en faire pourvoir personne capable ; cependant aurions nommé un éconôme pour la conservation des fruits, lequel aurait été troublé et empesché en la perception d'iceux par le defunt sieur de Losse et par le sieur de Bannes son fils, ce qui aurait été cause que ledit exposant par l'advis des amis communs des parties pour éviter aux inconvénients qui autrement heussent peu subvenir, aurait par accord du mois d'août au dit an mil cinq cent nonante unq, consenti que ledit feu de Losse levast les fruitz pour les conserver et à la charge de les rendre à celui auquel ladite Abbaye serait adjugée. Depuis lequel temps, messire Antoine Le Sage, nommé par ledit exposant, pour être pourvû de ladite Abbaye, ayant été maintenu par arrêt de notre grand conseil avec restitution de fruits, dépends, dommages et intérêts, et voulant avec l'assistance du dit exposant faire mettre à exécution ledit arrêt, le deffunt sieur mareschal de Biron et les sieurs de Thémines et Biron pensant mettre les parties hors de tous différents, auraient, le 20 octobre 1597, donné certain advis par lequel il est dit, entre autres choses, que ledit feu sieur de Losse et ledit sieur de Bannes rendraient audit exposant tous les papiers titres et enseignements concernant ladite Abbaye, et qu'ils bailleraient dans huictaine un état des fruits par eux perçus, pour par ledit Saige poursuivre le recouvrement de ce qui restait encore dû ; et quant

à ceux qui lors avaient été actuellement reçus par lesdits
sieurs de Losse père et fils, qu'ils n'en pourraient être recherchez ; que l'adjournement personnel donné par notre dit
grand conseil contre ledit sieur de Bannes et ses complices à
cause de plusieurs excès et violences par eux commis cesseraient, ensemble les procédures criminelles, contre lui faites ;
auquel advis les sieurs de Losse, père et fils, n'auraient eu
façon quelconque obéi, ni rendu les titres et papiers, et moins
baillé par déclaration les fruits par eux reçus, ce qui aurait
été cause que ledit Le Sage, qui d'ailleurs n'était point tenu
de suivre ledit advis en ce qu'il n'avait point assisté, aurait
voulu mettre ledit arrêt à exécution, et mesme attendu les
forces et violences des sieurs de Losse, aurait obtenu commission à N^re séneschal de Périgord, pour y mener le canon, avec
telle force d'hommes de guerre qu'il serait requis et nécessaire, lesquelles troupes étant amassées, lesdits sieurs de
Losse craignant d'être forcés, auraient quitté l'Abbaye, et à
présent ledit sieur de Losse fils étant poursuivi tant criminel-
lement que civilement par ledit Le Saige, abbé, pour la restitution des fruits et par quelques autres pour raison d'excès
par lui commis, il aurait fait assigner à N^re dit conseil icelui
exposant, aux fins de faire cesser les poursuites tant civiles
que criminelles, et soubs prétexte dudit advis, lequel combien qu'il ne soit point obligatoire, comme étant fait pour
chose que ledit exposant ne pouvait promettre et qui n'était
pas en sa puissance, joint que lesdits sieurs de Losse, père et
fils, n'y ont point satisfait de leur part, toutefois il craindrait
qu'en procédant au jugement audit nom, vous voulussiez vous
arrêter audit advis, soubs couleur qu'il aurait été par lui accepté, s'il ne lui était par nous subvenu, par nos lettres à ce
nécessaires..... Pour ce.... vous mandons et commettons par
ces présentes que les parties comparantes par devers vous....
et lesquelles si besoing est nous voulons y être assignées à
certain jour par le 1er N^re huissier ou sergent sur ce requis,

s'il vous appert ce que dessus, mesmement du don par nous
fait audit exposant de ladite Abbaye de Terrasson pour faire
pourvoir personne capable, de votre arrêt par lequel le titre
de ladite Abbaye aurait été adjugé audit Mᵉ Anthoine Le Sage,
nommé par ledit exposant avec restitution des fruits, des-
pends, dommages et intérests, dudit advis du 20 octobre 1597,
portant, entre autres choses, que lesdits sieurs de Losse, père
et fils, rendraient tous les titres de ladite Abbaye, et bailleraient dans huictaine, par déclaration, tous et chacun des
effruits par eux prins, pour par ledit le Sage recouvrer ce
qui leur était à payer, et moyennant ce que dessus, ledit de
Losse demeurerait déchargé des fruits par eux levés.... et des
décrets donnés et autres procédures criminelles contre eux
faites, que ledit advis soit demeuré nul et sans nul effet,
d'autant que lesdits de Losse n'auraient de leur part satisfait à iceluy, baillé la déclaration des fruits par eux perçus
et rendu les papiers de ladite Abbaye; que, au contraire, ils
ayent en ladite année et les autres subséquentes pris et levé
et fait prendre et lever les arreyrages des fruits, lesquels
ledit de Losse voudrait à présent faire croire être par luy
reçus et paravant ledit accord, et rendrait par ce moyen illu-
soire la réservation que par ledit advis aurait été faicte audit
Saige des arreyrages non encore perçus; que ledit sieur de
Losse veuille, sous prétexte dudit advis, contraindre l'exposant de faire cesser les poursuites criminelles contre luy
faites, tant par ledit Sage que par les économes et autres y
ayant droit, et cause d'eux, combien que ledit advis n'aye
peu obliger à une chose qui n'était pas en sa puissance, veu
que la vindicte publique nous appartient, et à nos procureurs
généraux et autres choses, etc. Vous en ce cas, sans avoir
égard audit advis du 20 octobre 1597, ni à l'acceptation faite
par ledit exposant, ce que ne voulons luy nuire ni préjudi-
cier, ains en avons relevé et relevons par ces présentes de
notre grâce spéciale, recevons icelluy exposant à proposer en

justice exceptions et deffauts contre la demande dudit sieur de Losse, et faites droit aux parties ainsi que vous verrez être à faire, car tel est notre plaisir. Donné à Paris le dernier jour du mois de juillet 1609, et de notre règne le vingtième.

» Par le roy en son conseil,

» TARDY. »

(Biblioth. imp., Mss Leydet.)

FIN

DES NOTES ET PIÈCES JUSTIFICATIVES.

TABLE DES MATIÈRES.

ERRATA.

Page 37, ligne 12, *eut*, lisez : eût.

Page 74, ligne 14, et page 271, ligne 1, *mais avant*, lisez : mais auparavant.

Page 94, ligne 1, *incompréhensible*, lisez : incompréhensibles.

Page 130, dernière ligne de la note, *allait*, lisez : fallait.

Page 201, ligne 8, *renseignements*, lisez : enseignements.

Page 397, ligne 15, *côté*, lisez : coté.

www.ingramcontent.com/pod-product-compliance
Lightning Source LLC
Chambersburg PA
CBHW060957280326
41935CB00009B/743